新时代智库出版的领跑者

国家智库报告 2024（15）
National Think Tank

经　济

中国生产率：
地区分析

刘建翠　吴滨　朱承亮　等著

RESEARCH ON CHINA PRODUCTIVITY:
A REGIONAL ANALYSIS

中国社会科学出版社

图书在版编目(CIP)数据

中国生产率：地区分析 / 刘建翠等著. —北京：中国社会科学出版社，2024.5
（国家智库报告）
ISBN 978-7-5227-3543-6

Ⅰ.①中… Ⅱ.①刘… Ⅲ.①劳动生产率—研究—中国 Ⅳ.①F249.22

中国国家版本馆 CIP 数据核字（2024）第 091586 号

出 版 人	赵剑英
责任编辑	周　佳
责任校对	王　龙
责任印制	李寡寡

出　　　版	中国社会科学出版社
社　　　址	北京鼓楼西大街甲 158 号
邮　　　编	100720
网　　　址	http://www.csspw.cn
发 行 部	010-84083685
门 市 部	010-84029450
经　　　销	新华书店及其他书店
印刷装订	北京君升印刷有限公司
版　　　次	2024 年 5 月第 1 版
印　　　次	2024 年 5 月第 1 次印刷
开　　　本	787×1092　1/16
印　　　张	14.25
插　　　页	2
字　　　数	187 千字
定　　　价	79.00 元

凡购买中国社会科学出版社图书，如有质量问题请与本社营销中心联系调换
电话：010-84083683
版权所有　侵权必究

前　言

党的十八大以来,以习近平同志为核心的党中央深入实施区域重大战略和区域协调发展战略,推动京津冀协同发展、长江经济带发展、粤港澳大湾区建设、长三角一体化发展、黄河流域生态保护和高质量发展等一系列跨行政区、跨区域板块、跨流域的重大战略,进一步完善支持西部大开发、东北振兴、中部崛起、东部率先发展的政策体系,不断深化、细化、实化区域政策,促进区域精准、高质量和可持续的协同发展,推动建立健全区域协调发展体制机制。在习近平新时代中国特色社会主义思想的指引下,各地区立足自身比较优势,积极主动融入新发展格局,经济总量不断攀升,发展均衡性逐步增强,呈现出分工合理、优势互补、相得益彰的区域协调发展崭新局面。经过十年的发展,区域板块发展平衡性显著增强。2022年,中部和西部地区生产总值分别达到26.7万亿元和25.7万亿元,占全国的比重由2012年的21.3%和19.6%分别提高到2022年的22.1%和21.4%。特别是人均地区生产总值,东部与中部、西部地区之比分别从2012年的1.69、1.87缩小至2022年的1.50、1.64。从近年来区域经济运行方面看,中西部地区主要经济指标增长情况总体好于东部地区,东北地区也呈现好转复苏迹象。

区域协调发展是推动高质量发展的关键支撑,是推进中国式现代化的重要内容。中国国土广阔,不同地区资源承载力、环境容量、市场条件、人口状况、产业基础等差异显著，经济发展不可能整齐划一"齐步走"。评判一个区域是否协调发展，不能单一以经济指标作为标准，应该注重经济发展质量，注重经济效率。运用技术经济学的生产率测算方法，测算各个地区的生产率，从投入要素配置的角度观察各个地区的经济增长情况，不仅有助于评判地区的经济增长动力，还能了解各个地区的技术效率和技术水平，为区域经济协同发展提供支撑。

党的十八大以来，中国迈上高质量发展道路，因区域发展不平衡，各个地区的高质量发展程度不同，提高各个地区的生产率显得尤其重要。在开启全面建设社会主义现代化国家的新征程上，提高生产率具有重要现实意义。只有各个地区全部实现高质量发展，整个国家才能实现高质量发展，这就要求区域协调发展。党的二十大报告围绕"促进区域协调发展"作出了战略安排，提出"深入实施区域协调发展战略、区域重大战略、主体功能区战略、新型城镇化战略，优化重大生产力布局，构建优势互补、高质量发展的区域经济布局和国土空间体系"等总体部署。这些举措为新时代促进区域协调发展提供了重要遵循。党的二十大报告提出，"要坚持以推动高质量发展为主题""着力推进城乡融合和区域协调发展，推动经济实现质的有效提升和量的合理增长"。各个地区的高质量发展必须全面提高生产率。生产率是经济学研究的重要内容之一，也是技术经济学研究的主要内容，在新的发展阶段，生产率的概念内涵愈加丰富，研究内容不断扩展，研究方法不断创新。

中国社会科学院数量经济与技术经济研究所在生产率研究方面具有丰富的积累，早在20世纪80年代末就与国外著名学者开展合作，在生产率理论方法研究中做出开创性贡献，多次出版关于生产率的专著和生产率发展报告，并对相关领域的研究进行了长期跟踪。在前期研究的基础上，本书重点对党的十八大以来中国地区生产率变化进行系统分析，把握各个地区在十年伟大变革中生产率变化趋势和规律，为进一步促进效率变革和质量变革提供支撑。生产率概念内涵丰富，其中最为主要的是单要素生产率和全要素生产率。根据研究需要，本书主要立足中观层面，对各个地区的资本产出效率、劳动生产率、全要素能源效率、全要素生产率、纯要素生产率和创新效率进行了分析。其中，第一部分由沈梓鑫完成，第二部分由朱承亮、叶成、余雨辰完成，第三部分由吴滨和孙石泽完成，第四部分由高洪玮完成，第五部分由刘建翠和朱承亮完成，第六部分由刘建翠和张晓晗完成，第七部分由刘建翠完成，全书由刘建翠统筹。本书在出版过程中得到了数量经济与技术经济研究所科研处韩胜军处长和张杰副处长的大力支持。由于水平有限，加之受时间等因素制约，难免有不足之处，还请批评指正。

摘要：生产率是经济学研究的重要内容之一，也是技术经济学研究的主要内容。在新的发展阶段，生产率的概念内涵愈加丰富，研究内容不断扩展，研究方法不断创新。一个国家的经济高质量发展是全面的、整体的高质量发展，各个地区均实现高质量发展。全要素生产率是测度高质量发展的重要指标之一，测度地区的生产率并进行比较，不仅为地区经济发展提供政策依据，也为区域平衡发展提供政策依据。

中国幅员辽阔、人口众多，各地区基础条件差别较大，地区经济发展不平衡。缩小区域发展差距，促进区域发展平衡，是新时代的重要命题。党的十八大以来，以习近平同志为核心的党中央高度重视区域协调发展工作，不断丰富完善区域协调发展的理念、战略和政策体系。党的二十大报告围绕"促进区域协调发展"作出了战略安排，提出"构建优势互补、高质量发展的区域经济布局和国土空间体系""要坚持以推动高质量发展为主题""着力推进城乡融合和区域协调发展，推动经济实现质的有效提升和量的合理增长"。各个地区的高质量发展必须全面提高生产率。提高各个地区的生产率是新时代高质量发展的必然要求。

提高地区生产率是一个国家高质量发展的基本要求。党的二十大报告指出，高质量发展是全面建设社会主义现代化国家的首要任务。第一，高质量发展全面体现了新发展理念的要求，内涵十分丰富，效率变革是高质量发展的重要支撑。第二，创新提高了效率。创新是一个国家或地区兴旺发达的不竭动力，是新时代地区经济社会发展的内在要求。全要素生产率对此做出了很好的诠释。第三，提升效率是促进生态环境保护与地区经济发展协同的关键。新的发展阶段要综合考虑资源消耗、生态环境和经济发展，能源利用效率是绿色发展水平的主要评价标准之一。提高效率、降低强度是节约能源资源和生态环保政策措施的重要出发点。

本书重点对党的十八大以来十年伟大变革过程中中国地区生产率变化进行系统分析，把握十年伟大变革中地区生产率变化趋势和规律，为进一步促进效率变革和质量变革提供支撑。根据研究需要，本书在解释科技创新的要素分类以及生产率的内涵和测算方法的基础上，首先分析了中国各个地区资本产出效率、劳动生产率及其增长率，研判存在的问题并提出建议；其次，对中国各个地区的创新效率进行对比分析，并提出建议；再次，测算各个地区的全要素能源效率后，分析了各地区的节能潜力，提出了提高全要素能源效率和节能潜力的政策建议；最后，测算了各个地区全要素生产率增长率及其对经济增长的贡献、纯要素生产率、Malmquist 生产率指数及其分解，提出了提高地区全要素生产率和纯要素生产率的政策建议。

关键词：区域；全要素能源效率；创新；纯要素生产率；全要素生产率；Malmquist 生产率

Abstract: Productivity is one of the important contents of economics research, and also the main content of technological economics research. In the new development stage, the concept of productivity is more and more rich, the research content is constantly expanded, and the research method is constantly innovated. The high-quality development of a country's economy is comprehensive and holistic, and all regions achieve high-quality development. Total factor productivity (TFP) is one of the important indicators to measure high-quality development. Comparing regional productivity not only provides policy basis for regional economic development, but also provides policy basis for regional balanced development.

China has a vast territory, a large population, the basic conditions of various areas are different, regional economic development is imbalanced, narrowing the regional development gap, and promoting the balance of regional development, is an important proposition in the new era. The report to the Party's 20th National Congress made strategic arrangements for "promoting coordinated regional development", and proposed "building a regional economic layout and territorial space system featuring complementary advantages and high-quality development". "We will continue to focus on promoting high-quality development" and "strive to promote urban and rural integration and coordinated regional development, and promote the effective improvement of the economy in quality and reasonable growth in quantity". High-quality development in all regions must increase productivity across the board. Improving productivity in all regions is an inevitable requirement for high-quality development in the new era.

Improving regional productivity is a basic requirement for a country's high-quality development. The report to the 20th National Congress of the Communist Party of China pointed out that high-quality development is the primary task of comprehensively building a modern socialist country. First, High-quality development fully reflects the requirements of the new development concept, the connotation is very rich, efficiency change is an important support for high-quality development. Second, innovation increases efficiency. Innovation is the inexhaustible driving force for the prosperity of a country or region, and it is the inherent requirement of regional economic and social development in the new era. Total factor productivity illustrates this well. Third, improving efficiency is the key to promoting synergy between ecological and environmental protection and regional economic development. In the new development stage, resource consumption, ecological environment and economic development should be comprehensively considered, and energy utilization efficiency is one of the main evaluation criteria for the level of green development. Improving efficiency and reducing intensity is an important starting point for energy and resource conservation and ecological and environmental protection policies and measures.

This book focuses on the systematic analysis of regional productivity changes in the decade of great reform since the 18th National Congress of the CPC, and grasps the trend and law of regional productivity changes in the decade of great reform, so as to provide support for further promoting efficiency reform and quality changes. According to the research needs, on the basis of explaining the classification of the elements of scientific and technological innovation, as well as the connotation and measurement method of productivity. Firstly, this book analyzes the capital output efficiency, labor productivity and their growth rate in each region of China, analyzes the existing problems and puts forward suggestions; Secondly, the innovation efficiency of various regions is compared and analyzed, and suggestions are put forward. Thirdly, the total factor energy efficiency of each region is measured. The energy saving potential of each region is analyzed, and the policy suggestions for improving the total factor energy efficiency and energy saving potential are put forward. Fourth, the growth rate of TFP and its contribution to economic growth, pure factor productivity, Malmquist productivity index and its decomposition are measured in each region, and the policy suggestions for improving regional TFP are put forward.

Key Words: Region, Total factor energy efficiency, Innovate, Pure factor productivity, Total factor productivity, Malmquist productivity

目 录

一 科技创新与生产率 …………………………………… (1)
  （一）科技创新的要素分类 ………………………………… (1)
  （二）生产率的内涵与测算 ………………………………… (5)
  （三）科技创新与生产率：研究现状与未来展望 ………… (15)

二 中国地区创新效率分析 ……………………………… (18)
  （一）问题的提出 …………………………………………… (18)
  （二）相关文献综述 ………………………………………… (19)
  （三）中国地区科技创新现状分析 ………………………… (23)
  （四）研究方法与指标体系 ………………………………… (33)
  （五）实证结果分析 ………………………………………… (37)
  （六）研究结论及对策建议 ………………………………… (46)

三 中国地区劳动生产率分析 …………………………… (49)
  （一）各省份的劳动生产率 ………………………………… (49)
  （二）各省份劳动生产率的分解 …………………………… (58)
  （三）提高劳动生产率的困境和政策建议 ………………… (81)

四 中国地区资本生产率分析 …………………………… (85)
  （一）地区产出与投资发展概述 …………………………… (86)

（二）地区资本生产率测算与分析 …………………………（94）
　　（三）重大战略区域资本生产率测算与分析 ………………（103）
　　（四）结论与对策建议 ………………………………………（113）

五　中国地区能源效率分析 ……………………………………（118）
　　（一）文献综述 ………………………………………………（119）
　　（二）研究方法和投入产出指标 ……………………………（123）
　　（三）全要素能源效率实证结果分析 ………………………（128）
　　（四）研究结论和政策建议 …………………………………（142）

六　中国地区纯要素生产率分析 ………………………………（144）
　　（一）中国各地区地区生产总值的变化 ……………………（144）
　　（二）地区纯要素生产率增长 ………………………………（163）
　　（三）研究结论和政策建议 …………………………………（170）

七　中国地区全要素生产率分析 ………………………………（174）
　　（一）地区全要素生产率增长及其对经济增长的
　　　　　贡献分析 ………………………………………………（175）
　　（二）地区相对效率的测度 …………………………………（189）
　　（三）结论和政策建议 ………………………………………（197）

参考文献 …………………………………………………………（202）

一　科技创新与生产率

（一）科技创新的要素分类

科技是国家强盛之基，创新是民族进步之魂。习近平总书记指出："经过长期努力，中国特色社会主义进入了新时代，这是我国发展新的历史方位。"① 党的二十大报告强调，要"坚持创新在我国现代化建设全局中的核心地位"②。当前，中国经济已由高速增长阶段转向高质量发展阶段，为找准新时代科技创新的着力点，需促进科技创新的要素整合，不断提升科技创新的核心竞争力。

按照熊彼特（Joseph Alois Schumpeter）的观点，所谓的"创新"，就是把一种从来没有过的关于生产要素和生产条件的"新组合"引入生产体系，即"建立一种新的生产函数"。熊彼特说的"新组合"包括以下五种情况：（1）引进新产品；（2）引用新技术，即新的生产方法；（3）开辟新市场；（4）控制原材料的新供应来源；（5）实现企业的新组织。③ 熊彼特认为，生

---

① 中共中央宣传部编：《习近平新时代中国特色社会主义思想学习纲要》，学习出版社、人民出版社2019年版。

② 习近平：《高举中国特色社会主义伟大旗帜　为全面建设社会主义现代化国家而团结奋斗——在中国共产党第二十次全国代表大会上的报告》，人民出版社2022年版。

③ ［美］约瑟夫·熊彼特：《经济发展理论——对于利润、资本、信贷、利息和经济周期的考察》，何畏等译，商务印书馆1991年版。

产意味着将能支配的原材料和力量组合起来,强调了对生产要素的整合能力。

新旧动能转换背景下,科技创新要素包括劳动、资本、土地、技术及数据等实体要素,以及企业创新精神等虚拟要素。① 关于创新驱动经济发展新动能的统计测度主要可以分为两种:一种是从单一维度视角出发,即通过测度全要素生产率衡量经济发展新动能,以生产函数为基础分解出全要素生产率,可以衡量市场要素投入组合的产出效率,而人力、资本等要素的产出效率是数量投入的体现,被视为传统动能;另一种是从多维度视角出发,即通过系统构建新动能测度指标体系衡量经济发展新动能。②

根据生产经济学理论,一个生产活动的投入要素和产出要素应该保持对应。在生产活动中,企业投入劳动力、资本和中间投入品,劳动力创造的新增价值和固定资产的转移价值共同构成企业生产的增加值,而中间投入在生产过程中被消耗、转换,其价值也转移到最终的产出中,中间投入的价值和增加值则共同构成企业的总产值。在测算效率或全要素生产率的文献中,为了保持投入与产出的一致性并符合生产实际,投入要素若选取资本和劳动力,则产出应选择增加值。投入要素若选取资本、劳动力和中间投入,则产出必须选择总产值。③ 随着环境问题的日益突出,把能源作为生产要素纳入生产函数测度对经济的影响成为一种趋势。考虑环境因素后,大部分文献投入指

---

① 任晓刚、方力:《全力提升科技创新要素整合力》,《经济日报》2020年10月2日。
② 苏永照:《中国经济发展新动能统计测度及提升路径研究》,《重庆社会科学》2023年第4期。
③ 李双杰、李春琦:《全要素能源效率测度方法的修正设计与应用》,《数量经济技术经济研究》2018年第9期。

标增加能源,[1] 同时投入指标应该增加其他中间投入,这是因为能源是中间投入,考虑能源因素的同时也应该考虑其他中间投入,而产出指标增加非期望产出,期望产出指标为"总产值",[2] 而不是"增加值"。[3]

在全要素生产率测算体系中,李双杰等将生产过程的投入要素选取为劳动力、资本、能源投入和除能源以外其他中间投入,产出指标则选择总产值。由于生产过程会给环境带来一定的负面影响,在产出中除了代表期望产出的总产值,还包括废水、废气等非期望产出。效率的测算中选取的指标通常包括作为投入指标的资本、劳动力、能源、除能源外的其他中间投入等生产要素,以及作为产出指标的总产值和工业三废排放量等非期望产出。[4] 这些指标具体可以阐述如下:(1)资本,代表资本的指标通常为资本存量;(2)劳动力,代表劳动力的指标

---

[1] 王兵、吴延瑞、颜鹏飞:《中国区域环境效率与环境全要素生产率增长》,《经济研究》2010年第5期;陈诗一:《中国的绿色工业革命:基于环境全要素生产率视角的解释(1980—2008)》,《经济研究》2010年第11期;李斌、彭星、欧阳铭珂:《环境规制、绿色全要素生产率与中国工业发展方式转变——基于36个工业行业数据的实证研究》,《中国工业经济》2013年第4期。

[2] 李小胜、余芝雅、安庆贤:《中国省际环境全要素生产率及其影响因素分析》,《中国人口·资源与环境》2018年第10期;王兵、刘光天:《节能减排与中国绿色经济增长——基于全要素生产率的视角》,《中国工业经济》2015年第5期;原毅军、谢荣辉:《环境规制与工业绿色生产率增长——对"强波特假说"的再检验》,《中国软科学》2016年第7期;冯杰、张世秋:《基于DEA方法的我国省际绿色全要素生产率评估——不同模型选择的差异性探析》,《北京大学学报》(自然科学版)2017年第1期。

[3] 刘建翠、郑世林:《中国工业绿色发展的技术效率及其影响因素研究——基于投入产出表的分析》,《城市与环境研究》2019年第3期。

[4] 李双杰、李春琦:《全要素能源效率测度方法的修正设计与应用》,《数量经济技术经济研究》2018年第9期。

可以用从业人员人数代表；（3）能源，代表能源投入的指标通常使用能源消费总量；（4）除能源外的其他中间投入，除能源外的其他中间投入可以使用全部中间投入的价值减去能源投入的价值计算得来，而全部中间投入的价值即为总产值与增加值之差；（5）总产值，这是与中间投入的投入指标体系相对应的期望产出；（6）非期望产出，包括生产造成的环境影响等，通常用工业三废排放量来衡量，即工业废水排放量、工业废气排放量和工业固体废物排放量。

国内现有文献中将科技创新驱动经济发展新动能的构成要素分为四类：一是结构因素，如赵丽娜认为产业结构优化以及空间布局合理化程度提高，有助于新动能的培育和发展；[①] 二是要素因素，如李平等认为技术革命提高了有限资源的产出水平及使用效率，有利于产业新动能的发展；[②] 三是需求因素，如郑世林等认为新动能通过适应需求变化引领和优化内外需求变化，使供需达到新的平衡，因而需求变动、需求结构优化都会对新动能的培育产生积极的影响；[③] 四是制度因素，如徐晓鹰等认为，政府在经济发展中的作用不容忽视，政府与市场对经济的合理参与以及二者关系的有效协调，能够为新动能的发展创造良好的外部环境。[④]

从统计测度角度来看，评价科技创新驱动经济发展新动能的指标可以分为两类：一类是潜力指标，主要是对新动能的发

[①] 赵丽娜：《产业转型升级与新旧动能有序转换研究——以山东省为例》，《理论学刊》2017年第2期。

[②] 李平、付一夫、张艳芳：《生产性服务业能成为中国经济高质量增长新动能吗？》，《中国工业经济》2017年第12期。

[③] 郑世林、熊丽：《中国培育经济发展新动能的成效研究》，《技术经济》2021年第1期。

[④] 徐晓鹰、刘泽：《论促进新旧动能转换的主体作用发挥》，《江西社会科学》2018年第7期。

展潜力进行客观描述，包括新人才、新技术、新资本以及新的市场制度，用于反映新动能中的"质量"维度；另一类是效能指标，主要是对新动能的发展现状进行客观描述，包括新产业、新业态以及新的商业模式，用于反映新动能中的"速度"维度。① 基于创新驱动经济发展新动能的评价方法越是完整客观，越是能够提升科技创新新动能测度的可信度，而对于科技创新相关的生产要素的分类，为提高创新驱动经济发展的效率测度提供了前期铺垫。

（二）生产率的内涵与测算

1. 生产率的内涵概念及分类

生产率指的是给定一组资源要素投入能够获得的产出，度量的是经济单元（大到国家，小到工厂、车间）的生产效率。在投入和产出都只有一种的情形下，生产率的测度非常简单，在数学形式上可以表示为投入—产出比。② 作为经济学中的一个重要概念，生产率是产出对于投入之比，度量的是单位要素投入的产出效率。生产率分析不仅是探求增长源泉的主要工具，而且是确定增长质量的主要方法。生产率分析是经济增长质量的核心内容，这涉及资源配置及其利用效率，可以分为单要素生产率的增长和全要素生产率的增长研究。③ 经济生产过程中会涉及劳动力、资本、原材料、能源、研发等多种生产要素，而生产函数表示的是产出和投入之间关系的规律。根据研究经济

---

① 苏永照：《中国经济发展新动能统计测度及提升路径研究》，《重庆社会科学》2023年第4期。

② 李平：《提升全要素生产率的路径及影响因素——增长核算与前沿面分解视角的梳理分析》，《管理世界》2016年第9期。

③ 钟学义：《生产率分析的新概念》，《数量经济技术经济研究》1996年第12期。

增长时考虑的生产要素投入的多少,可以将生产率测算划分为单要素生产率(SFP)、多要素生产率(MFP)和全要素生产率(TFP)三种类型。

单要素生产率(Single Factor Productivity, SFP)指的是只考虑一种生产要素投入所计算出的生产率,即产出量与这一种生产要素投入量之比。劳动生产率、资本生产率、能源生产率、研发生产率等均被归类为单要素生产率。从定义上来看,劳动生产率即为单位劳动投入带来的产出,是用劳动消耗量作为总投入计算的生产率;资本生产率即为单位资本投入带来的产出,是用折旧费或者固定资产面值作为总投入计算的生产率;能源生产率即为单位能源投入带来的产出,是以投入能源量作为总投入计算的生产率;研发生产率即为单位研发投入带来的产出,是用投入的研发经费量作为总投入计算的生产率。单要素生产率能够反映每单位某个单一生产要素(劳动力、资本、能源、研发、原材料等)的投入所能够带来的产出。从测算方法和结果分析上来看,尽管单要素生产率更为方便和直观,但是由于产出不是由某一种投入的要素生产出来的,而是各种投入要素共同作用的结果,单要素生产率无法反映单一要素投入的独立效应,实际上它仍然反映的是投入要素组合的共同效应[①]。为更为客观地衡量生产效率,需要多个能够观测到的生产要素投入组合所能得到的产出,于是便有了多要素生产率和全要素生产率的发展。[②]

多要素生产率(Multi-Factor Productivity, MFP)是考虑多种生产要素投入计算出的生产率,即产出量与多种生产要素投入之比。多要素生产率将对产出的测算与一组投入要素的测算

[①] 金剑:《生产率增长测算方法的系统研究》,博士学位论文,东北财经大学,2007年。

[②] 李平:《提升全要素生产率的路径及影响因素——增长核算与前沿面分解视角的梳理分析》,《管理世界》2016年第9期。

联系起来，多要素生产率的测算在一定程度上克服了单要素生产率容易导致误解的缺点，但是在测算方法的难度上较单要素生产率更为复杂，且常常会遇到数据综合与测算方法选择比较困难的问题。全要素生产率（Total Factor Productivity，TFP）是考虑全部生产要素投入所计算出的生产率，即产出量与全部生产要素投入之比。全要素生产率与多要素生产率之间的差异主要体现在指标名称上。经济学家们希望借助全要素生产率测算所投入的"全部"生产要素的生产率，但这只能是一个美好的愿望，因为研究难以穷尽生产过程所投入的"全部"生产要素，因此通过将产出与所投入的生产要素进行比较，所得到的只能是若干生产要素的生产率，而非"全部"要素投入的生产率。①

2. 全要素生产率的理论与测算方法

全要素生产率的概念可以追溯至魁奈（Francois Quesnay）和丁伯根（Jan Tirbergen）等学者的研究。其中魁奈关于"生产率"的定义，意指平均每单位投入所能得到的产出水平。丁伯根②最早在古典的柯布—道格拉斯生产函数中加入时间趋势来表示效率，分析了美国1870—1914年的经济增长，发现资本与劳动投入的增长是美国经济增长的主要原因。这一期间要素投入对经济增长的贡献达到73%，而生产率增长对经济增长的贡献只有27%。与此同时，斯蒂格勒（George Joseph Stigler）独立提出了全要素生产率的概念和分析方法，并且首次测算了美国制造业的全要素生产率。③ 这些学者的开创性工作开启了全要素生

---

① 金剑：《生产率增长测算方法的系统研究》，博士学位论文，东北财经大学，2007年。

② J. Tinbergen, "Professor Douglas' Production Function", *Review of the International Statistical Institute*, Vol. 10, No. 1 – 2, 1942, pp. 37 – 48.

③ G. J. Stigler, *Trends in Output per Worker*, National Bureau of Economic Research, 1947.

产率研究的先河。

索洛（Robert Merton Solow）[1]在总量生产函数具有规模报酬不变、希克斯中性技术、市场完全竞争、要素充分利用的新古典假定下，讨论了外生技术进步与经济增长。他将生产理论和指数理论结合起来，提出了总体经济增长核算框架，并利用计量回归方法测算了美国的全要素生产率。他发现美国1909—1949年经济增长的80%是生产率增长贡献的，认为长期来看，经济增长的根本原因在于技术进步，而不是资本积累或者劳动力的增长，这是系统性测算全要素生产率方法的首次提出。值得指出的是，索洛框架实际上把全要素生产率与技术进步等同起来。[2]这一分析方法至今仍然被广泛使用，并且表明所谓的全要素生产率，本质上度量的是给定要素投入数量下的产出水平的大小，更进一步地，在经验研究中，不同时期全要素生产率增长率描述的是产出（或经济）增长率与要素（数量）投入增长率之间的差异。

这之后，丹尼森（Edward Fulton Denison）围绕美国的全要素生产率测算展开了大量研究。丹尼森[3]认为经济增长中不能由劳动和资本投入增长解释的"余值"，即为全要素生产率的增长。这就是生产率测算的"索洛余值（残差）"。丹尼森[4]随后

---

[1] R. M. Solow, "Technical Change and the Aggregate Production Function", *Review of Economics and Statistics*, Vol. 39, No. 3, 1957, pp. 312–320.

[2] 贺得力、尹恒：《戴尔·乔根森对当代经济学研究的贡献——科睿唯安"引文桂冠奖"得主学术贡献评介》，《经济学动态》2018年第5期。

[3] E. F. Denison, "The Sources of Economic Growth in the United States and the Alternatives before us", New York: Committee for Economic Development, 1962.

[4] E. F. Denison, *Why Growth Rates Differ: Postwar Experience in Nine Western Countries*, The Brookings Institution Press, 1967.

指出，索洛假定劳动都是同质的，用劳动者工时表示劳动投入，这低估了投入的增长率，从而高估了全要素生产率增长率。丹尼森通过区分不同的劳动投入，并仍然使用资本存量来测算资本投入后，发现美国1929—1948年经济增长中的54.9%是由全要素生产率的增长带来的，比索洛的测算低了很多。

乔根森（Dale W. Jorgensen）和格里利切斯（Zvi Griliches）[1] 指出，核算生产率时一定要区分沿着生产函数的滑动以及生产函数本身的移动：沿着生产函数的滑动，说明存在要素替代；而生产函数的移动可能代表着生产率的变化。他们指出，产出和投入要素测算方面的误差，使得之前的研究对美国全要素生产率的估计存在严重高估。索洛、丹尼森的研究在计算投入时有测量误差，导致低估了投入要素的总量，高估了全要素生产率的贡献。乔根森等强调要准确衡量要素投入的增长，重点是不同类型要素间的相互替代，他们用国民生产总值取代国民生产净值度量产出，引入不变质量指数（Constant Quality Index）测量要素投入。乔根森还认为若要进行可比的生产率核算研究，不同行业必须建立同质化的资本服务和劳动服务。目前这一规范在国际上已经被广泛接受，《生产率测算手册》就采用这一规范来指导各成员国统计部门的全要素生产率增长测算，提高测算结果的可比性。[2]

从理论层面而言，全要素生产率是所谓的索洛余值，这一黑匣子本身是对"未知"的度量。传统意义上，经济学界通常认为全要素生产率的主要来源是技术进步，并进一步区分为两

---

[1] D. W. Jorgenson, Z. Griliches, "The Explanation of Productivity Change", *The Review of Economic Studies*, Vol. 34, No. 3, 1967, pp. 249–283.

[2] 经济合作与发展组织编：《生产率测算手册》，何锦义等译，科学技术文献出版社2008年版。

种类型的技术进步，即体现型技术进步（embodied technological changes）和非体现型技术进步（disembodied technological changes）。乔根森认为从理论上来说，全要素生产率来源于非体现型技术进步，原因是体现型技术进步的扩散是通过市场交易实现的，应该被计入资本或中间投入的质量中去。但是由于数据方面的限制，对资本或中间投入的测算并无法覆盖所有类别的投入要素，因而对其进行相应质量调整，这导致实证上测算的全要素生产率中包含了部分体现型技术进步。有关全要素生产率的理论探讨还指出，在实证上测算的全要素生产率不仅包含技术进步，还包含其他非技术因素，比如资源的配置效率、调整成本、规模效应、周期效应和测量误差。

中国在20世纪50年代关于技术进步的研究主要为定性研究，集中于从提高劳动生产率、提高经济效果方面进行定性分析；20世纪80年代引进全要素生产率理论、模型和方法后，开始定量测算技术进步对经济增长的作用。[①] 中国学者对全要素生产率（TFP）的关注始于20世纪80年代，一批学者对中国经济增长源泉开始了实际探索，围绕如何定量测算技术进步对经济增长的作用发表了大量的文章。钟学义论证了技术进步的数量特征，指出在一定条件下，用生产函数计算技术进步率是可行的。[②] 龚飞鸿先推导了新古典经济增长模型，之后从全要素生产率的定义出发推导了模型，并用实例进行计算，发现结果近似相等，从而说明可以用全要素生产率增长率表示技术进步率。[③]

[①] 刘建翠：《中国的全要素生产率研究：回顾与展望》，《技术经济》2022年第1期。

[②] 钟学义：《技术进步与生产函数》，《数量经济技术经济研究》1988年第7期。

[③] 龚飞鸿：《生产率增长率与技术进步增长率探讨》，《数量经济技术经济研究》1989年第7期。

袁嘉新等①详细介绍了生产函数的概念、形式，全要素生产率的估计方法，指出了各种方法的应用前提。

中国国内有关全要素生产率的研究通常结论差异很大，主要归结为两点原因：一是各研究选择的测算方法不同，二是研究过程中对于投入要素的构建存在差别。纵观宏观、行业与微观层面的研究，全要素生产率的测算方法大致可以分为参数估计方法和非参数估计方法两大类。参数估计方法主要包括计量模型回归估计法和随机前沿生产函数法（SFA），非参数估计法包括经济增长核算法、数据包络分析法（DEA）和Malmquist指数法。

1. 计量模型回归估计法

基于生产函数的计量模型回归法起源于索洛（R. M. Solow）的研究，② 主要通过计量回归模型估计确定生产函数的产出弹性，进而利用增长核算公式来测算全要素生产率的增长率。计量模型回归法中最传统的是普通最小二乘（OLS）回归法，但是计量模型回归法的主要缺陷在于异质性问题和内生性问题的存在。随着经济计量理论的发展，为了有效处理内生性问题，演化出了工具变量法（IV）、广义矩估计法（GMM）、基于微观数据的OP法和LP法等半参数估计方法，以及考虑加入出口、

---

① 袁嘉新：《技术进步测算研究》，《数量经济技术经济研究》1991年第12期；魏权龄等：《DEA方法与技术进步评估》，《系统工程学报》1991年第6期；郑玉歆、张晓、张思奇：《技术效率、技术进步及其对生产率的贡献——沿海工业企业调查的初步分析》，《数量经济技术经济研究》1995年第12期；欧阳武：《生产率度量的方法》，《数量经济技术经济研究》1996年第12期；姚愉芳等编著：《中国经济增长和可持续发展——理论、模型与应用》，社会科学文献出版社1998年版。

② R. M. Solow, "Technical Change and the Aggregate Production Function", *Review of Economics and Statistics*, Vol. 39, No. 3, 1957, pp. 312 – 320.

研发等因素的结构估计方法。计量模型回归估计是在假设具体生产函数形式的基础上,将各投入要素作为自变量,将经济产出作为因变量,参数估计各投入要素与经济产出的变动关系,得到投入要素的产出弹性系数。G. C. Chow 等[1]采用柯布—道格拉斯生产函数回归估计了劳动和资本的产出弹性系数,并进一步测算了全国全要素生产率及其对经济增长的贡献率。

2. 随机前沿生产函数法

生产前沿方法是通过测算目前经济社会生产与既定投入下能达到最大产出前沿面之间的距离,反映生产的效率水平,距离生产前沿面越近的投入产出组合,相对效率越高。生产前沿方法可以对全要素生产率指数进行分解,分解为技术进步、技术效率增长和规模效率提高等。目前常用的一种方法是随机前沿生产函数法,这种方法使用数学规划对全要素生产率指数进行估计并进一步分解。随机前沿生产函数法(Stochastic Frontier Analysis,SFA)理论始于对生产最优化的研究,是从确定性前沿生产函数模型发展而来的。艾格纳(D. J. Aigner)等[2]的研究认为,生产前沿很可能是不确定的,它随着技术的发展可能不断变化,进而将确定性前沿生产函数进一步拓展为随机前沿生产函数模型,因此可以通过对技术无效率项的分布做出假设,并使用极大似然估计法对该模型进行估计。随机前沿生产函数

---

[1] G. C. Chow, "A Model of Chinese National Income Determination", *Journal of Political Economy*, Vol. 93, No. 4, 1985, pp. 782 – 792;郭庆旺、贾俊雪:《中国全要素生产率的估算:1979—2004》,《经济研究》2005 年第 6 期;王小鲁、樊纲、刘鹏:《中国经济增长方式转换和增长可持续性》,《经济研究》2009 年第 1 期。

[2] D. J. Aigner, Schmidt, Lovell, "Formulation and Estimation of Stochastic Frontier Production Functions Models", *Journal of Econometrics*, No. 1, 1977, pp. 21 – 37.

法在技术无效率条件下估算全要素生产率，将全要素生产率的变化分解为技术进步和技术效率的变化，并且考虑了随机因素带来的影响，这种方法在计量经济学中得到广泛应用。但随机前沿生产函数法（SFA）的缺陷在于需要主观设定生产函数的形式、随机误差项和技术无效率服从的概率分布，导致不同函数形式的测算结果存在差异，样本量不够大时会带来估计偏误，而且由于考虑随机因素的影响，降低了生产前沿面对随机误差的敏感性。

3. 经济增长核算法

经济增长核算法是由美国经济学家丹尼森（E. F. Denison）提出，① 在索洛的新古典经济增长模型基础上，基于生产理论发展出来的指数法。丹尼森基于新古典增长理论中关于完全竞争市场、技术进步外生和投入要素规模报酬不变的假设条件，认为投入要素的边际产出等于其相应的要素报酬，要素规模报酬不变，其产出弹性系数等于各自的要素报酬份额。使用国民经济核算的劳动和资本收入，可以确定投入要素的产出弹性系数，并测算出全要素生产率。② 乔根森（D. W. Jorgenson）和格里利切斯（Z. Griliches）认为，③ 丹尼森的经济增长核算方法中经济增长的来源仅分解为劳动、资本和技术进步，可能会因为遗漏重要变量造成全要素生产率的高估。他们认为应该纳入不同的

---

① E. F. Denison, *The Sources of Economic Growth in the United States and the Alternatives before Us*, New York: Committee for Economic Development, 1962; E. F. Denison, *Why Growth Rates Differ: Postwar Experience in Nine Western Countries*, The Brookings Institution Press, 1967.

② 李平、王宏伟、张静：《改革开放 40 年中国科技体制改革和全要素生产率》，《中国经济学人》（英文版）2018 年第 1 期。

③ D. W. Jorgenson, Z. Griliches, "The Explanation of Productivity Change", *The Review of Economic Studies*, Vol. 34, No. 3, 1967, pp. 249 – 283.

生产要素并准确衡量，尽量减少由计算误差导致的生产率高估问题。[①] 这种方法的不足在于，模型设定的规模报酬不变、市场完全竞争和生产处于最优效率的状态等假设条件，在现实中未必满足。

4. 数据包络分析法

数据包络分析法（DEA）是最早由法雷尔（M. J. Farrell）提出，[②] 后经著名运筹学家查恩斯（A. Charnes）等[③]发展为以线性规划为基础的非参数测度方法。数据包络分析法不需要考虑具体的函数形式，因而也适用于多投入、多产出的情形。卡夫（D. W. Caves）等[④]率先将 Malmquist 指数引入生产率测算，并将 Malmquist 指数与技术效率（距离函数）相结合，使得不同试点间 TFP 指数的测算得以实现，这被称为 Malmquist 生产率指数。[⑤] 目前，学界在进行生产率测算时较常采用的一种方法是 DEA-Malmquist 指数法。这种方法除了拥有数据包络分析法（DEA）的优点之外，还具有自身独特的优势。该方法由于不需要投入产出的价格信息，因此对非市场型服务业具有较强的适用性。

---

① 李平、王宏伟、张静：《改革开放 40 年中国科技体制改革和全要素生产率》，《中国经济学人》（英文版）2018 年第 1 期。

② M. J. Farrell, "The Measurement of Productivity Efficiency", *Journal of the Royal Statistical Society*, Vol. 120, 1957, pp. 253–290.

③ A. Charnes, W. Cooper, E. Rhodes, "Measuring the Efficiency of Decision-making Units", *European Journal of Operational Research*, Vol. 2, 1978, pp. 429–444.

④ D. W. Caves, L. R. Christensen, W. E. Diewert, "The Economic Theory of Index Numbers and the Measurement of Input and Output and Productivity", *Econometrica*, Vol. 50, 1982, pp. 1393–1414.

⑤ 李平：《提升全要素生产率的路径及影响因素——增长核算与前沿面分解视角的梳理分析》，《管理世界》2016 年第 9 期。

（三）科技创新与生产率：研究现状与未来展望

1. 创新驱动经济发展动能测算的研究现状

从历史上来看，科技创新对经济增长发挥了重要作用，创新一直是经济增长的主要动力，使得生产率不断提高。[①] 党的十九大报告明确提出，"中国特色社会主义进入新时代""我国经济已由高速增长阶段转向高质量发展阶段"。高质量发展的关键在于实现新旧动能转换，提升全要素生产率。党的二十大报告强调，"我国要坚持以推动高质量发展为主题""加快建设现代化经济体系，着力提高全要素生产率，着力提升产业链供应链韧性和安全水平，着力推进城乡融合和区域协调发展，推动经济实现质的有效提升和量的合理增长"。这表明，科技创新成为驱动经济增长的新动力、新引擎，为促进经济增长方式的转变，中国政府在战略层面高度重视全要素生产率的提高。

目前，全要素生产率不仅是宏观经济学的重要概念，而且是分析经济增长源泉的重要工具，尤其是政府制定长期可持续增长政策的重要依据。从新古典经济理论出发，对一国经济增长动能的研究离不开从生产要素角度的测算分析，即将经济增长分解为要素投入和全要素生产率（TFP）的贡献。[②] 现有文献以全要素生产率为切入点，研究中国经济增长新动能，但各有

[①] 程如烟：《创新驱动增长的未来如何：生产率停滞还是复苏？》，《科技中国》2023年第2期。

[②] R. M. Solow, "Technical Change and the Aggregate Production Function", *Review of Economics and Statistics*, Vol. 39, No. 3, 1957, pp. 312–320；许宪春等：《中国分行业全要素生产率估计与经济增长动能分析》，《世界经济》2020年第2期。

侧重。一些学者①更多地考虑总体或部分行业的全要素生产率，还有些学者②采用微观数据测算局部部门的全要素生产率，另有些学者③尝试在总体经济和行业之间建立系统联系，从宏观和行业的视角测算全要素生产率。

纵观中国现有的测算全要素生产率的研究，之所以结论差距大，其主要原因还是在于估计方法和要素投入测算存在较大差异。总体来说，现有的各种全要素生产率方法各有优点和缺点，并没有一个完美的存在，更多应基于具体的分析对象和数据来选择方法。

2. 中国生产率研究的未来展望

生产率增长是经济增长之源，对生产率增长测算方法的研究具有重要意义。无论是单要素生产率、多要素生产率，还是全要素生产率，在数学形式上都可以表示为投入产出比，反映和度量的是一个或者多个生产要素单位投入的产出效率。基于国情的发展，中国生产率测算的研究还有很大的拓展空间，如近年来关于中国能源的生产率分析以及地区生产率分析都是较为热点的领域。

当前，随着大数据、云计算、移动互联网等新一轮科技革

---

① G. C. Chow, "Capital Formation and Economic Growth in China", *The Quarterly Journal of Economics*, Vol. 108, No. 3, 1993, pp. 809 – 842; G. Chow, A. Lin, "Accounting for Economic Growth in Taiwan and Mainland China: A Comparative Analysis", *Journal of Comparative Economics*, Vol. 30, No. 3, 2002, pp. 507 – 530; 张军：《资本形成、工业化与经济增长：中国的转轨特征》，《经济研究》2002 年第 6 期。

② 杨汝岱：《中国制造业企业全要素生产率研究》，《经济研究》2015 年第 2 期；盖庆恩等：《土地资源配置不当与劳动生产率》，《经济研究》2017 年第 5 期。

③ 许宪春等：《中国分行业全要素生产率估计与经济增长动能分析》，《世界经济》2020 年第 2 期。

命浪潮的蓬勃发展，数据的规模呈现爆发式增长。不仅在数字经济发展中的地位和作用凸显，而且对传统生产方式的变革具有重大影响，催生新产业、新业态、新模式，成为驱动经济社会发展的关键生产要素。① 不同于传统的劳动力、资本、原材料等生产要素，数据作为一种新型的生产要素，以何种形式纳入生产函数并进行生产率测算，仍然是一个待研究的问题，很有可能成为生产率研究的创新方向。正如熊彼特所说，创新就是把生产要素的新组合引入经济中，建立一种新的生产函数。此外，从现有的国内全要素生产率的研究来看，无论是参数估计方法还是非参数估计方法，均引自国外，与发达国家关系更为紧密。中国应在探索高质量发展道路的过程中，基于中国技术经济理论，建立中国经济增长模型和方法来解释中国经济发展质量，致力于提高模型方法对于中国经济发展的适用性，这也将成为未来中国生产率研究的重要方向。

---

① 李广乾：《如何理解数据是新型生产要素》，《经济日报》2022年12月20日。

二 中国地区创新效率分析

（一）问题的提出

面对百年未有之大变局，国家发展环境发生了巨大变化，并且在经济全球化日益加深的背景下，经济发展越来越依赖知识。科技创新能力不仅成为衡量一个国家或地区核心竞争力的关键因素，也成为推动各国或地区经济增长的动力来源。新时代，中国经济发展由高速增长阶段转向高质量发展阶段，科技创新成为转变发展方式、优化经济结构、转换增长动力的重要支撑。2016年5月，中共中央、国务院印发《国家创新驱动发展战略纲要》，提出2020年进入创新型国家行列、2030年跻身创新型国家前列、2050年建成世界科技创新强国的"三步走"目标。近年来，中国科技创新投入产出取得十足进步。2021年，中国R&D人员全时当量达到571.63万人·年，居于全球榜首；PCT专利申请量达到69576件，位于世界第二。2022年，中国R&D经费支出首次突破3万亿大关，位居全球第二。

根据世界知识产权组织发布的《全球创新指数（2022）》，中国在132个经济体中排名全球第11位。根据中国科学技术发展战略研究院发布的《国家创新指数报告（2021）》，中国在全球40个科技创新活动活跃的国家中排名第13位，在知识创造、企业创新方面表现良好，但在创新资源、创新绩效和创新环境等方面有所欠缺。创新规模大、潜力足是中国科技创新发展的优势，但地区科技创新投入产出的不平衡问题仍然存在。地区科技创新效率的不平衡进一步加剧了中国地区经济发展的不平衡，更成为中国区域发展不平衡的深层原因。[①] 要提高区域科技创新效率，首先要对其进行科学评价，找出各区域科技创新活动中存在的问题，分析区域科技创新效率的影响因素，提出改进措施，从而提高中国区域创新能力。

（二）相关文献综述

所谓科技创新效率，指的是在一定时期内，创新过程中科技创新投入与科技创新产出的转换比率，其内涵是指科学和技术市场化的过程；同时，科技创新效率是科技创新投入转化为科技创新成果的一种量化指标，是能反映特定区域配置和运营科技创新资源能力的重要指标。[②] 关于创新内涵的认识可以追溯到熊彼特的创新理论，他认为创新是经济系统的内生变量，新产品、新市场、新生产要素等创新会使经济结构从内部发生变革，摧毁旧的经济结构，创造新的经济结构。

区域科技创新投入与产出指标是多变量和不同量纲的，要测量其绝对效率非常困难。通过文献梳理发现，目前测算科技创新效率的主要方法基本可以分为两类：一类是参数方法；另一类是非参数方法。参数方法常用的是随机前沿分析模型（SFA），其考虑到了随机误差和无效率因素对创新效率的影响，但其前提是要正确设定函数模型。龚安然和余冬筠利用SFA模型测算了1999—2008年中国部分省份的数据发现，区域间科技

[①] 王春枝、赵国杰：《基于非径向SE-C2R模型与谱系聚类的中国区域创新效率分析》，《中国软科学》2015年第11期；张凡：《区域创新效率与经济增长实证研究》，《中国软科学》2019年第2期。

[②] 马建辉等：《科技创新效率的时空格局、区域差异及收敛特征》，《统计与决策》2023年第13期。

创新效率差异很大，且科技创新经济效率的区域差异有扩大趋势，而科技创新生产效率表现为较强的局部趋同。[1] 史修松等利用 SFA 模型测算发现，中国区域科技创新效率总体不高，同时区域差异较为明显，东部地区科技创新效率要高于中西部地区，区域科技创新经费投入对区域科技创新效率有较大推动作用，并大于人力资本的推动作用。[2]

相比参数方法，国内学术界关于科技创新效率的测算更多采用非参数法。非参数方法常用的是数据包络分析法（DEA），其能有效揭示科技创新效率的内涵，但存在指标敏感性、没有考虑随机误差等问题。DEA 方法是基于投入产出数据的相对有效性评价方法，通过科技创新投入产出指标的数据来进行效率评价，且不需要事先对生产函数形式进行设定。W. Nasierowski 和 F. J. Arcelus 利用两步骤 DEA 方法测算了 45 个国家的创新效率，发现技术创新规模、资源配置对生产率的变化有重要影响。刘树林等利用 DEA 模型测算中国高技术产业面板数据，发现中国技术转化效率低下，主要原因在于纯技术无效率、技术开发阶段与产业化阶段脱节。[3] 罗彦如等采用三阶段 DEA 模型，对中国 2007 年 30 个省份的科技创新效率进行测算，发现中国整体科技创新效率水平较低，资源浪费严重。[4] 孙凯等利用 DEA 方法发现中国大多数省份科技创新投入没有得到充分利用，并且区域科技创新效率未必与其科技创新能力以及经济发展水平相一致。[5] 有研究

---

[1] 龚安然、余冬筠：《中国区域创新技术效率和转化效率研究》，《浙江理工大学学报》（社会科学版）2014 年第 5 期。

[2] 史修松、赵曙东、吴福象：《中国区域创新效率及其空间差异研究》，《数量经济技术经济研究》2009 年第 3 期。

[3] 刘树林、姜新蓬、余谦：《中国高技术产业技术创新三阶段特征及其演变》，《数量经济技术经济研究》2015 年第 7 期。

[4] 罗彦如、冉茂盛、黄凌云：《中国区域技术创新效率实证研究——三阶段 DEA 模型的应用》，《科技进步与对策》2010 年第 14 期。

[5] 孙凯、李煜华：《我国各省市技术创新效率分析与比较》，《中国科技论坛》2007 年第 11 期。

应用DEA方法发现，中国区域科技创新效率普遍较低的原因主要是纯技术效率低下，中国总体显现出规模报酬递减态势，科技资源投入相对过剩，规模效率在不同地区显示出较大差异性。陈银娥等基于2008—2018年相关数据，运用DEA模型测算发现，目前中国科技创新呈现规模效率，提高教育经费支出能够有效促进中国科技创新效率。[①] 各因素对科技创新效率在不同区域的影响存在一定的差异，但东西部地区差异更大。池仁勇等利用DEA方法测算发现，中国科技创新效率呈现东高西低的特征。[②] 樊华和周德群利用规模可变的DEA模型，测度了中国2000—2007年省域科技创新效率，发现各省仍处于科技创新投入规模效益递增阶段。[③] 东部科技创新效率高于中西部地区，西部地区科技创新效率提高快，赶上并超过了中部地区。朱承亮利用Bootstrap-DEA方法发现中国科技创新效率提升明显，但一些关键问题还严重制约科技创新效率的进一步提高，部分体制机制仍然束缚着科技创新发展。[④]

综上可见，现有文献采用DEA方法对中国科技创新效率开展了大量研究，得出了很多有价值的研究结论。但是运用传统DEA模型评价科技创新效率时，忽略了科技创新系统的内部结构及内在运行机理，没有考虑到系统内部不同结构和阶段之间的联系。Kao和Hwang提出网络DEA模型，试图打开科技创新系统这一"黑箱"，对区域科技创新系统的总体效率及各阶段的

[①] 陈银娥、李鑫、李汶：《中国省域科技创新效率的影响因素及时空异质性分析》，《中国软科学》2021年第4期。

[②] 池仁勇、虞晓芬、李正卫：《我国东西部地区技术创新效率差异及其原因分析》，《中国软科学》2004年第8期。

[③] 樊华、周德群：《中国省域科技创新效率演化及其影响因素研究》，《科研管理》2012年第1期。

[④] 朱承亮：《国家科技创新效率测算与国际比较》，《中国软科学》2023年第1期。

效率进行评价，将这两个相互影响的链式过程作为独立的子系统进行评价，从而测算出各子阶段的效率与子阶段效率对整体效率的影响。① 中国学者采用网络 DEA 方法也对中国科技创新效率情况进行了分析。陈伟等通过链式关联网络 DEA 模型对中国区域科技创新系统进行分析，发现中国各区域创新系统无论是在科技创新整体上，还是在科技创新的两个子阶段，效率值都偏低，有很大的提升空间，认为做好两个子阶段间的合作、过渡、协调，能有效提升系统整体效率。② 冯锋等利用链式网络 DEA 模型对中国高技术产业科技投入产出效率进行研究，发现不同行业投入产出链效率差异较大。③ 刘树峰等基于创新价值链视角，运用网络 DEA-SBM 模型测算发现，中国科技创新效率存在明显的阶段性和区域差异，空间上自东向西大体呈递减分布，区域间知识生产能力与市场吸纳能力不匹配等问题。④

当前，中国经济社会进入高质量发展新时代，实现高质量发展对科技创新提出了新的更高要求，提高科技创新效率是其中的一项重要工作。本部分将运用网络 DEA 方法测算党的十八大以来中国地区科技创新效率情况，分阶段评估地区科技创新效率演进情况，并提出对策建议。

---

① Chiang Kao, Shiuh-Nan Hwang, "Efficiency Decomposition in Two-Stage Data Envelopment Analysis: An Application to Non-Life Insurance Companies in Taiwan", *European Journal of Operational Research*, Vol. 185, No. 1, 2008, pp. 418–429.

② 陈伟等：《中国区域创新系统创新效率的评价研究——基于链式关联网络 DEA 模型的新视角》，《情报杂志》2010 年第 12 期。

③ 冯锋、马雷、张雷勇：《两阶段链视角下我国科技投入产出链效率研究——基于高技术产业 17 个子行业数据》，《科学学与科学技术管理》2011 年第 10 期。

④ 刘树峰等：《基于创新价值链视角下中国创新效率时空格局与影响因素分析》，《地理科学》2019 年第 2 期。

（三）中国地区科技创新现状分析

本部分基于科学研究经费占 GDP 比重、每万人科学研究人员全时当量、教育经费占 GDP 比重、每万人专利申请数、每万人科技论文数、新产品销售收入占 GDP 比重、新产品出口额占所有产品出口额比重、高新技术产业产值占 GDP 比重、每万人技术市场成交额、试验发展经费占 GDP 比重、每万人试验发展人员全时当量等指标，从科技创新投入和产出两个维度分析中国地区科技创新活动现状。

1. 各地区科技创新投入现状分析

科学研究经费占 GDP 比重、每万人科学研究人员全时当量、教育经费占 GDP 比重、试验发展经费占 GDP 比重、每万人试验发展人员全时当量等指标反映科技创新投入状况。

科学研究经费占 GDP 比重，即科学研究经费投入强度。该指标不仅反映了对科学研究的资金支持力度，同时也在很大程度上反映了经济转型升级进程和高质量发展的水平。通过计算 2012—2021 年全国 30 个省份（西藏和港澳台地区除外，下同）的平均科学研究经费占 GDP 比重，发现十年间全国平均科学研究经费投入强度为 0.36%，有 9 个省份的科学研究投入强度高于全国平均水平，分别是北京（2.24%）、上海（0.77%）、天津（0.72%）、陕西（0.53%）、辽宁（0.46%）、黑龙江（0.45%）、吉林（0.44%）、甘肃（0.41%）和四川（0.39%）。值得注意的是，东部地区较发达的几个省份的平均科学研究经费投入强度都低于全国平均水平，如山东（0.22%）、江苏（0.24%）、浙江（0.20%）、福建（0.16%）和广东（0.35%）。此外，有 8 个省份的平均科学研究经费投入强度不足 0.2%，内蒙古最低，仅有 0.11%。分地区来看，十年间东北地区平均科学研究经费占 GDP 比重最高，达到 0.45%；其次是东部地区，为 0.43%。这两个地区都高于全国平均水平（0.36%），而中部地区（0.24%）和西部地区（0.28%）都低于全国平均水平。

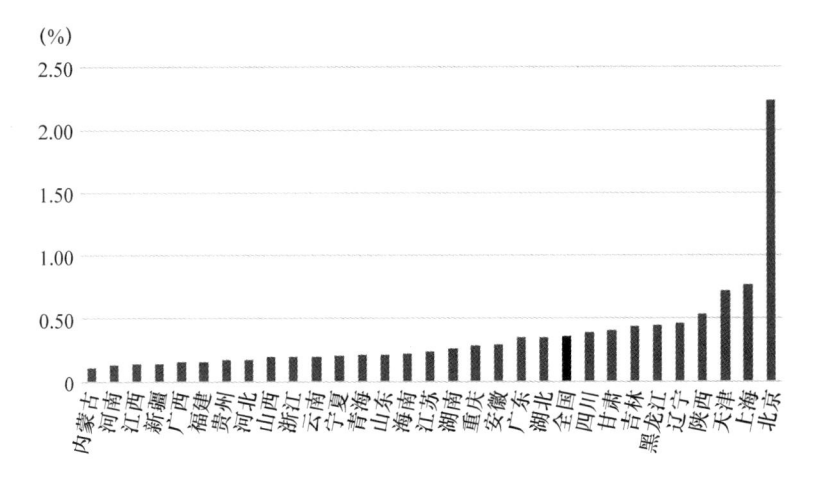

图 2-1　2012—2021 年中国分省份平均科学研究经费占 GDP 比重

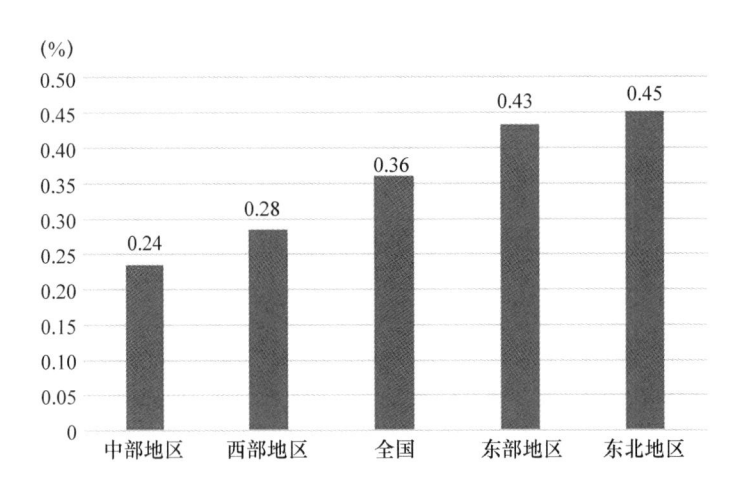

图 2-2　2012—2021 年中国分地区平均科学研究经费占 GDP 比重

每万人科学研究人员全时当量。该指标反映了一个地区投入科学研究活动的人力资本强度，一个地区科学研究人力资本强度越大，则其科技创新的潜力也越大。2012—2021 年，全国平均每万人科学研究人员全时当量为5.84人·年，北京（56.96人·年）、上海（20.74人·年）、天津（15.13人·年）、吉林（9.28人·年）、陕西（8.12人·年）、辽宁（6.61人·年）、广东（6.29人·年）、黑龙江（6.19人·年）和江苏（5.97人·年）9个省份高于全国平均水平，内蒙古（2.91人·年）、江西（2.43人·年）、贵州（2.42人·年）和河南（1.97人·年）排名靠后，十年间平均每万人科学研究人员全时当量不足3人·年。分地区来看，2012—2021年十年间东部地区（8.10人·年）和东北地区（7.13人·年）每万人科学研究人员全时当量高于全国平均水平，而中部地区（3.66人·年）和西部地区（4.31人·年）低于全国平均水平。

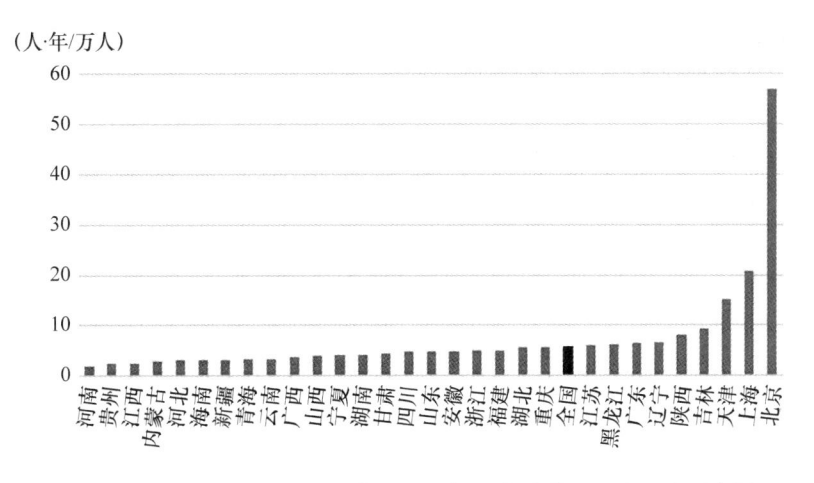

图2-3 2012—2021年中国分省份平均每万人科学研究人员全时当量

教育经费占GDP比重。该指标是衡量一个地区教育水平的重要指标，直接关系到教育资源的配置和教育质量的提高。一般来说，教育经费占GDP比重越高，说明该地区对教育的重视程度越高。2012—2021年十年间全国教育经费占GDP比重平均为4.32%，绝大多数省份的教育经费占GDP比重高于全国平均水平。江苏（2.93%）、福建（3.12%）、上海（3.50%）、山东（3.63%）、浙江（3.8%）、广东（3.91%）等省份的教育

（人·年/万人）

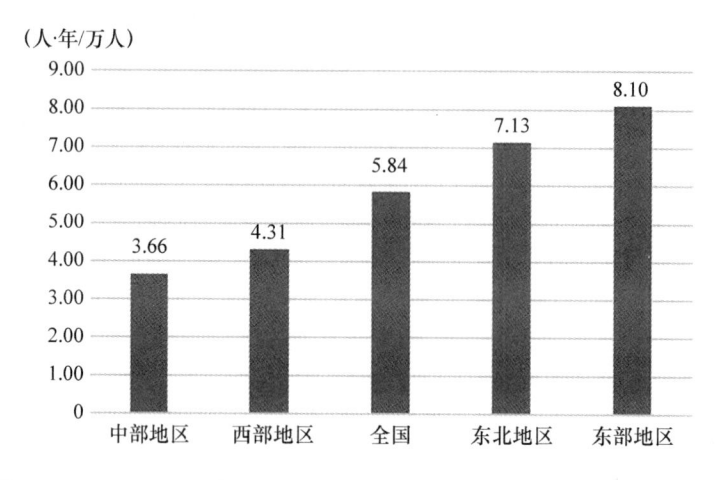

图 2-4　2012—2021 年中国分地区平均每万人科学研究人员全时当量

经费占 GDP 比重低于全国平均水平，不足 4%，主要原因在于这些东部省份的经济发展水平较高，较高的 GDP 水平拉低了教育经费占 GDP 比重的数值。分地区来看，十年间西部、东北和中部地区的平均教育经费占 GDP 比重都高于全国平均水平，西部地区占比最高，达到 5.71%，东部地区教育经费占 GDP 比重为 3.69%，低于全国平均水平。

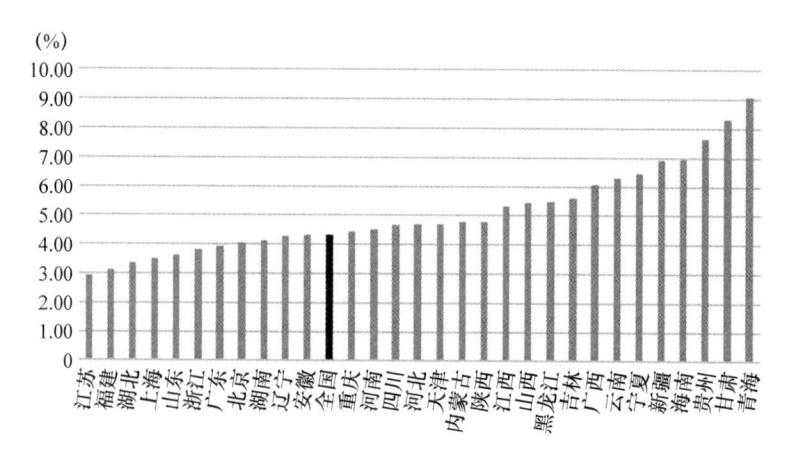

图 2-5　2012—2021 年中国分省份平均教育经费占 GDP 比重

试验发展是指利用科学研究、实际经验中获取的知识和研究过程中产生的其他知识，开发新的产品或改进现有产品而进

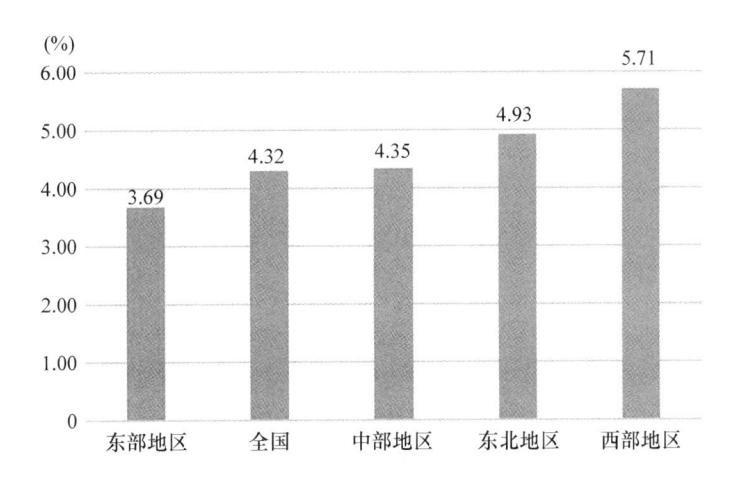

图 2-6 2012—2021 年中国分地区平均教育经费占 GDP 比重

行的系统性研究。试验发展经费占 GDP 比重、每万人试验发展人员全时当量是反映一个地区开发新产品、开展科技创新活动水平的重要指标。2021 年中国试验发展经费为 22995.9 亿元，增长 14.0%。从不同地区来看，试验发展经费投入超过千亿元的地区有 5 个，分别是北京（1549.79 亿元）、上海（1453.91 亿元）、江苏（3123.52 亿元）、浙江（1954.93 亿元）和广东（3371.18 亿元）。2012—2021 年，中国试验发展经费占 GDP 比重为 1.82%，仅山东（2.24%）、浙江（2.33%）、广东（2.34%）、江苏（2.46%）、上海（2.98%）、天津（3.20%）、北京（3.63%）7 个省份高于全国平均水平。2012—2021 年，中国每万人试验发展人员全时当量均值为 24.59 人·年，山东（26.34 人·年）、福建（32.87 人·年）、广东（47.24 人·年）、上海（55.46 人·年）、天津（58.64 人·年）、江苏（61.13 人·年）、浙江（63.96 人·年）、北京（69.61 人·年）8 个省份的每万人试验发展人员全时当量高于全国平均水平。

2. 各地区科技创新产出现状分析

每万人专利申请数、每万人科技论文数、新产品销售收入

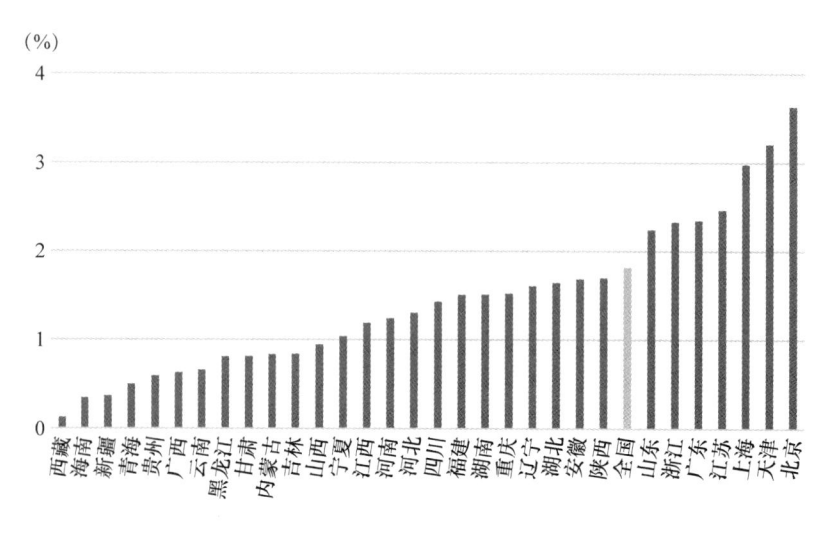

图 2-7 2012—2021 年中国分省份平均试验发展经费占 GDP 比重

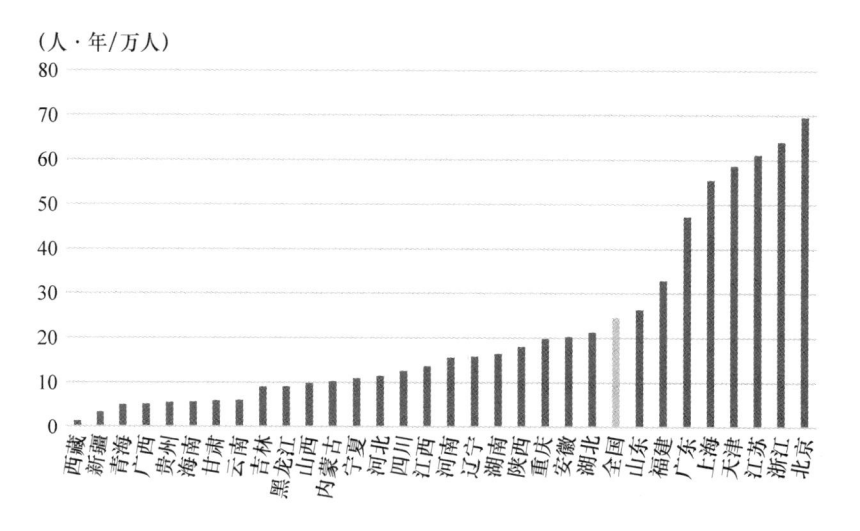

图 2-8 2012—2021 年中国分省份平均每万人试验发展人员全时当量

占 GDP 比重、新产品出口额占所有产品出口额比重、高新技术产业产值占 GDP 比重、每万人技术市场成交额等指标反映科技创新产出状况。

每万人专利申请数。该指标可以反映一个地区的技术创新能力，较高的每万人专利申请数通常意味着该地区拥有较强的技术创新能力。从图 2-9 可以看出，2012—2021 年十年间全国平均每万人专利申请数为 24.48 件，仅北京、江苏、浙江、天津、上海、广东、福建和安徽 8 个省份的每万人专利申请数超过全国平均水平，绝大多数省份均低于全国平均水平。分地区看（图 2-10），东部地区拥有绝对优势，平均每万人专利申请数达到 42.46 件，领先全国水平约 18 件。中部地区（14.55 件）、西部地区（11.47 件）及东北地区（11.24 件）每万人专利申请数均低于全国平均水平，且与全国水平相差较大。

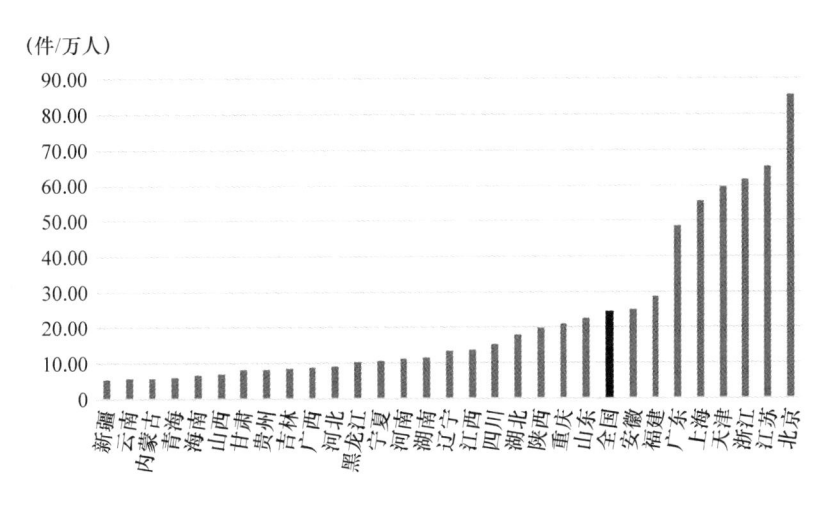

图 2-9 2012—2021 年中国分省份平均每万人专利申请情况

每万人科技论文数。该指标是衡量科学研究产出的重要指标，可以反映出一个地区在科学研究和学术发展方面的活跃程度和水平，较高的每万人科技论文数通常意味着该地区在科学研究和学术领域具有较强的实力和影响力。由图 2-11 可知，2012—2021 年这十年间全国平均每万人科技论文产出为 4.44 篇，各省份之间差距明显，其中北京、上海、天津、陕西、江苏、吉林、湖北、辽宁、黑龙江和浙江 10 个省份的每万人科技论文数高于全国平均水平，包括广东、重庆在内的大多数省份的每万人科技论文数均低于全国平均水平。十年间每万人科技论文数排在后 5 位的省份分别是贵州（0.71 篇）、内蒙古

(0.95篇)、广西（1篇）、青海（1.05篇）和新疆（1.1篇）。分地区看（图2-12），东部地区（6.46篇）和东北地区（5.60篇）的平均每万人科技论文数都高于全国平均水平，而中西部地区则低于全国平均水平。

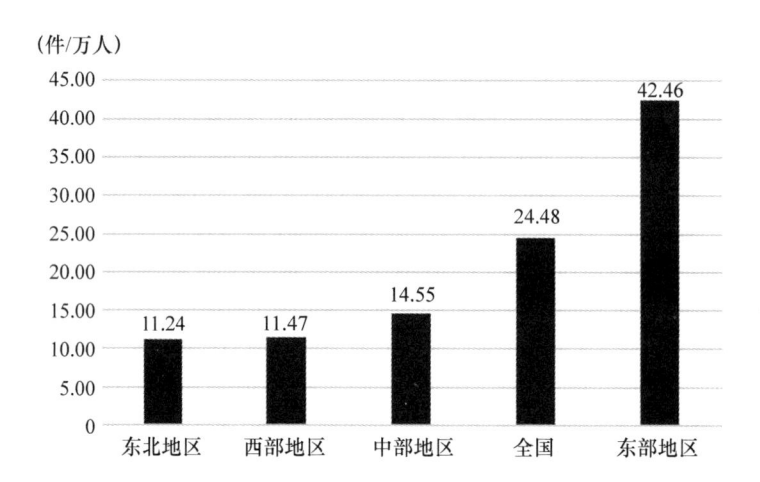

图2-10　2012—2021年中国分地区平均每万人专利申请情况

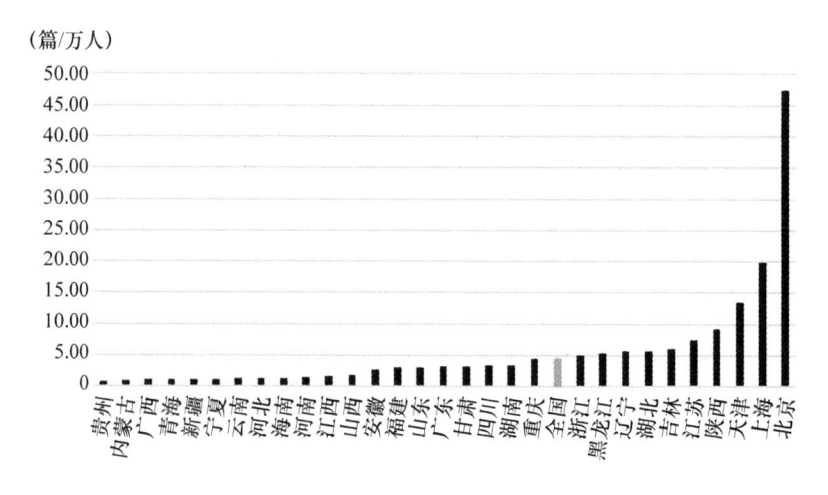

图2-11　2012—2021年中国分省份平均每万人科技论文发表情况

新产品销售收入占GDP比重。该指标是反映一国科技成果转化水平的重要指标，新产品销售收入越多，说明科技成果转化水平越高。2012—2021年，中国新产品销售收入占GDP的比

（篇/万人）

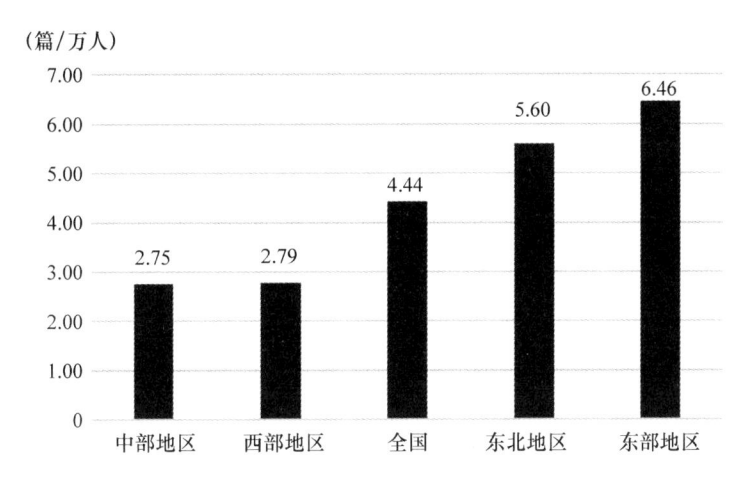

图2-12 2012—2021年中国分地区平均每万人科技论文发表情况

重为23.62%，湖南（24.53%）、重庆（24.67%）、山东（27.67%）、安徽（29.38%）、上海（29.86%）、江苏（35.67%）、广东（37.49%）、天津（40.17%）和浙江（44.36%）这9个省份的新产品销售收入占GDP比重高于全国平均水平，多数省份低于全国平均水平。

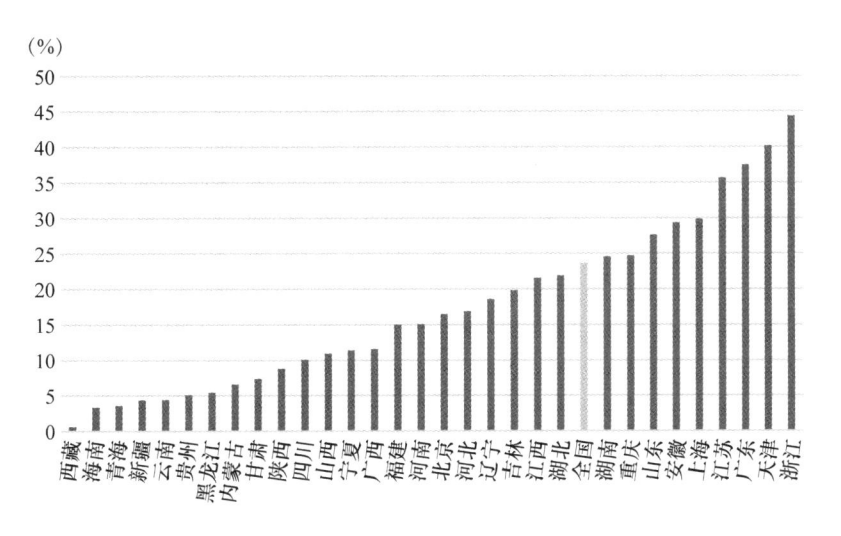

图2-13 2012—2021年中国分省份平均新产品销售收入占GDP比重

从新产品出口额占所有产品出口额比重指标来看，2012—2021年，全国平均水平为21.45%，仅浙江（21.88%）、湖南

（22.08%）、广东（23.04%）、重庆（23.21%）、甘肃（23.45%）、山西（26.44%）、江苏（27.00%）、天津（28.81%）、安徽（35.55%）、河南（75.54%）这10个省份高于全国平均水平。

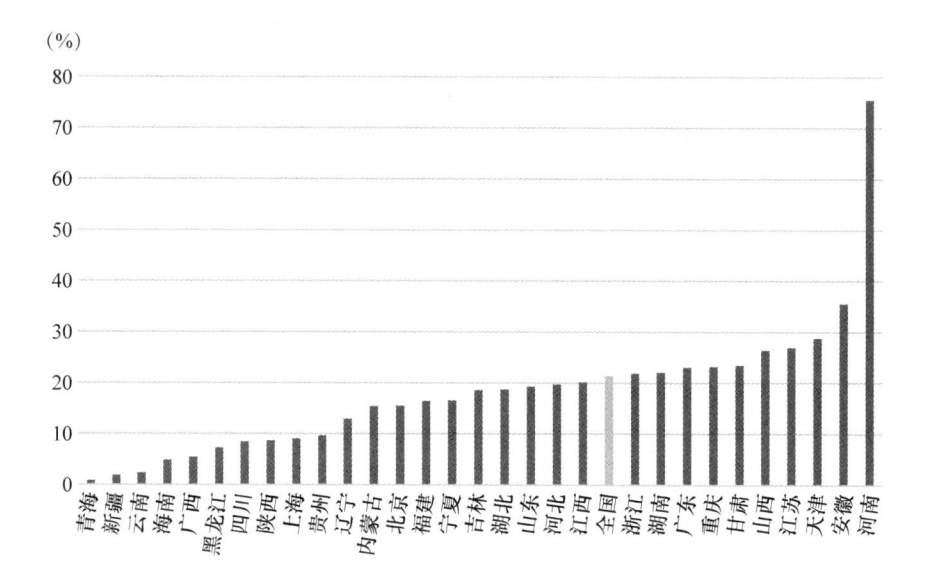

图2-14 2012—2021年中国分省份平均新产品出口额占所有产品出口额比重

高新技术产业产值占GDP比重。高新技术产业是知识密集型和技术密集型产业，其研发投入大、产品附加值高，具备创新性、战略性和资源消耗少等特点，是目前社会经济中从事科技创新活动最活跃的领域，高新技术产业产值占GDP比重指标是反映一国科技创新水平的重要指标。2012—2021年，中国高新技术产业产值占GDP比重均值为32.60%，山东、重庆、安徽、湖南、江西、天津、河北、上海、浙江、江苏、广东11个省份高于全国平均水平。

每万人技术市场成交额。该指标反映一国技术转移和科技成果转化的总体规模情况。近年来中国科技成果转化水平不断提高，技术市场越发活跃，2021年全国技术市场成交额为3.7万亿元，比2012年增长了4.8倍。但中国科技成果转化工作任

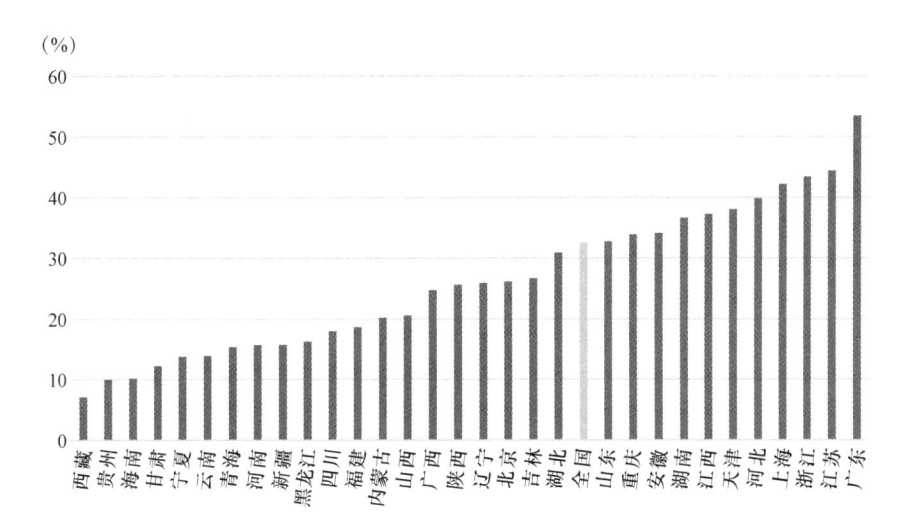

图 2-15　2012—2021 年中国分省份平均高新技术产业产值占 GDP 比重

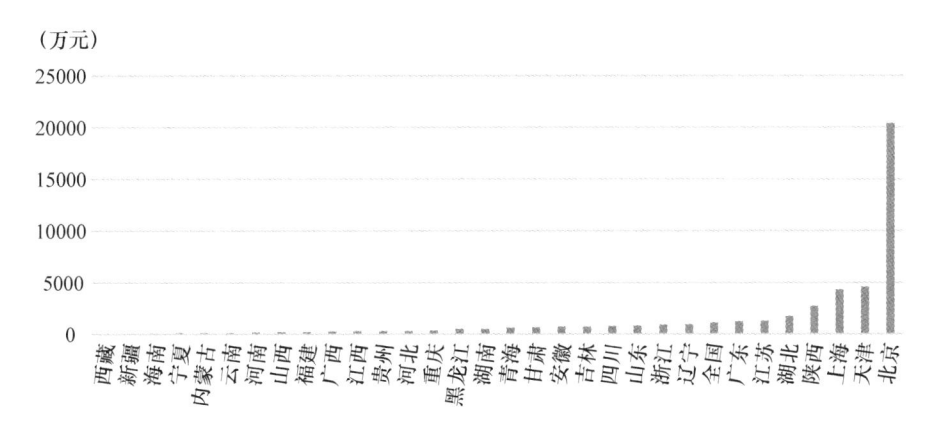

图 2-16　2012—2021 年中国分省份平均每万人技术市场成交额情况

重道远,各省份科技成果转化工作差异明显。2012—2021 年,仅广东、江苏、湖北、陕西、上海、天津、北京这 7 个省份每万人技术市场成交额高于全国平均水平。

（四）研究方法与指标体系

1. 研究方法

经济学家约瑟夫·熊彼特认为创新是建立一种新的生产函

数，把一种生产要素和生产条件引入合适的生产体系，即创新是新工具或新方法的应用，从而创造出新的价值。可见，创新是一个经济概念，而不是一个科学概念或技术概念。根据创新的经济内涵，可以把科技创新界定为将科学发现和技术发明应用到生产体系中从而创造新价值的过程。实际上，科技创新过程是一个由科学研究、创新发展等多个关联子阶段连续的复杂的系统工程，为此，本书将科技创新活动划分为科学研究和创新发展两个子阶段。

在相关文献[①]基础上，本章采用链式关联网络 DEA 模型测算中国地区科技创新效率。假设科技创新活动的科学研究阶段的投入向量为 x_s，科学研究阶段的产出向量为 y_s，即为中间变量，创新发展阶段的中间投入向量为 x_M，产出向量为 y_M。在假设该链式系统每个子决策单元均满足规模报酬不变的前提下，可以利用 C^2R 模型评价每个子决策单元的效率，并且每个子决策单元在其生产前沿面上都存在锥性投影。对于科学研究阶段的决策单元，仅考虑其在等产出前沿面上的锥性投入投影；而对于创新发展阶段的决策单元，则只考虑其在等投入前沿面上的锥性产出投影，则这两个投影（虚拟子决策单元）构成一个虚拟的链式系统，如图 2-17 所示。

按照以上思路，实际链式系统的子系统可以改进为锥性前沿面投影。科学研究阶段决策单元的投影是中间向量不变而输入尽可能小，而创新发展阶段决策单元的投影则是中间向量不变而输出尽可能大，中间向量实际并未变化。这样实际或虚拟

---

① Suvvari Anandarao, S. Raja Sethu Durai, Phanindra Goyari, "Efficiency Decomposition in Two-stage Data Envelopment Analysis: An application to Life Insurance companies in India", *Journal of Quantitative Economics*, No. 17, 2019, pp. 271–285；冯锋、马雷、张雷勇：《两阶段链视角下我国科技投入产出链效率研究——基于高技术产业 17 个子行业数据》，《科学学与科学技术管理》2011 年第 10 期。

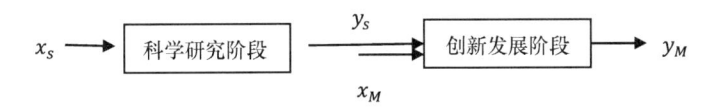

$$x_S \longrightarrow \boxed{科学研究阶段} \begin{array}{c} y_s \\ \longrightarrow \\ x_M \end{array} \boxed{创新发展阶段} \longrightarrow y_M$$

图 2-17 区域科技创新过程的两阶段网络结构

的子链系统可以共同确定一个链式系统生产可能集 T，T 的表达式为：

$$T = \{(x_S, y_M) \mid \sum_i^N \lambda_i x_{si} \theta_{si}^* \leqslant x_S, \sum_i^N \lambda_i y_{si} \geqslant y_s, \\ \sum_i^N \lambda_i y_{si} \leqslant y_s, \sum_i^N \lambda_i y_{Mi} / \theta_{Mi}^* \geqslant y_M, \lambda_i \geqslant 0, \forall_i\} \quad (2-1)$$

式（2-1）中，N 表示决策单元数，λ 表示对应投入或者产出的乘数，θ 表示 C^2R 效率值。在可能集 T 下，任意链型系统的效率可以表示为如下线性规划问题：

$$\begin{cases} \beta_0 = \text{Max} \dfrac{U_M^T Y_{M0}}{V_S^T X_{S0} + V_M^T X_{M0}} \\ \text{st} \dfrac{U_M^T Y_{Mi}}{V_S^T X_{Si} + V_M^T X_{Mi}} \leqslant 1 \\ \sum_{i=1}^N \lambda_i x_{si} \theta_{si}^* \leqslant x_s \\ \sum_{i=1}^N \lambda_i y_{Mi} / \theta_{Mi}^* \geqslant y_M \\ \sum_{i=1}^N \lambda_i y_{si} \geqslant y_s, \sum_{i=1}^N \lambda_i y_{si} \leqslant y_s \\ \sum_{i=1}^N \lambda_i x_{Mi} \leqslant x_M \\ \lambda_i \geqslant 0, \forall_i \end{cases} \quad (2-2)$$

式（2-2）中，β_0 表示目标函数值，V 和 U 分别表示投入和产出权重。

2. 指标体系

在现有文献研究基础上，本书构建了地区科技创新效率评价指标体系，具体见表2-1。其中，科学研究阶段的投入指标包括科学研究经费占GDP比重、每万人科学研究研发人员全时当量和教育经费占GDP比重三个指标，产出指标包括每万人专利申请数和每万人科技论文数两个指标。创新发展阶段的投入指标不仅包括了科学研究阶段的产出指标，即每万人专利申请数和每万人科技论文数，还包括了试验发展经费占GDP比重和每万人试验发展研发人员全时当量，故一共包括四个指标，创新发展阶段的产出指标包括人均GDP、新产品销售收入占所有产品销售收入比重、新产品出口额占所有产品出口额比重、高新技术产业产值占GDP比重和每万人技术市场成交额五个指标。

表2-1　　　　　　　地区科技创新效率评价指标体系

	分阶段	投入指标	产出指标
科技创新效率	第一阶段：科学研究	科学研究经费占GDP比重（%）	每万人专利申请数（件）
		每万人科学研究研发人员全时当量（人·年）	每万人科技论文数（篇）
		教育经费占GDP比重（%）	
	第二阶段：创新发展	每万人专利申请数（件）	人均GDP（元）
		每万人科技论文数（篇）	新产品销售收入占所有产品销售收入比重（%）
		试验发展经费占GDP比重（%）	新产品出口额占所有产品出口额比重（%）
		每万人试验发展研发人员全时当量（人·年）	高新技术产业产值占GDP比重（%）
			每万人技术市场成交额（万元）

需要说明的是，科技创新活动的两个阶段过程具有一定的延续性，即只有当科学研究成果研发出来之后，才能应用到创新发展阶段，最终支撑产业发展和经济高质量发展。这意味着在测算科技创新具体效率时，要注意指标数值的时滞性。为此，本书将科学研究阶段的投入指标设定为 t 年，则科学研究阶段的产出指标即为 $t+1$ 年，创新发展阶段投入指标中的每万人专利申请数和每万人科技论文数按照 $t+1$ 年处理，考虑到试验发展活动科技含量较低、周期短等特征，试验发展经费占 GDP 比重和每万人试验发展研发人员全时当量两个指标按照 $t+2$ 年处理，创新发展阶段的产出指标为 $t+2$ 年。

（五）实证结果分析

本部分采用上述构建的链式关联网络 DEA 模型，对中国 2012—2021 年 30 个省份（不含中国香港、澳门、台湾、西藏地区）的科技创新效率进行定量测度，基础数据均来源于《中国科技统计年鉴》。表 2-2、表 2-3 和表 2-4 分别展示了 2012—2021 年中国各省份科技创新总效率值、科学研究阶段效率值和创新发展阶段效率值。

表 2-2　　2012—2021 年各省份科技创新总效率值

	2012年	2013年	2014年	2015年	2016年	2017年	2018年	2019年	2020年	2021年
安徽	0.91	0.91	0.88	0.89	0.89	0.91	0.91	0.93	0.95	0.93
北京	1	1	1	1	1	1	1	1	1	1
福建	1	1	1	1	1	1	1	1	1	1
甘肃	0.82	0.80	0.78	0.84	0.70	0.81	0.83	0.90	0.88	0.88
广东	1	0.98	0.95	0.95	0.94	0.92	0.94	0.93	0.89	0.97

续表

	2012年	2013年	2014年	2015年	2016年	2017年	2018年	2019年	2020年	2021年
广西	0.82	0.82	0.83	0.84	0.85	0.85	0.83	0.83	0.89	0.90
贵州	0.84	0.86	0.85	0.85	0.85	0.85	0.94	0.98	0.92	0.95
海南	0.79	0.80	0.82	0.94	0.87	0.92	0.81	0.84	0.82	0.77
河北	0.92	0.93	0.98	1	0.99	0.98	0.94	0.93	0.92	0.93
河南	0.83	0.93	1	1	0.98	1	1	1	1	1
黑龙江	0.64	0.63	0.61	0.59	0.58	0.70	0.75	0.80	0.75	0.77
湖北	0.81	0.95	0.99	0.98	0.99	0.99	0.98	0.99	0.97	1
湖南	0.91	0.94	0.95	0.95	0.96	0.97	0.96	0.93	0.94	0.96
吉林	0.78	0.80	0.80	0.79	0.78	0.78	0.79	0.79	0.78	0.80
江苏	1	1	1	1	1	1	1	1	1	1
江西	0.90	0.93	0.90	0.91	0.92	0.93	1	1	1	1
辽宁	0.84	0.85	0.83	0.86	0.86	0.75	0.88	0.78	0.80	0.79
内蒙古	0.91	0.89	0.89	0.92	0.92	0.98	0.98	1	1	1
宁夏	0.80	0.81	0.79	0.82	0.80	0.81	0.80	0.77	0.80	0.72
青海	0.73	0.71	0.69	0.76	0.76	0.74	0.76	0.84	0.87	0.77
山东	1	1	0.98	0.98	0.96	0.99	0.98	0.92	0.95	0.98
山西	0.75	0.79	0.69	0.76	0.86	0.85	0.79	0.85	0.90	0.91
陕西	0.95	0.89	0.81	0.79	0.77	0.91	0.88	0.97	0.93	0.97
上海	1	1	1	1	1	1	1	1	1	1
四川	0.64	0.79	0.70	0.69	0.64	0.66	0.63	0.78	0.83	0.73
天津	0.88	0.89	0.88	0.83	0.97	0.95	0.87	0.87	0.95	0.96
新疆	0.79	0.79	0.80	0.82	0.83	0.81	0.81	0.88	0.97	1
云南	0.78	0.80	0.82	0.83	0.83	0.84	0.73	0.77	0.79	0.82
浙江	1	0.97	1	1	1	1	1	1	1	1
重庆	0.85	0.87	0.88	0.91	0.92	0.92	0.88	0.83	0.87	0.89

表2-3　　　　　2012—2021年各省份科学研究阶段效率值

	2012年	2013年	2014年	2015年	2016年	2017年	2018年	2019年	2020年	2021年
安徽	0.81	0.82	0.77	0.79	0.78	0.81	0.83	0.86	0.89	0.86
北京	1	1	1	1	1	1	1	1	1	1
福建	1	1	1	1	1	1	1	1	1	1
甘肃	0.64	0.60	0.57	0.69	0.63	0.61	0.67	0.80	0.75	0.75
广东	1	0.95	0.90	0.90	0.88	0.84	0.87	0.87	0.78	0.93
广西	0.65	0.64	0.67	0.68	0.70	0.69	0.66	0.66	0.79	0.80
贵州	0.68	0.73	0.70	0.71	0.71	0.70	0.88	0.95	0.84	0.90
海南	0.57	0.59	0.64	0.88	0.75	0.84	0.62	0.67	0.71	0.69
河北	0.88	0.93	0.97	1	0.98	0.96	0.87	0.87	0.84	0.87
河南	1	1	1	1	1	1	1	1	1	1
黑龙江	0.68	0.70	0.70	0.72	0.70	0.67	0.73	0.83	0.74	0.75
湖北	0.82	0.91	0.98	0.95	0.97	0.99	0.96	0.97	0.95	0.95
湖南	0.82	0.88	0.90	0.90	0.91	0.93	0.91	0.87	0.88	0.92
吉林	0.55	0.60	0.60	0.58	0.56	0.57	0.58	0.57	0.56	0.60
江苏	1	1	1	1	1	1	1	1	1	1
江西	0.80	0.87	0.81	0.82	0.84	0.86	1	1	1	1
辽宁	0.69	0.70	0.68	0.73	0.71	0.74	0.75	0.76	0.74	0.81
内蒙古	0.82	0.77	0.78	0.84	0.83	0.96	0.96	1	1	1
宁夏	0.61	0.61	0.58	0.64	0.62	0.61	0.59	0.61	0.71	0.70
青海	0.46	0.43	0.38	0.51	0.51	0.48	0.52	0.67	0.74	0.79
山东	1	1	0.97	0.96	0.94	0.98	0.95	0.93	0.91	0.96
山西	0.68	0.72	0.73	0.75	0.72	0.70	0.59	0.70	0.81	0.83
陕西	0.90	0.91	0.91	0.90	0.89	1	1	1	0.94	0.94
上海	1	1	1	1	1	1	1	1	1	1
四川	0.62	0.71	0.78	0.77	0.74	0.77	0.76	0.79	0.82	0.83
天津	0.76	0.77	0.76	0.67	0.93	1	0.86	0.81	0.90	1
新疆	0.57	0.59	0.60	0.63	0.66	0.62	0.62	0.76	0.95	1

续表

	2012年	2013年	2014年	2015年	2016年	2017年	2018年	2019年	2020年	2021年
云南	0.57	0.59	0.64	0.66	0.66	0.68	0.64	0.64	0.72	0.75
浙江	1	0.93	1	1	1	1	1	1	1	1
重庆	0.71	0.74	0.76	0.81	0.84	0.84	0.81	0.79	0.74	0.79

表2-4　　2012—2021年各省份创新发展阶段效率值

	2012年	2013年	2014年	2015年	2016年	2017年	2018年	2019年	2020年	2021年
安徽	1	1	1	1	1	1	1	1	1	1
北京	1	1	1	1	1	1	1	1	1	1
福建	1	1	1	1	1	1	1	1	1	1
甘肃	1	1	1	1	0.77	1	1	1	1	1
广东	1	1	1	1	1	1	1	1	1	1
广西	1	1	1	1	1	1	1	1	1	1
贵州	1	1	1	1	1	1	1	1	1	1
海南	1	1	1	1	1	1	1	1	0.93	0.84
河北	0.95	0.94	1	1	1	1	1	1	1	1
河南	0.65	0.87	1	1	0.96	1	1	1	1	1
黑龙江	0.60	0.56	0.52	0.45	0.46	0.72	0.76	0.76	0.75	0.78
湖北	0.80	0.99	1	1	1	1	1	1	1	1
湖南	1	1	1	1	1	1	1	1	1	1
吉林	1	1	1	1	1	1	1	1	1	1
江苏	1	1	1	1	1	1	1	1	1	1
江西	1	1	1	1	1	1	1	1	1	1
辽宁	1	1	0.98	1	1	0.75	1	0.79	0.85	0.78
内蒙古	1	1	1	1	1	1	1	1	1	1
宁夏	1	1	1	1	0.98	1	1	0.92	0.89	0.73
青海	1	1	1	1	1	1	1	1	1	0.76

续表

	2012年	2013年	2014年	2015年	2016年	2017年	2018年	2019年	2020年	2021年
山东	1	1	1	1	0.97	1	1	0.91	1	1
山西	0.81	0.85	0.65	0.77	1	1	1	1	1	1
陕西	1	0.88	0.72	0.68	0.65	0.82	0.75	0.95	0.93	1
上海	1	1	1	1	1	1	1	1	1	1
四川	0.66	0.87	0.62	0.60	0.54	0.54	0.50	0.78	0.83	0.63
天津	1	1	1	1	1	0.90	0.87	0.93	1	0.92
新疆	1	1	1	1	1	1	1	1	1	1
云南	1	1	1	1	1	1	0.82	0.90	0.87	0.88
浙江	1	1	1	1	1	1	1	1	1	1
重庆	1	1	1	1	1	1	0.95	0.88	1	1

整体来看，2012—2021年，中国科技创新效率呈现稳步提升趋势，从0.863提升至0.913，充分展现了党的十八大以来中国一系列科技创新战略和政策的实施效果。分阶段来看，十年间中国科学研究效率提升明显，从2012年的0.776提升至2021年的0.882，创新发展效率基本处于高位稳定运行态势，效率值维持在0.950左右。但是，也可以看到，当前中国科学研究效率相对偏低，显著低于创新发展效率，这在一定程度上制约了中国整体科技创新效率的提升。这一方面说明需要进一步提高科学研究阶段专利、论文等科研成果的质量和水平；另一方面说明需要进一步改善科学研究阶段科研经费和人员的投入结构。

1. 分省份分析

本研究计算了2012—2021年30个省份的科技创新效率均值，发现各省份科技创新效率存在较大差异。其中，上海、江苏、福建和北京一直处于科技创新的生产前沿面上，平均效率值为1，说明这四个省份在科技创新整个过程中效率最佳。在此

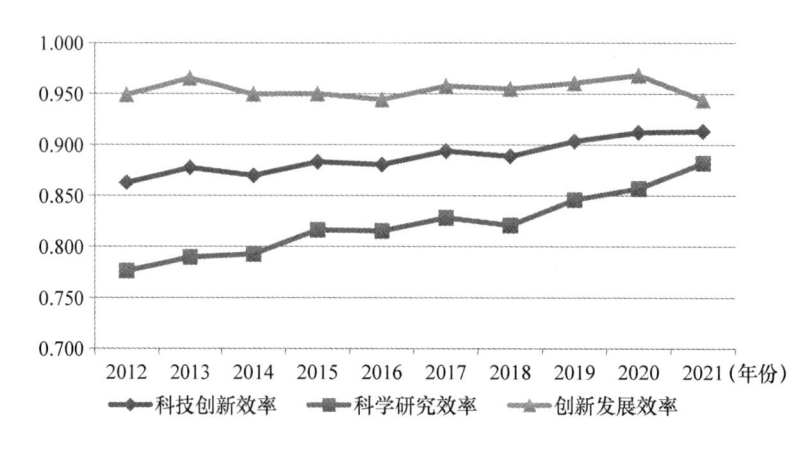

图 2-18 2012—2021 年全国科技创新效率及分阶段效率情况

期间，全国科技创新效率均值为 0.89，除了上述四个省份处于科技创新生产前沿面上，浙江、河南、山东、湖北、河北、江西、内蒙古、广东、湖南、安徽、天津和贵州的科技创新效率值高于全国平均水平。黑龙江的平均科技创新效率最低，仅为 0.68。科技创新效率较高的省份主要分布在东部地区和中部地区，东部地区平均效率值未达到全国平均水平的仅有海南。此外，西部地区中只有内蒙古的科技创新效率值超过了全国平均水平，而东北地区均低于全国平均水平。

各省份在各阶段的效率值也存在较大差异。在科学研究阶段，2012—2021 年，全国平均科学研究效率值为 0.82，上海、江苏、河南、福建、北京、浙江、山东、湖北、陕西、河北、江西、内蒙古、广东、湖南和天津的科学研究效率高于全国平均水平，其中上海、江苏、河南、福建和北京五个省份处于生产前沿面上，效率值始终为 1。相对而言，青海、吉林等省份在科学研究阶段的平均效率值较低，显著低于全国平均水平，其中青海省的科学研究效率值仅为 0.55。

在创新发展阶段，中国大部分省份的创新发展效率较高。创新发展效率均值超过 0.9 的省份多达 27 个，其中浙江、上

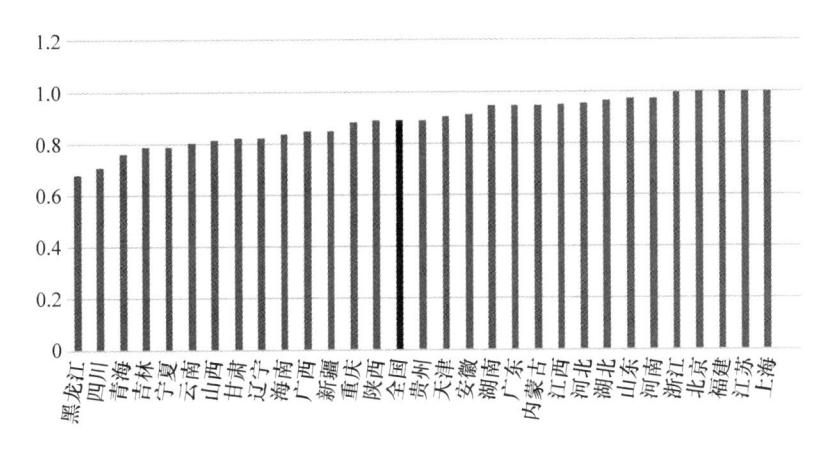

图 2-19　2012—2021 年中国各省份科技创新效率均值

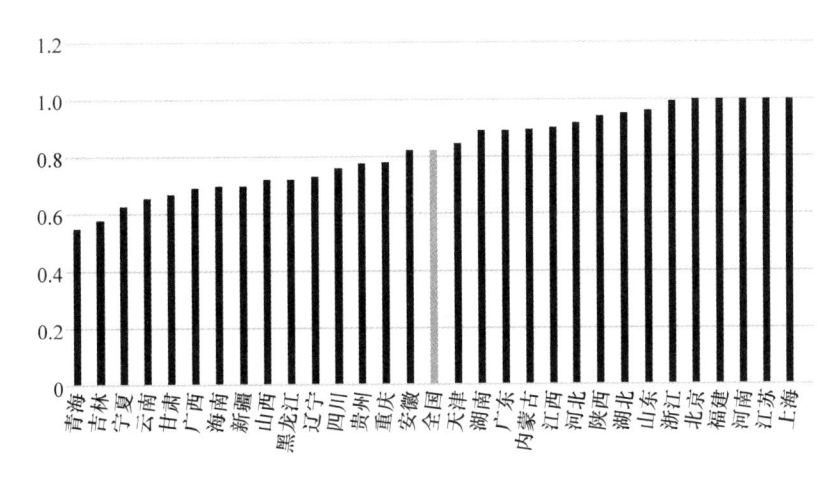

图 2-20　2012—2021 年中国各省份科学研究阶段效率均值

海等14个省份的平均创新发展效率值为1，均处于生产前沿面，说明这些省份在科技成果转化为生产力方面成效显著。创新发展效率均值低于0.9的省份有黑龙江（0.64）、四川（0.66）和陕西（0.84），且低于全国平均水平，说明这些省份需要在科技成果转化方面进一步加大力度，不断提升科技成果转化水平。

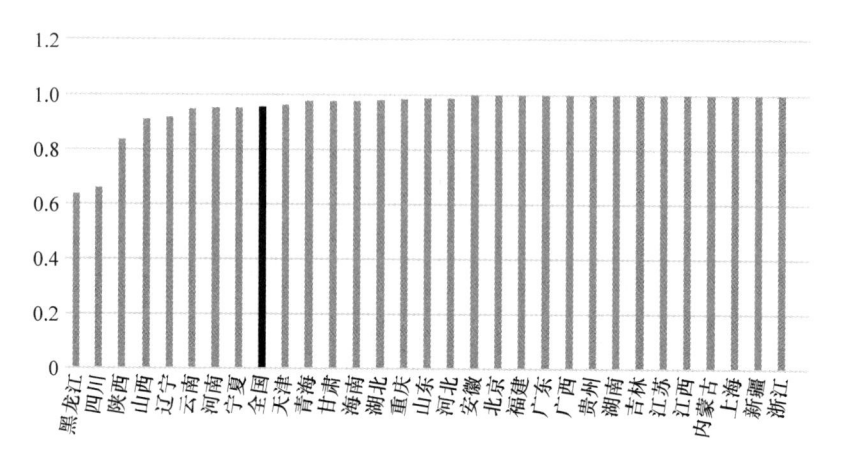

图 2-21 2012—2021 年中国各省份创新发展阶段效率均值

2. 分区域分析

本研究从东部地区、中部地区、西部地区、东北地区四大区域分析中国科技创新效率的区域差异。其中，东部地区包括北京、天津、河北、上海、江苏、浙江、福建、山东、广东、海南共 10 个省份，中部地区包括山西、安徽、江西、河南、湖北、湖南 6 个省份，西部地区包括内蒙古、广西、重庆、四川、贵州、云南、陕西、甘肃、青海、宁夏、新疆 11 个省份，东北地区包括辽宁、吉林、黑龙江 3 个省份。从整体效率来看，2012—2021 年，中国科技创新效率呈现东部—中部—西部—东北地区逐步梯次下降的区域分布格局。东部地区与中部地区的科技创新效率远高于西部地区与东北地区，西部地区科技创新效率值虽低于东部与中部地区，但呈现稳步上升趋势，并显著高于东北地区。

从分阶段效率来看，各区域在两个阶段的效率值略有差异。在科学研究阶段，表现最佳的是东部地区和中部地区，其中中部地区科学研究效率 2012—2021 年呈上升趋势，东部地区科学研究效率 2016—2021 年有所下降；西部地区和东北地区科学研究效率相对较低，其中西部地区 2012—2021 年呈现波动下降趋

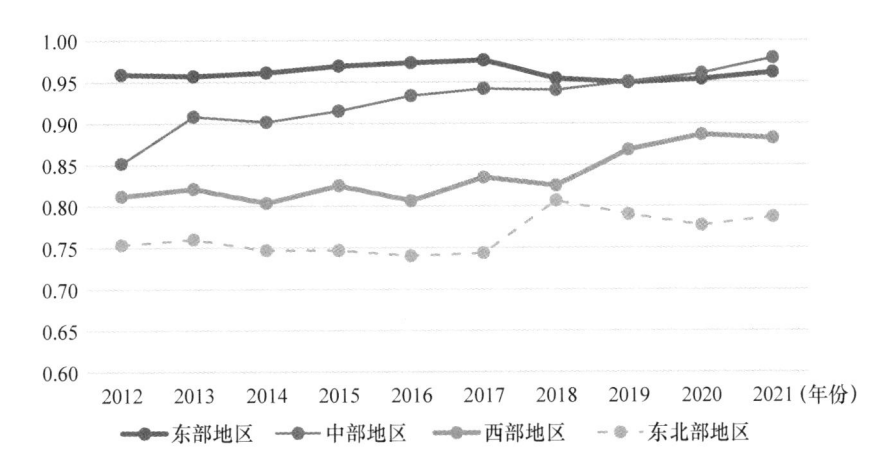

图 2-22　2012—2021 年各区域科技创新效率均值

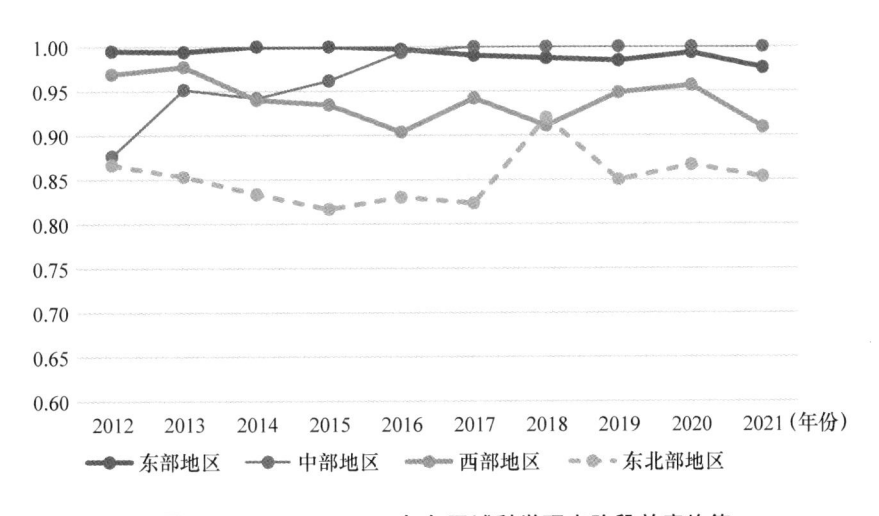

图 2-23　2012—2021 年各区域科学研究阶段效率均值

势,但总体来讲,东北地区的科学研究效率明显低于其他地区。

在创新发展阶段,东部地区 2012—2017 年创新发展效率一直领先于其他三个区域,2017 年后有所下降;中部地区创新发展效率在 2012—2021 年呈现稳步上升态势;东北地区创新发展效率在 2012—2018 年有所上升,但在 2018 年后有所下降;西部地区创新发展效率较低,一直低于其他三个区域,说明西部地区需要进一步加强科研成果转化能力建设,不断提升科研成果转化水平。

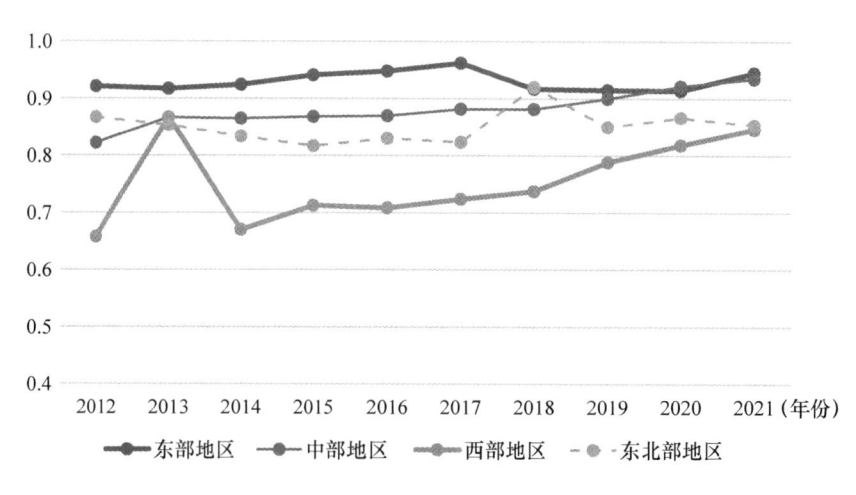

图 2-24 2012—2021 年各区域创新发展阶段效率均值

（六）研究结论及对策建议

本研究将科技创新活动分解为科学研究和创新发展两个紧密链接的阶段，基于 2012—2021 年的数据，运用网络 DEA 模型对中国 30 个省份的科技创新效率及其分阶段效率进行了定量测度，主要研究结论如下。

第一，从整体来看，考察期内中国科技创新效率呈现稳步提升趋势。2012—2021 年，中国科技创新效率从 0.863 提升至 0.913，充分表明党的十八大以来中国一系列科技创新战略和政策实施效果显著，但也说明中国科技创新活动尚不在生产前沿面上，科技创新效率还有进一步提升的空间和潜力，需要进一步提升中国科技创新活动效能。

第二，分阶段来看，中国创新发展阶段效率明显高于科学研究阶段效率。党的十八大以来，中国科学研究效率提升明显，从 2012 年的 0.776 提升至 2021 年的 0.882，而创新发展效率基本处于高位稳定运行态势，效率值维持在 0.950 左右。当前中国科学研究效率相对偏低，显著低于创新发展效率，一定程度上制约了中国整体科技创新效率的提升，意味着需要进一步提高科学研究阶段专利、论文等科研成果的质量和水平，还需要进一步改善科学研究阶段科研经费和人员的投入结构。

第三，分地区来看，各地区科技创新效率及其分阶段效率呈现明显异质性。2012—2021年，各个省份科技创新效率、科学研究效率和创新发展效率差异明显，但总体而言效率值较高的省份也主要是那些经济较为发达的东部地区省份，中西部地区不少省份的效率值低于全国平均水平。整体而言，考察期内中国科技创新效率呈现东部—中部—西部—东北地区逐步梯次下降的区域分布格局。

为进一步提高中国科技创新效率，本书提出以下几点建议。

一是优化科技创新投入产出结构，提高资源配置效率。尽管当前中国科技人才规模世界第一，R&D经费支出全球第二，但资源内部分布不均。一方面，中国应在持续扩大科技投入规模的同时，将更多的科技经费投入R&D领域，推动企业加大科技创新投入，不断优化科技创新投入结构；另一方面，中国要高度重视区域平衡发展，加大西部地区和东北地区的科技创新投入，对经济欠发达地区加大人才引进，完善基础设施建设，制定合理的激励政策，大力发展高新技术产业，提高欠发达地区的科技创新效率。

二是深化科技体制改革，激发创新主体活力。实践证明，深入实施科技体制改革，激发创新主体活力是提高科技创新效率的重要手段之一。中国应处理好新型举国体制与市场机制的关系，健全科技评价激励、成果应用转化、科技人员薪酬等制度，加快科技成果和人才评价试点，扩大高校改革自主权，推动产学研深度融合，激发各类创新主体科技创新活力。

三是打破区域壁垒，推动区域间科技创新联动发展。完善协同创新的保障，加强区域间创新互助。通过构建高水平的科研基地和创新集群以形成协同创新载体，充分发挥协同创新载体的辐射作用，各省份之间应加强高水平科技创新的合作交流，大力推动经济带、都市圈的发展，形成多中心发展格局，让科技创新发达地区成果惠及周边地区，加强省份间技术的互动、共享与更新，以点到面的模式推动区域间科技创新效率整体提高。

四是充分发挥政府职能，优化创新环境。政府科技支持是提高科技创新效率最直接的方式之一，各地政府要营造适合科技创新活动的区域环境，在人才配给、基础设施建设及资金供给等多方面建立区域创新的支持体系，通过有效的政策和灵活的机制，政府、企业、高校等多部门之间形成良性互动，从而形成有效的科技创新体系以提高区域科技创新效率。

三 中国地区劳动生产率分析

提高劳动生产率对于中国的地方经济发展有着至关重要的意义。由于不同地区在地理环境和资源禀赋等方面存在较大差异，各地的经济结构和发展路径存在显著不同。在创新驱动发展战略背景下，提高劳动生产率可以帮助各地更好地实现资源配置，优化产业结构，适应和引导未来的发展趋势。

（一）各省份的劳动生产率

劳动生产率衡量了劳动力有效地转化为产品或服务的数量，它反映了资源如何有效地被利用以及生产过程的效率。劳动生产率与各省份的经济发展水平、产业结构和教育程度等因素密切相关。在基础设施健全、开放程度较高、工业化水平和服务业发展较为先进的省份，劳动生产率水平相对较高。随着中国经济从以出口和制造业为主转型为以服务业和内需为主，各个省份的产业结构和劳动生产率也将发生变化。明晰各省份的劳动生产率水平以及发展动态，是制定经济政策和推动经济长期发展的关键。

随着中国经济发展进入新常态，经济高速增长的时代逐步结束，创新驱动、产业升级成为中国经济发展的重要推动力，这对各地实现高质量发展提出了新要求。地区之间的经济发展水平和产业结构不同，导致各地的资源配置效率、技术研发实力等并不均衡，劳动生产率因而表现出明显的地区差异。根据

表 3-1，2012—2021 年，劳动生产率较高的省份集中在上海、北京、天津、江苏、浙江、福建等地。其中，上海和北京的平均劳动生产率在 2017 年分别达到 215493 元/人和 199395 元/人，2021 年分别达到 268091 元/人和 252934 元/人，明显高于其他地区，江苏、天津、浙江等地紧随其后。整体而言，各省份在 2017—2021 年的劳动生产率水平较 2012—2016 年有了显著提升。结合各省份的劳动生产率水平来看，水平较高的省份主要位于东部沿海尤其是东南沿海地区。在四个直辖市中，上海、北京和天津的劳动生产率明显高于位于西南内陆的重庆。江苏、浙江、福建和广东等东部沿海省份的劳动生产率均位于全国前列，上述省份的高新技术产业、现代服务业等发展水平较高，而这些领域的劳动生产率往往高于农业和传统制造业。从增长率来看，2012—2021 年，劳动生产率的年均增长率最高的五个省份分别为安徽、湖南、黑龙江、江西和贵州。上述省份的经济发展水平与经济强省存在一定差距，这为其提高经济发展质量创造了空间。党的十八大以来，中国加快实施创新驱动发展战略，各省份的经济发展质量有所改善。上述省份在经济基础相对薄弱的情况下，发展方式的改变有助于带动其劳动效率的显著提高。①

表 3-1　　　　　　　　各省份劳动生产率

		绝对数（元/人，2010 年价）			增长率（%）
		2012 年	2017 年	2021 年	2012—2021 年
北京	总体	160052	199395	252934	5.22
	第一产业	21971	20755	26160	1.96
	第二产业	170488	247566	356401	8.54
	第三产业	167177	198817	237459	3.98

---

① D. Rodrik, A. Subramanian, F. Trebbi, "Institutions Rule: The Primacy of Institutions Over Geography and Integration in Economic Development", *Journal of Economic Growth*, Vol. 9, No. 2, 2004.

续表

		绝对数（元/人，2010年价）			增长率（%）
		2012年	2017年	2021年	2012—2021年
天津	总体	110086	133045	217587	7.86
	第一产业	19521	25100	46925	10.24
	第二产业	129001	182796	277654	8.89
	第三产业	111233	117373	195703	6.48
河北	总体	52971	78831	103894	7.77
	第一产业	18446	27857	45639	10.59
	第二产业	75718	114331	134631	6.60
	第三产业	67844	88583	107299	5.23
山西	总体	58589	76861	103721	6.55
	第一产业	9143	13222	19153	8.56
	第二产业	129827	171419	233715	6.75
	第三产业	50726	62102	77036	4.75
内蒙古	总体	74534	109584	138784	7.15
	第一产业	18441	26587	37714	8.27
	第二产业	105811	206718	354883	14.39
	第三产业	157110	142791	135913	−1.60
辽宁	总体	69650	89959	110503	5.26
	第一产业	23424	25893	34741	4.48
	第二产业	135650	170673	235833	6.34
	第三产业	59631	87728	95008	5.31
吉林	总体	51171	78139	99753	7.70
	第一产业	16044	23417	30571	7.43
	第二产业	108041	181541	261266	10.31
	第三产业	61727	89173	104048	5.97
黑龙江	总体	48797	76179	106528	9.06
	第一产业	19297	28579	40934	8.71
	第二产业	127240	193348	283437	9.31
	第三产业	38932	68136	92030	10.03

续表

		绝对数（元/人，2010年价）			增长率（%）
		2012年	2017年	2021年	2012—2021年
上海	总体	187920	215493	268091	4.03
	第一产业	27806	21579	27029	-0.31
	第二产业	184863	226872	256920	3.72
	第三产业	200939	218273	276589	3.61
江苏	总体	106350	155684	197443	7.12
	第一产业	26964	38992	51190	7.38
	第二产业	134144	197377	261083	7.68
	第三产业	118641	159562	184586	5.03
浙江	总体	95068	131458	156152	5.67
	第一产业	26913	44942	78096	12.57
	第二产业	108140	142179	171447	5.25
	第三产业	106313	138522	151080	3.98
安徽	总体	40127	59156	104184	11.18
	第一产业	11210	15371	31000	11.97
	第二产业	78676	104669	168233	8.81
	第三产业	42723	60874	98651	9.74
福建	总体	85780	130635	172466	8.07
	第一产业	24153	36828	59299	10.49
	第二产业	122252	200951	282527	9.75
	第三产业	90930	114048	133019	4.32
江西	总体	49353	78666	107467	9.03
	第一产业	15955	27069	42533	11.51
	第二产业	91810	139027	183300	7.99
	第三产业	44217	62380	78020	6.51
山东	总体	69780	106394	138788	7.94
	第一产业	17480	26733	37912	8.98
	第二产业	114908	164690	201153	6.42
	第三产业	83039	115653	143408	6.26

续表

		绝对数（元/人，2010年价）			增长率（%）
		2012年	2017年	2021年	2012—2021年
河南	总体	54593	83242	106569	7.72
	第一产业	15568	28508	40059	11.07
	第二产业	99700	150791	187664	7.28
	第三产业	65304	71911	86952	3.23
湖北	总体	60689	93119	118798	7.75
	第一产业	14605	22701	36880	10.84
	第二产业	144723	201675	215278	4.51
	第三产业	69713	93919	110596	5.26
湖南	总体	48778	77138	118346	10.35
	第一产业	13262	17036	39096	12.76
	第二产业	98702	155482	202003	8.28
	第三产业	57596	93210	111647	7.63
广东	总体	89449	118139	142084	5.28
	第一产业	18455	29016	44467	10.26
	第二产业	103561	146976	183566	6.57
	第三产业	114096	121117	133302	1.74
广西	总体	36813	60072	76511	8.47
	第一产业	11903	18922	32613	11.85
	第二产业	121012	110881	109127	-1.14
	第三产业	67322	82908	90845	3.39
海南	总体	52707	70459	86927	5.72
	第一产业	26368	40187	49472	7.24
	第二产业	120778	148302	169287	3.82
	第三产业	63177	72792	89248	3.91
重庆	总体	66802	107535	135269	8.15
	第一产业	13080	21832	29422	9.43
	第二产业	125702	187583	255799	8.21
	第三产业	75619	104938	121326	5.39

续表

		绝对数（元/人，2010年价）			增长率（%）
		2012年	2017年	2021年	2012—2021年
四川	总体	47660	71223	91334	7.49
	第一产业	13435	18568	24591	6.95
	第二产业	99777	157673	206893	8.44
	第三产业	51150	66255	77766	4.76
贵州	总体	33180	52917	69894	8.63
	第一产业	5911	10487	18522	13.53
	第二产业	104919	116461	125917	2.05
	第三产业	65374	72954	78058	1.99
云南	总体	34691	54372	72749	8.58
	第一产业	7465	11602	17635	10.02
	第二产业	117714	167335	190943	5.52
	第三产业	51416	67783	80511	5.11
西藏	总体	37455	58027	75519	8.10
	第一产业	8313	12112	15208	6.94
	第二产业	93631	125417	190740	8.23
	第三产业	55213	70762	83485	4.70
陕西	总体	59805	89456	112097	7.23
	第一产业	12904	16564	25399	7.81
	第二产业	147793	280774	268025	6.84
	第三产业	85387	112132	96139	1.33
甘肃	总体	36471	54500	68894	7.32
	第一产业	6419	9396	15225	10.07
	第二产业	117422	160204	174847	4.52
	第三产业	60614	81787	79432	3.05
青海	总体	46147	66534	95009	8.35
	第一产业	12340	16365	32100	11.21
	第二产业	79717	124030	185668	9.85
	第三产业	59045	77739	87298	4.44

续表

		绝对数（元/人，2010年价）			增长率（%）
		2012年	2017年	2021年	2012—2021年
宁夏	总体	56349	83688	105181	7.18
	第一产业	10506	18815	29812	12.29
	第二产业	147736	166409	209794	3.97
	第三产业	68911	86861	91891	3.25
新疆	总体	53863	77313	94217	6.41
	第一产业	18835	26925	40855	8.98
	第二产业	163404	251301	308673	7.32
	第三产业	67811	70070	69231	0.23

资料来源：根据各省份历年统计年鉴整理计算。

从三次产业劳动生产率的绝对数来看，绝大多数省份第二产业的劳动生产率最高，第三产业次之，第一产业最低。2021年，第一、第二、第三产业最高的平均劳动生产率水平，分别为浙江的78096元/人、北京的356401元/人和上海的276589元/人。从各省份内部的劳动生产率差异来看，新疆、陕西、内蒙古、黑龙江和山西的第二产业劳动生产率与第一、第三产业的劳动生产率差距悬殊，明显高于第一、第三产业的劳动生产率。这说明黑龙江作为中国的老工业基地，以工业为主体的产业结构仍是其实现经济高质量发展的主要动力。山西省和内蒙古自治区都是中国的主要能源和矿产资源基地，基于资源优势，两个地区都建立了完整的能源和重工业链。相关产业的技术含量和附加值较高，从而提高了两个地区第二产业的劳动生产率。而两省的农业发展相对滞后，现代服务业仍处于相对初级的阶段，导致两个地区第一、第三产业的劳动生产率较低。与上述省份不同的是，以浙江和江苏为代表的东部地区省份，其地区内部第二、第三产业的劳动生产率水平差距较小。2021年，浙江省第二、第三产业的平均劳动生产率分别为171447元/人、

151080元/人，江苏省第二、第三产业的平均劳动生产率分别为261083元/人、184586元/人，两地区第三产业的劳动生产率水平已接近第二产业的劳动生产率水平，反映出经济强省的旅游业、服务业等在近些年得到了快速发展，第三产业成为实现可持续发展的新增长点。

根据表3-2，从区域分布来看，东部地区的劳动生产率最高，中部与东北地区次之，西部地区最低。从三次产业的劳动生产率来看，东部地区第一、第三产业的劳动生产率均高于其他地区，其中第三产业的劳动生产率远高于中部、西部和东北地区。东北地区第二产业的劳动生产率高于东部、中部、西部地区，中部、西部和东北地区第三产业的劳动生产率较为相近。东部地区由于其经济先行优势，有更多的技术投入和资本积累能够应用到农业发展中。这不仅能够提高农作物产量，还能节约劳动力投入。同时，东部地区的结构调整更为迅速和积极，非农产业的发展吸引了大量农村劳动力转移，使得农业部门的劳动力相对减少，而第三产业的快速发展推动了产业内部数字化、信息化技术的应用，进而导致第一、第三产业劳动生产率的提升。西部地区拥有丰富的矿产、能源等自然资源，随着近年来东部地区的劳动成本上升和市场竞争加剧等因素，许多大型项目、企业和一系列科技创新平台落地西部地区，带来了先进的技术、人才和管理经验。基础设施的快速建设和完善，使得西部地区与全国其他地区的互联互通大大加强，降低了物流成本，提高了产业集聚效应。另外，由于历史原因，西部地区的初始劳动生产率相对较低，在一定时期内，相同的绝对增长会导致更高的增长率。上述种种因素都导致西部地区第二产业的劳动生产率在近些年获得快速提升。东北地区凭借着较好的资源条件以及雄厚的产业基础，拥有较高水平的第二产业劳动生产率，未来在不断科学调整和完善产业结构布局的过程中，仍有较强的增长潜力。中、西部地区传统上更侧重于农业和资源型产业，尽管其现代服务业已开始发展，但无论是基础设施、教育资源还是产业发展，相对于东部地区都有一定滞后，在发展服务业时都面临着类似的挑战和限制，发展的速度和深度还较为有限，因而在第三产业上与东部地区还有较大差距。

表 3-2　　　　　　　　　四大区域劳动生产率[①]

		绝对数（元/人，2010年价）			增长率（%）
		2012年	2017年	2021年	2012—2021年
东部地区	总体	89842	126603	160158	6.63
	第一产业	20677	31242	46302	9.37
	第二产业	114813	164807	207641	6.80
	第三产业	109628	134231	157110	4.08
东北地区	总体	57783	82541	106600	7.04
	第一产业	19676	26111	35571	6.80
	第二产业	127163	179239	253255	7.96
	第三产业	52759	81687	96428	6.93
中部地区	总体	51336	77584	110219	8.86
	第一产业	13665	20817	36025	11.37
	第二产业	103056	148467	193859	7.27
	第三产业	55561	74740	95399	6.19
西部地区	总体	47310	72418	92416	7.72
	第一产业	11298	16783	25296	9.37
	第二产业	116749	169806	202128	6.29
	第三产业	67247	83529	89504	3.23

资料来源：根据各省份历年统计年鉴整理计算。

---

① 东部地区包括北京、天津、河北、上海、江苏、浙江、福建、山东、广东和海南，中部地区包括山西、安徽、江西、河南、湖北、湖南，西部地区包括内蒙古、广西、四川、重庆、贵州、云南、西藏、陕西、甘肃、青海、宁夏、新疆，东北地区包括黑龙江、辽宁和吉林。

总体而言，东部地区发达省份在吸引人才、引进外资和基础设施建设等方面更有优势，从而有助于其劳动者素质、管理和科技水平的提高，这为其保持较高的劳动生产率提升创造了条件。而欠发达省份在劳动生产率的绝对值上表现欠佳，但在转型升级、创新发展的导向下，劳动生产率有了更大的提升空间。可以看出，在提高劳动生产率的过程中，经济总量是基础，技术、人才和制度保障是重要动力。[①]

（二）各省份劳动生产率的分解

由于各省份在资源禀赋、经济基础和产业结构等方面存在较大差异，为了更好地把握各地区在经济发展和产业转型过程中呈现出的不同特征，此处采用转换份额分析法对各省份的劳动生产率进行分解分析。

1. 计算结果分析

各省份经济总体和三次产业劳动生产率的结构效应、增长效应与交互效应及其贡献率如表3-3所示。可以看出，大多数省份在2013—2021年的劳动生产率增长主要来源于增长效应，少数省份的劳动生产率增长主要来源于结构效应。2021年，增长效应贡献率最高的省份是内蒙古，达到126.25%；结构效应最高的省份是广西，达到65.69%；交互效应最高的是云南，达到12.58%。

---

① 朱益超：《中国劳动生产率增长动能转换与机制创新研究》，《数量经济技术经济研究》2016年第9期；王家庭等：《中国制造业劳动生产率增长动能转换：资本驱动还是技术驱动》，《中国工业经济》2019年第5期；张勇：《人力资本贡献与中国经济增长的可持续性》，《世界经济》2020年第4期。

表3-3　　　　　　　2021年各省份劳动生产率增量的分解

		总量	第一产业	第二产业	第三产业
北京	结构效应	0.0392	-0.0035	-0.0509	0.0936
	结构效应贡献率（%）	6.72	-0.59	-8.74	16.06
	增长效应	0.5603	0.0014	0.2304	0.3285
	增长效应贡献率（%）	96.17	0.24	39.54	56.39
	交互效应	-0.0169	-0.0007	-0.0555	0.0393
	交互效应贡献率（%）	-2.89	-0.11	-9.53	6.75
	总计	0.5826	-0.0027	0.1239	0.4614
	贡献率（%）	100	-0.47	21.27	79.20
天津	结构效应	0.0200	-0.0067	-0.0836	0.1104
	结构效应贡献率（%）	2.09	-0.70	-8.73	11.52
	增长效应	0.9603	0.0230	0.5577	0.3797
	增长效应贡献率（%）	100.21	2.39	58.19	39.62
	交互效应	-0.0220	-0.0094	-0.0964	0.0838
	交互效应贡献率（%）	-2.30	-0.98	-10.06	8.75
	总计	0.9583	0.0068	0.3776	0.5739
	贡献率（%）	100	0.71	39.41	59.88
河北	结构效应	0.1265	-0.0482	-0.0259	0.2006
	结构效应贡献率（%）	13.48	-5.14	-2.76	21.38
	增长效应	0.7865	0.1829	0.3758	0.2278
	增长效应贡献率（%）	83.81	19.49	40.05	24.28
	交互效应	0.0254	-0.0711	-0.0201	0.1167
	交互效应贡献率（%）	2.71	-7.58	-2.15	12.43
	总计	0.9384	0.0635	0.3298	0.5452
	贡献率（%）	100	6.77	35.14	58.09
山西	结构效应	0.0378	-0.0165	-0.0613	0.1156
	结构效应贡献率（%）	5.00	-2.19	-8.11	15.29
	增长效应	0.7253	0.0589	0.4984	0.1680
	增长效应贡献率（%）	95.96	7.79	65.93	22.23

续表

		总量	第一产业	第二产业	第三产业
山西	交互效应	-0.0072	-0.0181	-0.0491	0.0600
	交互效应贡献率（%）	-0.95	-2.39	-6.49	7.93
	总计	0.7559	0.0243	0.3880	0.3436
	贡献率（%）	100	3.21	51.33	45.45
内蒙古	结构效应	0.3361	-0.0323	-0.1926	0.5610
	结构效应贡献率（%）	38.94	-3.74	-22.31	64.99
	增长效应	1.0899	0.1247	1.0252	-0.0600
	增长效应贡献率（%）	126.25	14.44	118.77	-6.95
	交互效应	-0.5628	-0.0337	-0.4533	-0.0757
	交互效应贡献率（%）	-65.19	-3.91	-52.51	-8.77
	总计	0.8632	0.0586	0.3793	0.4253
	贡献率（%）	100	6.79	43.94	49.27
辽宁	结构效应	-0.0446	-0.0043	-0.0915	0.0512
	结构效应贡献率（%）	-7.76	-0.75	-15.90	8.89
	增长效应	0.6592	0.0473	0.3893	0.2225
	增长效应贡献率（%）	114.59	8.23	67.68	38.68
	交互效应	-0.0393	-0.0021	-0.0676	0.0304
	交互效应贡献率（%）	-6.83	-0.36	-11.75	5.28
	总计	0.5753	0.0409	0.2303	0.3040
	贡献率（%）	100	7.12	40.03	52.85
吉林	结构效应	0.0062	-0.0166	-0.0956	0.1183
	结构效应贡献率（%）	0.65	-1.74	-10.07	12.46
	增长效应	1.0122	0.1206	0.5746	0.3170
	增长效应贡献率（%）	106.66	12.71	60.55	33.40
	交互效应	-0.0694	-0.0150	-0.1355	0.0811
	交互效应贡献率（%）	-7.31	-1.58	-14.28	8.55
	总计	0.9490	0.0891	0.3435	0.5164
	贡献率（%）	100	9.39	36.20	54.41

续表

		总量	第一产业	第二产业	第三产业
黑龙江	结构效应	-0.0526	-0.0021	-0.0786	0.0281
	结构效应贡献率（%）	-4.58	-0.18	-6.85	2.45
	增长效应	1.2599	0.1639	0.6209	0.4751
	增长效应贡献率（%）	109.86	14.29	54.14	41.42
	交互效应	-0.0605	-0.0023	-0.0965	0.0383
	交互效应贡献率（%）	-5.27	-0.20	-8.41	3.34
	总计	1.1469	0.1595	0.4459	0.5415
	贡献率（%）	100	13.90	38.88	47.22
上海	结构效应	0.0232	-0.0027	-0.0715	0.0974
	结构效应贡献率（%）	5.63	-0.66	-17.36	23.65
	增长效应	0.3797	-0.0002	0.1529	0.2270
	增长效应贡献率（%）	92.22	-0.04	37.13	55.13
	交互效应	0.0089	0.0001	-0.0279	0.0367
	交互效应贡献率（%）	2.15	0.02	-6.77	8.90
	总计	0.4118	-0.0028	0.0535	0.3610
	贡献率（%）	100	-0.68	13.00	87.68
江苏	结构效应	0.0576	-0.0181	-0.0325	0.1082
	结构效应贡献率（%）	6.74	-2.11	-3.81	12.66
	增长效应	0.7837	0.0467	0.5079	0.2291
	增长效应贡献率（%）	91.72	5.47	59.44	26.82
	交互效应	0.0131	-0.0162	-0.0308	0.0601
	交互效应贡献率（%）	1.54	-1.90	-3.60	7.04
	总计	0.8544	0.0124	0.4445	0.3975
	贡献率（%）	100	1.45	52.03	46.52
浙江	结构效应	0.0825	-0.0280	-0.0113	0.1218
	结构效应贡献率（%）	12.82	-4.36	-1.76	18.94
	增长效应	0.5691	0.0820	0.3002	0.1868
	增长效应贡献率（%）	88.52	12.76	46.70	29.06

续表

		总量	第一产业	第二产业	第三产业
浙江	交互效应	-0.0086	-0.0533	-0.0066	0.0513
	交互效应贡献率（%）	-1.34	-8.29	-1.03	7.98
	总计	0.6429	0.0007	0.2823	0.3599
	贡献率（%）	100	0.11	43.91	55.98
安徽	结构效应	0.1545	-0.0360	0.1161	0.0745
	结构效应贡献率（%）	9.71	-2.26	7.29	4.68
	增长效应	1.2712	0.1854	0.5751	0.5108
	增长效应贡献率（%）	79.86	11.65	36.13	32.09
	交互效应	0.1660	-0.0636	0.1321	0.0975
	交互效应贡献率（%）	10.43	-4.00	8.30	6.13
	总计	1.5917	0.0857	0.8233	0.6828
	贡献率（%）	100	5.38	51.72	42.89
福建	结构效应	0.0698	-0.0324	-0.0769	0.1791
	结构效应贡献率（%）	6.96	-3.23	-7.68	17.87
	增长效应	0.9974	0.1052	0.7153	0.1769
	增长效应贡献率（%）	99.53	10.49	71.38	17.65
	交互效应	-0.0651	-0.0471	-0.1009	0.0829
	交互效应贡献率（%）	-6.49	-4.70	-10.06	8.27
	总计	1.0021	0.0257	0.5375	0.4388
	贡献率（%）	100	2.56	53.64	43.79
江西	结构效应	0.1132	-0.0436	0.0693	0.0875
	结构效应贡献率（%）	9.68	-3.73	5.93	7.49
	增长效应	0.9926	0.1777	0.5645	0.2503
	增长效应贡献率（%）	84.90	15.20	48.29	21.41
	交互效应	0.0633	-0.0727	0.0691	0.0669
	交互效应贡献率（%）	5.41	-6.22	5.91	5.72
	总计	1.1690	0.0614	0.7029	0.4047
	贡献率（%）	100	5.25	60.12	34.62

续表

		总量	第一产业	第二产业	第三产业
山东	结构效应	0.1135	-0.0285	0.0238	0.1183
	结构效应贡献率（%）	11.79	-2.96	2.47	12.28
	增长效应	0.7792	0.1050	0.3974	0.2768
	增长效应贡献率（%）	80.89	10.90	41.25	28.74
	交互效应	0.0705	-0.0333	0.0179	0.0860
	交互效应贡献率（%）	7.32	-3.46	1.85	8.93
	总计	0.9632	0.0431	0.4390	0.4811
	贡献率（%）	100	4.48	45.58	49.94
河南	结构效应	0.1592	-0.0508	-0.0091	0.2191
	结构效应贡献率（%）	17.13	-5.47	-0.98	23.57
	增长效应	0.7856	0.1904	0.4867	0.1084
	增长效应贡献率（%）	84.52	20.49	52.37	11.67
	交互效应	-0.0153	-0.0799	-0.0080	0.0726
	交互效应贡献率（%）	-1.65	-8.60	-0.86	7.81
	总计	0.9294	0.0597	0.4696	0.4001
	贡献率（%）	100	6.42	50.53	43.05
湖北	结构效应	0.2302	-0.0431	0.1303	0.1431
	结构效应贡献率（%）	24.22	-4.54	13.70	15.05
	增长效应	0.6386	0.1654	0.2453	0.2279
	增长效应贡献率（%）	67.19	17.41	25.81	23.97
	交互效应	0.0816	-0.0658	0.0635	0.0839
	交互效应贡献率（%）	8.59	-6.92	6.68	8.83
	总计	0.9505	0.0566	0.4391	0.4548
	贡献率（%）	100	5.95	46.19	47.85
湖南	结构效应	0.1832	-0.0454	0.0755	0.1531
	结构效应贡献率（%）	12.89	-3.19	5.32	10.77
	增长效应	1.1034	0.2210	0.4965	0.3858
	增长效应贡献率（%）	77.66	15.56	34.95	27.15

续表

		总量	第一产业	第二产业	第三产业
湖南	交互效应	0.1343	-0.0884	0.0791	0.1436
	交互效应贡献率（%）	9.45	-6.22	5.56	10.11
	总计	1.4209	0.0872	0.6511	0.6825
	贡献率（%）	100	6.14	45.83	48.04
广东	结构效应	0.1180	-0.0213	-0.0771	0.2164
	结构效应贡献率（%）	20.13	-3.63	-13.16	36.91
	增长效应	0.5213	0.0613	0.3823	0.0777
	增长效应贡献率（%）	88.93	10.46	65.22	13.26
	交互效应	-0.0531	-0.0300	-0.0596	0.0364
	交互效应贡献率（%）	-9.06	-5.11	-10.17	6.21
	总计	0.5861	0.0101	0.2456	0.3305
	贡献率（%）	100	1.72	41.90	56.38
广西	结构效应	0.7001	-0.0644	0.4265	0.3381
	结构效应贡献率（%）	65.69	-6.04	40.02	31.72
	增长效应	0.4015	0.3004	-0.0413	0.1424
	增长效应贡献率（%）	37.67	28.19	-3.87	13.36
	交互效应	-0.0358	-0.1121	-0.0419	0.1181
	交互效应贡献率（%）	-3.36	-10.52	-3.93	11.08
	总计	1.0658	0.1239	0.3433	0.5986
	贡献率（%）	100	11.63	32.21	56.16
海南	结构效应	0.1052	-0.0804	-0.0148	0.2005
	结构效应贡献率（%）	16.68	-12.75	-2.34	31.77
	增长效应	0.5194	0.2078	0.1112	0.2004
	增长效应贡献率（%）	82.32	32.93	17.62	31.77
	交互效应	0.0063	-0.0705	-0.0059	0.0827
	交互效应贡献率（%）	1.00	-11.17	-0.94	13.11
	总计	0.6309	0.0568	0.0905	0.4836
	贡献率（%）	100	9.01	14.34	76.65

续表

		总量	第一产业	第二产业	第三产业
重庆	结构效应	0.1134	-0.0239	-0.0023	0.1395
	结构效应贡献率（%）	11.11	-2.34	-0.22	13.68
	增长效应	0.8546	0.0843	0.4962	0.2741
	增长效应贡献率（%）	83.78	8.26	48.64	26.87
	交互效应	0.0521	-0.0299	-0.0023	0.0843
	交互效应贡献率（%）	5.11	-2.93	-0.23	8.27
	总计	1.0201	0.0305	0.4916	0.4980
	贡献率（%）	100	2.99	48.19	48.82
四川	结构效应	0.0566	-0.0270	-0.0394	0.1230
	结构效应贡献率（%）	6.26	-2.98	-4.35	13.59
	增长效应	0.8487	0.0977	0.5664	0.1845
	增长效应贡献率（%）	93.82	10.81	62.62	20.40
	交互效应	-0.0007	-0.0224	-0.0423	0.0640
	交互效应贡献率（%）	-0.08	-2.48	-4.67	7.07
	总计	0.9046	0.0483	0.4848	0.3715
	贡献率（%）	100	5.34	53.59	41.07
贵州	结构效应	0.6754	-0.0534	0.3665	0.3624
	结构效应贡献率（%）	60.32	-4.77	32.73	32.36
	增长效应	0.4147	0.2399	0.0853	0.0895
	增长效应贡献率（%）	37.03	21.42	7.62	7.99
	交互效应	0.0297	-0.1140	0.0733	0.0703
	交互效应贡献率（%）	2.65	-10.18	6.55	6.28
	总计	1.1198	0.0725	0.5251	0.5221
	贡献率（%）	100	6.48	46.89	46.63
云南	结构效应	0.2753	-0.0320	0.1547	0.1526
	结构效应贡献率（%）	24.91	-2.89	14.00	13.80
	增长效应	0.6908	0.1703	0.2805	0.2400
	增长效应贡献率（%）	62.51	15.41	25.38	21.71

续表

		总量	第一产业	第二产业	第三产业
云南	交互效应	0.1390	-0.0435	0.0963	0.0863
	交互效应贡献率（%）	12.58	-3.94	8.71	7.81
	总计	1.1052	0.0948	0.5315	0.4789
	贡献率（%）	100	8.58	48.09	43.33
西藏	结构效应	0.1862	-0.0281	0.0679	0.1464
	结构效应贡献率（%）	18.21	-2.74	6.64	14.32
	增长效应	0.7142	0.0889	0.3316	0.2937
	增长效应贡献率（%）	69.85	8.70	32.43	28.72
	交互效应	0.1221	-0.0233	0.0704	0.0750
	交互效应贡献率（%）	11.94	-2.28	6.89	7.33
	总计	1.0225	0.0376	0.4699	0.5150
	贡献率（%）	100	3.68	45.95	50.37
陕西	结构效应	0.2909	-0.0210	-0.0070	0.3189
	结构效应贡献率（%）	33.58	-2.42	-0.81	36.81
	增长效应	0.5612	0.0822	0.4307	0.0484
	增长效应贡献率（%）	64.79	9.49	49.71	5.58
	交互效应	0.0142	-0.0203	-0.0057	0.0402
	交互效应贡献率（%）	1.63	-2.35	-0.66	4.64
	总计	0.8663	0.0409	0.4180	0.4074
	贡献率（%）	100	4.72	48.25	47.03
甘肃	结构效应	0.2818	-0.0290	0.0772	0.2336
	结构效应贡献率（%）	32.56	-3.35	8.91	26.99
	增长效应	0.5133	0.1470	0.2445	0.1218
	增长效应贡献率（%）	59.29	16.98	28.24	14.07
	交互效应	0.0705	-0.0397	0.0377	0.0725
	交互效应贡献率（%）	8.15	-4.59	4.36	8.38
	总计	0.8656	0.0783	0.3594	0.4280
	贡献率（%）	100	9.04	41.52	49.44

续表

		总量	第一产业	第二产业	第三产业
青海	结构效应	0.1237	-0.0348	-0.0313	0.1899
	结构效应贡献率（%）	11.65	-3.28	-2.95	17.88
	增长效应	0.9449	0.1636	0.5495	0.2318
	增长效应贡献率（%）	88.97	15.40	51.74	21.82
	交互效应	-0.0065	-0.0558	-0.0416	0.0909
	交互效应贡献率（%）	-0.62	-5.25	-3.92	8.55
	总计	1.0621	0.0730	0.4766	0.5125
	贡献率（%）	100	6.87	44.87	48.25
宁夏	结构效应	0.3099	-0.0418	0.1456	0.2061
	结构效应贡献率（%）	35.73	-4.82	16.79	23.76
	增长效应	0.5042	0.1583	0.2010	0.1449
	增长效应贡献率（%）	58.14	18.25	23.17	16.71
	交互效应	0.0531	-0.0768	0.0612	0.0687
	交互效应贡献率（%）	6.13	-8.85	7.05	7.92
	总计	0.8673	0.0398	0.4077	0.4198
	贡献率（%）	100	4.59	47.01	48.40
新疆	结构效应	0.2051	-0.0525	-0.0427	0.3003
	结构效应贡献率（%）	27.72	-7.09	-5.78	40.59
	增长效应	0.6278	0.1991	0.4213	0.0074
	增长效应贡献率（%）	84.85	26.91	56.94	1.01
	交互效应	-0.0930	-0.0613	-0.0380	0.0063
	交互效应贡献率（%）	-12.58	-8.29	-5.13	0.85
	总计	0.7399	0.0853	0.3406	0.3140
	贡献率（%）	100	11.52	46.03	42.45

资料来源：笔者计算。

各省份在第一产业三种效应及其贡献率方面表现出了较为一致的特征。各省份第一产业的结构效应及其贡献率均为负值，说明农业劳动力正逐步从农业活动中迁移出来，进入第二、第三产业就业，第一产业的就业比重呈下降趋势。各省份的增长效应及其贡献率均为正值，说明各地在发展现代农业方面取得了较为显著的成效，农业自动化、信息化正逐渐得到推广，农业精细化、标准化管理正成为新的农业发展模式，这都使得农业生产活动的科技水平提高。结合结构效应和增长效应的变化趋势，可以发现，第一产业就业比重下降，一方面是部分省份的农业生产活动减少；另一方面，农业生产的技术含量增加，从而解放出一部分劳动力进入其他产业部门工作。部分省份的交互效应及其贡献率均为负值，反映出第一产业的现有劳动力可能存在无法有效满足当前产业需求的情况，以及部分地区可能存在产业结构固化、产业间劳动力流动限制等问题，这都会导致产业内部的劳动力无法有效适应产业的生产率变动。

绝大多数省份第二产业的增长效应及其贡献率均为正，只有广西的增长效应和贡献率出现负值。第二产业是大多数地区的支柱产业，在实施创新驱动战略和推动高质量发展的过程中，各地都加大了技术投入，推动了第二产业技术水平的提升，这促使各地第二产业的增长效应明显。广西的传统产业结构中，农业占据了很重要的地位，工业基础相对薄弱，因而导致其第二产业在转型升级过程中尚未表现出很明显的发展优势。从结构效应来看，各省份之间的差别较大。作为支柱产业，第二产业长期聚集了大量劳动力等各种资源，但部分省份的结构效应出现负值，其中，内蒙古、辽宁、上海和广东等地的表现较为明显。上述地区结构效应的贡献都较低，但原因有所不同。内蒙古是重要的矿产资源产区，辽宁是中国的老工业基地，两个地区都长期依赖重工业和传统制造业，而这些产业在转型升级和绿色发展过程中面临着巨大的发展困境，致使相关产业的发展动力不足、发展前景受限，劳动力等资源也开始向其他部分转移。上海市作为国际化大都市，产业结构较为优化，服务业发展很成熟，而制造业占据的比重较低。广东是传统的制造业中心，在转型升级过程中，很多制造业部门已从劳动密集型转向技术密集型，这导致第二产业会产生更多的剩余劳动力。同时，广东省的服务业在近些年发展迅速，吸引了大量劳动力就业。这些劳动力在产业之间的转移促使广东省的结构效应提升。由此可以发现，在结构效应发挥显著作用的情况下，由于不同地区的产业基础和发展水平存在差异，其背后的动因并不相同，需要结合各地的实际情况做具体分析。从交互效应来看，多数省份的值为负。第二产业体量庞大，同时也是技术创新和产业升级的主阵地，在这种复杂情况下，劳动力适时且充分地满足产业发展的需求将面临更大难度，这为交互效应发挥更大作用提出了更高的要求。

各省份第三产业的三种效应及其贡献率也有相对一致的表现。所有省份的结构效应及其贡献率都很显著。以旅游业为重要组成的服务业在近些年实现快速发展，这吸引了大量第一、第二产业的从业人员加入，从而导致各省份的结构效应明显。绝大多数省份的增长效应及其贡献率为正，这与现代服务业的快速发展有关。当前服务业的发展更多地依靠数字化和信息化技术，同时需要不断适应新的商业模式，采用更先进的管理理念和服务方式，这都大大提高了第三产业的技术水准和技术效率，从而推动其增长效应不断提升。部分省份的交互效应及贡献率同样为正，这说明产业之间的劳动力流动与第三产业的生产率提升实现了较好的匹配，从第一、第二产业涌入的劳动力较好地满足了第三产业的发展。需要注意的是，在中国的第三产业发展尚不成熟的情况下，大多数劳动力来自第一、第二产业，这些劳动力的综合素质可能还无法完全适应现代服务业对从业人员素质的要求。交互效应的良好表现反映出当前各地区的第三产业对高技能从业人员的需求尚不高涨，来自其他行业的剩余劳动力即可满足该产业的劳动力需求，这一定程度上说明中国第三产业的发展水平还有待进一步提高。

2. 不同年份的效应分析

图3-1展示了各省份在2013—2021年经济总体三种效应的贡献率，绝大多数省份的生产率增长效应对劳动生产率增长的贡献最大，其次是结构效应，交互效应的作用并不明显。增长效应反映了在各个部门或产业内部的生产率变动，此种情况说明各省份在现有的产业结构下，更加重视技术研发、管理创新和政策环境的改善，技术和管理水平的改进提高了各产业的内部效率，这与中国近年来在制造业、高新技术产业等领域加大研发投入的趋势一致。

应当注意的是，各省份之间在三种效应上也呈现出一定的差异性。虽然多数省份的增长效应占据了主导作用，但部分省份的结构效应作用显著。其中，广西、贵州、宁夏、云南、西藏和新疆的结构效应对其劳动生产率的增长有很大贡献，广西和贵州的结构效应在近十年来始终表现强劲，其对劳动生产率增长的促进作用已经超过了增长效应。造成这种现象的原因有多种。一是这些地区在近十年中都积极推进产业结构的调整，尤其是努力发展第三产业和高附加值的第二产业。例如，贵州大力发展大数据产业，大量劳动力从传统产业转向了新兴产业，这使得结构效应对劳动生产率的提升作用更加明显。二是近些年中国的基础设施建设得到了快速发展，一系列高铁、高速公路和机场项目落地上述地区，有助于这些地区交通和通信条件的改善，这为产业结构的转型和优化创造了条件。三是东部沿海地区劳动力成本的上升促使一些企业开始将生产线转移到中西部地区，这不仅带动了当地的工业发展，还吸引了大量农村劳动力进入制造业和服务业，促进了劳动力结构的优化。四是宁夏、云南和新疆等地具有丰富的矿产资源。随着技术进步和市场扩大，这些资源得到了更为高效的开发和利用，推动了相关产业的发展。五是上述省份拥有丰富的旅游资源和文化遗

中国生产率：地区分析 71

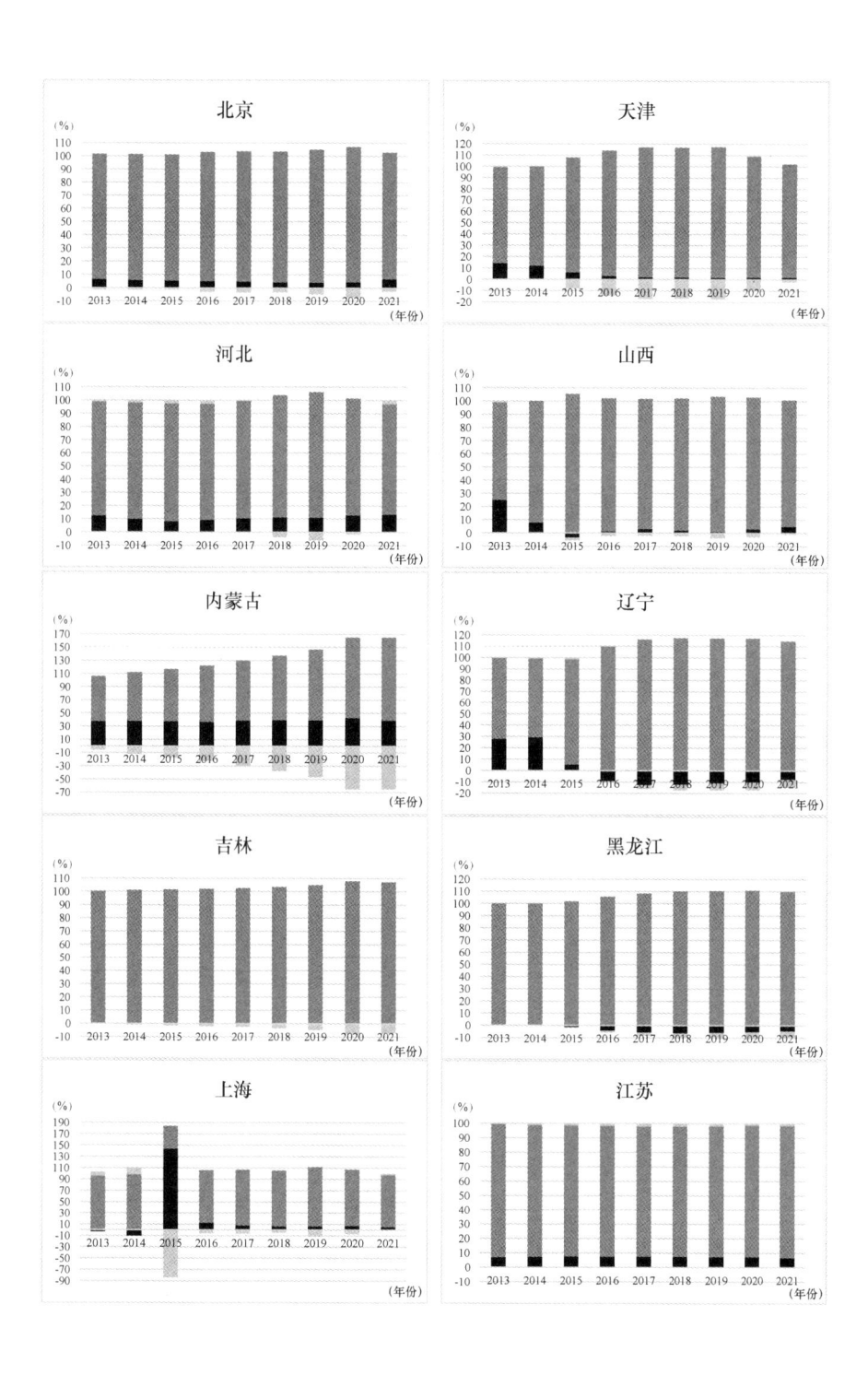

72　国家智库报告

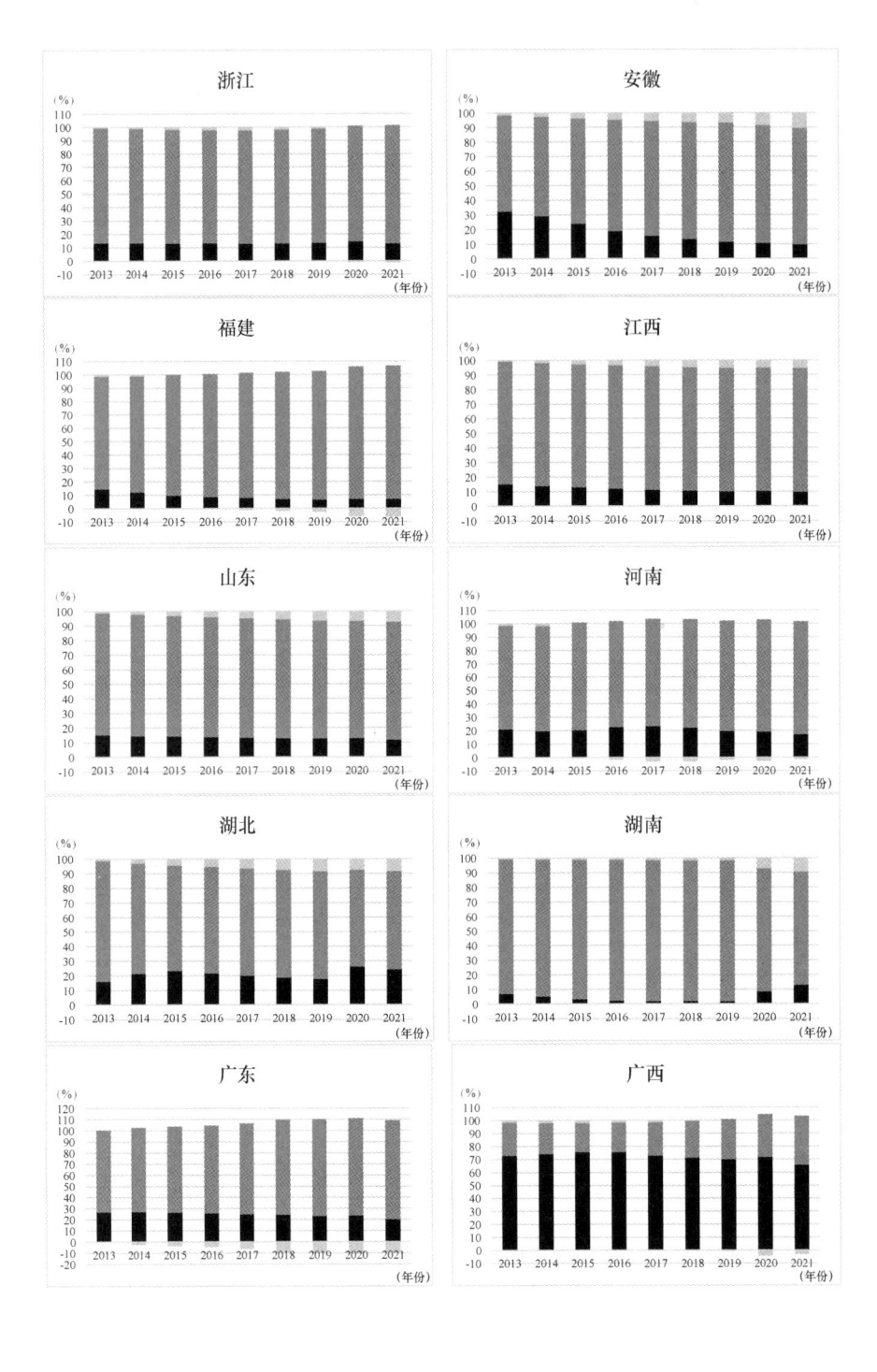

中国生产率：地区分析 73

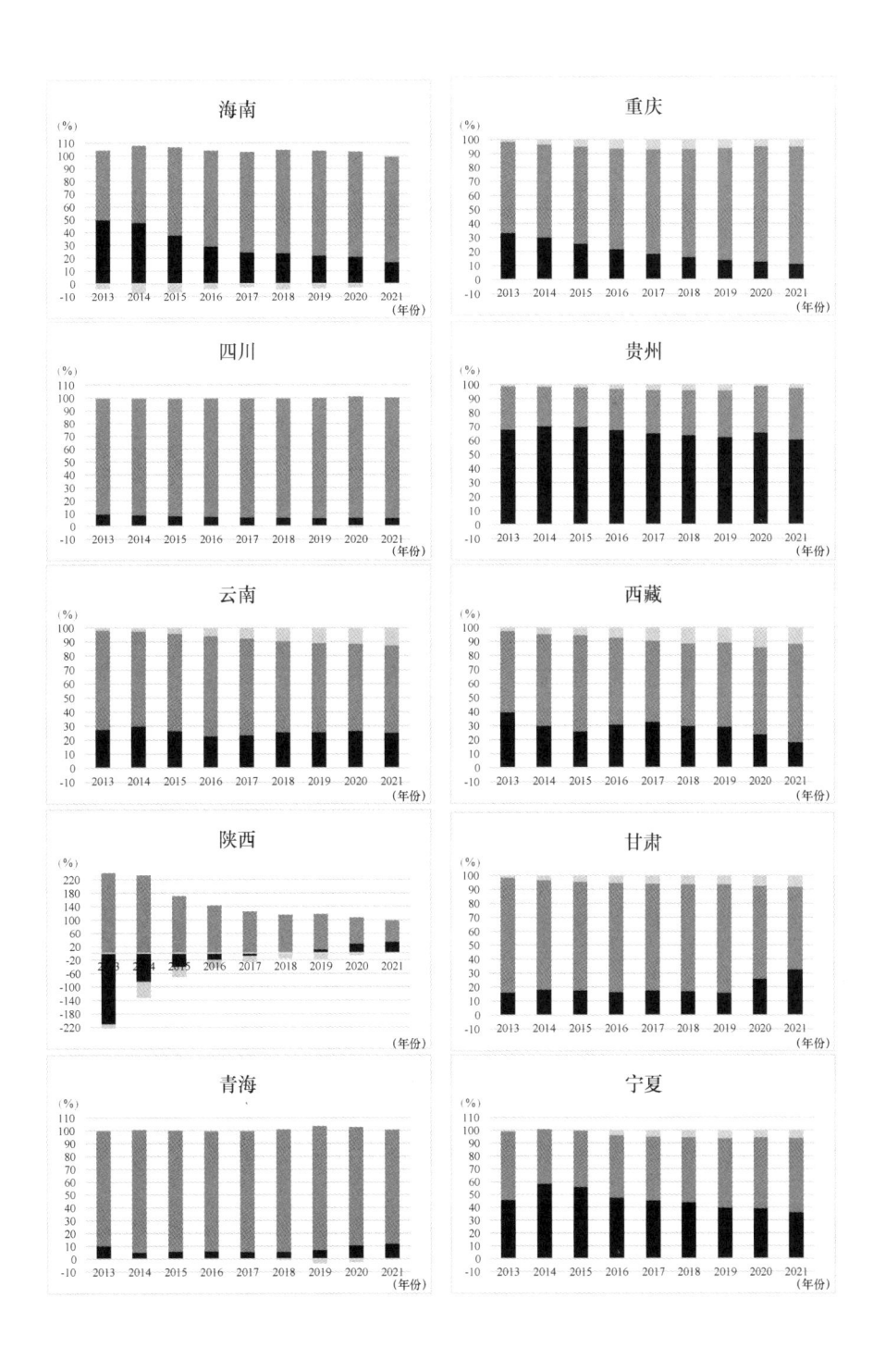

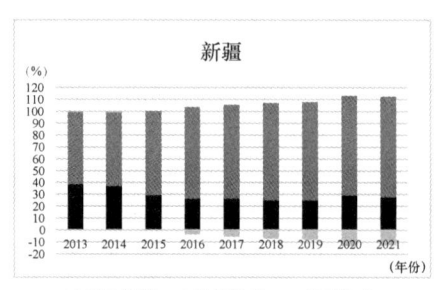

图 3-1 各省份经济总体三种效应的贡献率

产,旅游和文化产业的快速发展促进了服务业水平的提升。上述诸多因素都推动了相关省份的结构效应在持续发挥作用。

另外,北京、天津、河北、内蒙古、上海、广东、海南和新疆等地均出现交互效应为负的现象,且部分省份的表现较为明显。可以看出,出现交互效应为负的省份在地理位置上分布较为分散,并没有很明显的地域性特征。交互效应为负,意味着劳动力的流动和产业内部的生产率变动之间存在某种不利的关联,[1] 而多个省份出现交互效应为负的现象,意味着有很多地区存在劳动力供给与产业需求错配的现象。随着经济结构的转型,一些地区可能出现新的产业和行业,但当地的劳动力队伍可能暂时无法满足这些产业的需求,这会导致劳动力与产业之间的不匹配。而过度竞争、过度扩张、产能过剩或其他管理问题可能导致某些产业的生产率下降,但此时这些产业仍可能吸引大量劳动力,导致劳动力并不能合理地满足这些产业的需求。此外,很多地区虽然有数量庞大的劳动力,但劳动力素质低下,缺乏必要的技能和教育背景来应对新的经济挑战和产业需求,这也会导致地区内部的交互效应出现负值。

---

[1] C. Syverson, "What Determines Productivity?", *Journal of Economic Literature*, Vol. 49, No. 2, 2011.

在各省份中，上海在科技创新和现代服务业发展方面起到了引领和示范作用。山东是农业和制造业大省，在中国传统的产业分布上具有一定的代表性。广西利用自身的资源优势和地理位置优势加快产业结构调整，促使结构效应能够在劳动生产率增长过程中充分发挥作用，从而成为劳动力在产业或部门之间成功转移的示例。新疆作为西北边陲省份，拥有丰富的能源储备、特殊的地理位置和鲜明的农业特色，在提升劳动生产率的过程中具有特殊性。基于上述原因，此处分别对四个省份三次产业的三种效应展开分析。

表3-4展示了上海市三次产业的三种效应。2013—2021年，上海市第一、第二产业的结构效应均为负值（2013年第一产业的结构效应表现为正），只有第三产业的结构效应为正，说明在产业结构升级的过程中，农业和工业剩余劳动力持续向第三产业转移，第三产业的就业比重不断上升，旅游业和现代服务业成为上海市近十年发展的重点产业之一。同时，第一产业的增长效应总体上亦为负值，劳动生产率的增长主要依靠交互效应，这与上海市第一产业占比很小有关。第二产业的增长效应均为正值且整体呈上升态势，说明第二产业劳动生产率的增长主要依赖于增长效应，即劳动生产率的增长主要依靠技术进步和技术效率的提高，资源配置发挥的作用较小。第三产业的结构效应一直为正，增长效应和交互效应在2015年之后转为正且持续上升，说明近十年来，第三产业的发展一方面得益于就业人数的增加；另一方面也有技术创新对现代服务业进步的促进作用。

表3-4　　　　　2013—2021年上海市三次产业的三种效应

	第一产业			第二产业			第三产业		
	结构效应	增长效应	交互效应	结构效应	增长效应	交互效应	结构效应	增长效应	交互效应
2013年	0.0002	-0.0009	0.0000	-0.0283	0.0077	-0.0006	0.0292	-0.0418	-0.0020

续表

	第一产业			第二产业			第三产业		
	结构效应	增长效应	交互效应	结构效应	增长效应	交互效应	结构效应	增长效应	交互效应
2014年	-0.0004	-0.0007	0.0000	-0.0483	0.0092	-0.0011	0.0551	-0.0701	-0.0064
2015年	-0.0006	-0.0008	0.0001	-0.0544	0.0220	-0.0031	0.0634	-0.0189	-0.0020
2016年	-0.0006	-0.0014	0.0001	-0.0645	0.0444	-0.0073	0.0743	0.0242	0.0030
2017年	-0.0008	-0.0012	0.0002	-0.0764	0.0891	-0.0174	0.0887	0.0520	0.0076
2018年	-0.0010	-0.0014	0.0003	-0.0868	0.1210	-0.0268	0.1019	0.0898	0.0152
2019年	-0.0011	-0.0016	0.0003	-0.1211	0.1880	-0.0580	0.1398	0.1074	0.0249
2020年	-0.0019	-0.0011	0.0004	-0.1119	0.1756	-0.0501	0.1352	0.1258	0.0282
2021年	-0.0027	-0.0002	0.0001	-0.0715	0.1529	-0.0279	0.0974	0.2270	0.0367

资料来源：笔者计算。

表3-5展示了山东省三次产业的三种效应。2013—2021年，第一产业的结构效应始终为负，说明农业的剩余劳动力在向第二、第三产业转移。增长效应始终为正且不断增加，这得益于山东省在农业发展过程中持续深化科技改革、大力发展现代农业、推动农业全面升级。农业技术水平的提高也改变了传统农业依靠人力谋发展的局面，从而促使农业剩余劳动力的增加。第二、第三产业的三种效应均为正，但增长效应对二者劳动生产率的提高占据主导作用，且这种效应的作用呈现稳步上升的趋势，说明科技创新和技术进步对第二、第三产业劳动效率的提升起了至关重要的作用。有所不同的是，第二产业的结构效应在2017年之后出现先下降后上升的趋势，而第三产业的结构效应持续上升。山东省近十年来大力推动文旅产业发展，出现总量扩大、结构优化、质量提升的良好局面，这带动了更多劳动力向第三产业聚集，资源的优化配置开始起到更大作用。

表 3–5　　　　　　2013—2021 年山东省三次产业的三种效应

	第一产业			第二产业			第三产业		
	结构效应	增长效应	交互效应	结构效应	增长效应	交互效应	结构效应	增长效应	交互效应
2013 年	-0.0035	0.0075	-0.0003	0.0082	0.0466	0.0007	0.0107	0.0304	0.0009
2014 年	-0.0069	0.0162	-0.0012	0.0132	0.0967	0.0024	0.0232	0.0578	0.0035
2015 年	-0.0103	0.0259	-0.0030	0.0173	0.1399	0.0046	0.0363	0.0874	0.0083
2016 年	-0.0135	0.0363	-0.0055	0.0189	0.1836	0.0066	0.0506	0.1170	0.0155
2017 年	-0.0168	0.0475	-0.0089	0.0206	0.2294	0.0089	0.0648	0.1496	0.0255
2018 年	-0.0199	0.0589	-0.0131	0.0214	0.2667	0.0108	0.0791	0.1841	0.0383
2019 年	-0.0230	0.0694	-0.0178	0.0198	0.2996	0.0112	0.0952	0.2168	0.0542
2020 年	-0.0260	0.0830	-0.0241	0.0198	0.3347	0.0125	0.1095	0.2275	0.0654
2021 年	-0.0285	0.1050	-0.0333	0.0238	0.3974	0.0179	0.1183	0.2768	0.0860

资料来源：笔者计算。

表 3–6 展示了广西壮族自治区三次产业的三种效应。与其他很多省份有明显不同的是，广西第二产业和第三产业劳动生产率的提升主要依赖于结构效应。2013—2021 年，第二、第三产业的结构效应持续上升，说明广西在从以农业为主转向工业和服务业发展的过程中，第二、第三产业吸引了大量农业剩余劳动力，这种产业间的劳动力转移带来了显著的结构效应。从增长效应的情况来看，第二产业的增长效应持续为负且有所下降，第三产业的增长效应持续为正且不断上升。可以看出，广西第二产业劳动效率的提升主要来自劳动力的不断涌入，而科技创新水平和劳动力素质等并未对其劳动生产率的提高起到明显的正面作用。第三产业劳动效率的提升虽然也主要来源于劳动力向第三产业的转移，但增长效应的上升说明技术进步对该产业的发展起到了一定的促进作用。

表 3-6　　2013—2021 年广西壮族自治区三次产业的三种效应

	第一产业			第二产业			第三产业		
	结构效应	增长效应	交互效应	结构效应	增长效应	交互效应	结构效应	增长效应	交互效应
2013 年	-0.0003	0.0122	0.0000	0.0525	-0.0002	0.0000	0.0429	0.0214	0.0023
2014 年	-0.0029	0.0214	-0.0004	0.0944	-0.0056	-0.0013	0.0709	0.0361	0.0063
2015 年	-0.0079	0.0422	-0.0019	0.1611	-0.0191	-0.0073	0.1198	0.0578	0.0170
2016 年	-0.0163	0.0711	-0.0067	0.2306	-0.0290	-0.0159	0.1749	0.0748	0.0321
2017 年	-0.0272	0.1018	-0.0160	0.2719	-0.0352	-0.0228	0.2133	0.0943	0.0494
2018 年	-0.0381	0.1417	-0.0313	0.3190	-0.0445	-0.0338	0.2490	0.1133	0.0692
2019 年	-0.0479	0.1861	-0.0517	0.3644	-0.0462	-0.0401	0.2794	0.1230	0.0843
2020 年	-0.0578	0.2383	-0.0798	0.4023	-0.0556	-0.0533	0.3142	0.1185	0.0914
2021 年	-0.0644	0.3004	-0.1121	0.4265	-0.0413	-0.0419	0.3381	0.1424	0.1181

资料来源：笔者计算。

表 3-7 展示了新疆维吾尔自治区三次产业的三种效应。2013—2021 年，第一产业的结构效应始终为负，说明农业的剩余劳动力在向第二、第三产业转移。增长效应为正且不断增加，反映出新疆在农业技术方面取得了显著进步。2013—2014 年，第二产业的结构效应为正，之后转为负，说明前两年资源的优化配置对劳动效率的提升仍然起到了一定作用。近十年时间中，增长效应的值越来越大，反映出第二产业劳动生产率的提高主要依赖增长效应，技术研发与创新是劳动效率提升的主要动力。第三产业结构效应和增长效应的数值均呈上升趋势，且二者之间的差距逐渐拉大，结构效应成为第三产业劳动生产率提高的主要来源。这与新疆的旅游资源不断得到开发，在"一带一路"倡议下成为连接中亚和欧洲关键交通枢纽等因素有关，旅游业、物流业等的快速发展吸引了大批劳动力涌入新疆的第三产业。但增长效应的上升趋势缓慢，反映出新疆的第三产业在新技术、新场景的应用和服务质量提高等方面还有很大的进步空间。

表 3-7　　2013—2021 年新疆维吾尔自治区三次产业的三种效应

	第一产业			第二产业			第三产业		
	结构效应	增长效应	交互效应	结构效应	增长效应	交互效应	结构效应	增长效应	交互效应
2013 年	-0.0044	0.0161	-0.0004	0.0102	0.0432	0.0009	0.0322	0.0012	-0.0015
2014 年	-0.0102	0.0323	-0.0019	0.0157	0.0905	0.0030	0.0683	0.0023	0.0002
2015 年	-0.0139	0.0470	-0.0038	-0.0019	0.1458	-0.0006	0.1003	0.0135	0.0016
2016 年	-0.0172	0.0577	-0.0058	-0.0263	0.2055	-0.0114	0.1359	0.0113	0.0022
2017 年	-0.0228	0.0731	-0.0098	-0.0373	0.2549	-0.0201	0.1739	0.0118	0.0028
2018 年	-0.0279	0.0926	-0.0152	-0.0489	0.3029	-0.0312	0.2026	0.0193	0.0142
2019 年	-0.0357	0.1216	-0.0255	-0.0541	0.3380	-0.0386	0.2359	0.0265	0.0135
2020 年	-0.0473	0.1597	-0.0444	-0.0467	0.3782	-0.0373	0.2804	-0.0031	-0.0040
2021 年	-0.0525	0.1991	-0.0613	-0.0427	0.4213	-0.0380	0.3003	0.0074	0.0133

资料来源：笔者计算。

3. 劳动生产率增长模式分析

近十年来，中国的劳动生产率增长主要来自增长效应的贡献，而结构效应和交互效应的作用有限。增长效应也成为绝大多数省份提高劳动效率的来源，说明各省份在追求高质量发展的过程中，更多地着眼于行业内部的技术研发与进步。虽然要素的流动性在不断增强，但这些省份的结构效应并未发挥很大作用，行业之间的协调发展尚未有效实现。少数省份呈现出截然不同的情况，结构效应在这些地区为劳动生产率的提升做出了巨大贡献，要素的充分流动和资源的有效配置推动了劳动效率的改善。不同省份在劳动生产率上的不同表现，反映出地区之间在经济总量增长和产业协调发展方面的差异。山东省的产业门类齐全，是传统的农业和工业大省，其劳动生产率的变化与中国总体的劳动生产率变化趋势保持了较高的一致性。广西壮族自治区历史上一直是以农业为主导的经济体，经济基础相对薄弱，产业结构相对单一，但随着中国整体的经济转型，广西的产业结构调整取得了显著成效，产业间的劳动力转移也促使其劳动生产率增长的结构效应越发明显。因此，对两省份劳动生产率增长的模式展开分析，可以更深入地了解在不同的产业结构分布下，劳动效率的提升会呈现出哪些不同特点。

图3-2展示了山东、广西两省份2012—2021年的行业劳动生产率差异度和就业结构转化滞后度。行业劳动生产率差异度用非农产业的劳动生产率和第一产业的劳动生产率之比来表示，就业结构转化滞后度用第一产业就业占比和增加值占比的差值除以第一产业增加值占比来反映。由图3-2可知，两省份的行业劳动生产率差异度和就业结构转化滞后度在2014年之后均呈下降趋势，而两项指标之间的差距也在不断缩小，尤其是广西的两项指标的差距在2014年后出现非常明显的缩小趋势。行业劳动生产率差异度的降低，意味着不同行业之间的劳动生产率差距正在缩小，这可能是技术的传播、资本的流动和管理经验的交流，使得效率较低的行业迎头赶上，技术与知识在各行业之间的传播速度加快以及资源在不同行业之间的配置更为合理等原因所致。[①] 广西在近些年主动寻求产业结构调整，在发展传统农业的基础上，逐步转向第二、第三产业。同时，在"一带一路"倡议的推动下，与东盟国家展开深入合作，进一步推动了广西从传统农业向现代服务业、物流业和加工制造业的转型。这种转型需要劳动力在三次产业之间进行重新分配，对各种资源进行有效配置，这会推动劳动生产率结构效应的提升，也会促使产业之间的劳动生产率差距缩小。行业劳动生产率差异度和就业结构转化滞后度的差距不断缩小，意味着地区内部的产业结构升级和劳动生产率提高与就业结构的变化在协同推进，[②]

[①] 陈良文等：《经济集聚密度与劳动生产率差异——基于北京市微观数据的实证研究》，《经济学》（季刊）2009年第1期。

[②] D. H. Autor, F. Levy, R. J. Murnane, "The Skill Content of Recent Technological Change: An Empirical Exploration", *The Quarterly Journal of Economics*, Vol. 118, No. 4, 2003.

劳动力、资本等各项资源在各产业和部门之间的配置变得更为合理,[①] 结构性失业风险下降。[②] 这恰恰体现了广西在力促第一、第二、第三产业深度融合的过程中所作出的各项努力。相比之下,山东省的行业劳动生产率差异度下降趋势相对平缓,与就业结构转化滞后度之间的差距虽逐步缩小但并不明显,这反映出山东省同样在推动产业结构转型升级。但由于山东省的产业门类更齐全,且发展程度更成熟,在这种情况下,做出大规模结构性调整的难度更大,[③] 需要在现有产业分布的基础上做出逐步改进。

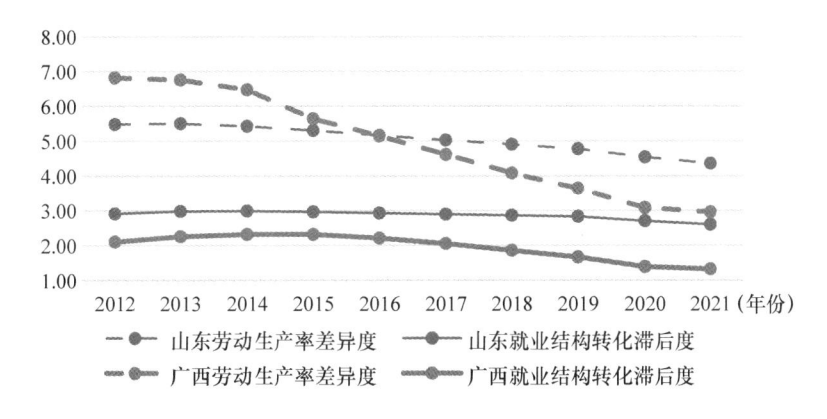

图3-2 山东、广西劳动生产率差异度和就业结构转化滞后度对比

(三) 提高劳动生产率的困境和政策建议

1. 各省份提高劳动生产率的困境

从各省份经济总量及三次产业的劳动生产率增长情况可以

---

① 高帆、石磊:《中国各省份劳动生产率增长的收敛性:1978—2006年》,《管理世界》2009年第1期。

② 于斌斌:《产业结构调整与生产率提升的经济增长效应——基于中国城市动态空间面板模型的分析》,《中国工业经济》2015年第12期。

③ F. Neffke, M. Henning, R. Boschma, "How Do Regions Diversify Over Time? Industry Relatedness and The Development of New Growth Paths in Regions", *Economic Geography*, Vol. 87, No. 3, 2011.

看出，当前各地区在提高劳动生产率的过程中还存在以下困境。

第一，资源配置的作用尚未有效发挥。各省份的资源配置对劳动生产率的提高作用有限，结构效应对劳动生产率增长的贡献并不突出，表明许多地区尚未充分挖掘资源配置优化的潜力。无论是以东三省为代表的重工业基地，还是以江浙地区为代表的先进制造业和服务业中心，产业之间的资源互动与共享并不顺畅，劳动效率的提升主要依靠产业内部的技术进步。如果过分依赖某一产业的发展，大量资源聚集在同一产业内部，会导致某一产业的生产能力过剩，而其他产业会面临资源短缺。这种资源错配会导致优势产业的生产率逐渐下降，同时也会遏制其他产业的发展，最终会阻碍整体劳动生产率的提高。

第二，科技创新和技术进步的应用范围受到限制。依靠增长效应有效提高劳动生产率的省份，主要集中在上海、北京、天津、浙江、江苏、内蒙古、辽宁和吉林等地区。以上海、北京和浙江等为代表的东部发达地区积累了大量的社会资源，在开展技术研发与应用方面有着得天独厚的条件。内蒙古、辽宁和吉林等地是中国传统的工业基地，其创新活动主要集中在工业领域。可以看出，除了发达省份强大的资源优势可以推动其持续开展技术创新活动之外，其他地区的技术研发仍主要集中在工业部门，农业和服务业领域的科技创新水平还很有限。但农业是社会发展的基础，服务业是产业升级的方向，在发展现代农业和现代服务业的重要性日益突出的情况下，技术创新过分侧重于第二产业不利于经济总体劳动生产率的提升。

第三，劳动力供需错配现象普遍。中国的大多数省份都不同程度地存在劳动力供需错配的问题。在产业体系不健全的地区，劳动力在产业之间的合理流动难以实现，但在上海、广东等劳动生产率较高、产业门类完善的地区，这种情况依然存在。广东是传统的制造业强省，但随着全球产业转移和本地产业结构调整，很多制造业逐渐转型为技术密集型，这导致大量低技能劳动力就业困难。上海作为国际一线城市,服务业特别是金融服务业快速发展,对劳动力的素质要求越来越高,但同时也存在大量传统产业和低技能岗位被淘汰,导致部分劳动力供过于求。由此可以发现,劳动力供需错配问题长期存在且难以在短时间内解决。

2. 政策建议

第一,优化资源配置,激励区域间合作。优化资源配置是实现经济效益最大化的关键。由于各省份具有独特的经济特点和产业优势,通过区域间合作,不仅可以实现资源的有效流动,还可以促进优势互补。例如,东部沿海地区的先进制造业和服务业可以与中西部地区的资源和农业产业进行合作,形成产业链的闭环,提高整体经济效益。此外,可以考虑建立跨区域经济合作机制,鼓励资本、技术和管理经验在各地流动,以促进资源的高效利用和经济的持续增长。

第二,畅通劳动力流动渠道,推动劳动力跨区域、跨产业流动。在经济高质量发展背景下,劳动力的流动性变得尤为重要。放宽户籍制度限制可以消除劳动力流动面临的一系列社会与经济障碍,从而鼓励其根据市场需求自由迁移。同时,建立劳动力需求与供给信息平台是一个有效手段。这不仅能够帮助雇主找到合适的员工,还能使劳动力更快地找到与其技能和经验相匹配的职位。这种匹配机制减少了搜索成本,加快了岗位填补的速度。另外,应当鼓励跨省份的人才流动和交流,开展人才交流项目,提供更多的跨区域实习和就业机会,以促进全国范围内的劳动力优化配置。

第三,推动科技创新,扩大应用领域。科技创新是提高经济效益和生产率的关键因素。目前,虽然一些地区在技术研发和应用方面已取得显著成果,但仍有大量的潜力有待挖掘。一方面,需要在农业、服务业和其他非工业领域增加科技创新的投入。例如，在农业领域推动精准农业、生物技术的应用，不仅可以提高农业生产效率，还可以提高农产品的品质。另一方面，在服务业领域，数字化、人工智能和云计算等技术的应用将极大地提升服务效率和用户体验。为了实现这一目标，政府可以加大对科研机构和企业的资金支持，鼓励技术研发和转化。

第四，职业培训重塑，适应产业变革。随着产业结构的不断调整和技术的快速发展，劳动力需要不断更新其知识和技能，以适应新的岗位需求。因此，强化职业培训和教育变得尤为重要。政府可以与企业合作，开设针对性的培训课程，帮助劳动力提高其职业技能。此外，学校和培训机构也应调整课程设置，加强与业界的合作，确保培训内容与市场需求相匹配。对于失业或面临岗位调整的劳动力，还可以提供再培训和转职服务，帮助其尽快重新就业。

第五，加强产业合作，推动产业协同与产业链整合。产业协同与产业链整合关乎经济的长期稳定与资源优化配置。这不仅是水平协作，更是纵深整合。从原材料供应到产品销售，全产业链的每个环节都需要纳入整合体系，防止资源浪费和重复建设。这种整合能够促进技术与知识传递，使得拥有先进技术的环节助力其他环节，提升整体效率与竞争力。此外，产业链整合更有助于保障资源在各环节间合理分布，避免因产业链上下游失衡而引发资源错配。为此，政府应制定鼓励合作的政策，企业应树立追求共赢的理念，推动整个产业链的高效运作。

四 中国地区资本生产率分析

党的二十大报告指出，着力提高全要素生产率，推动经济实现质的有效提升和量的合理增长，为中国经济高质量发展明确了实现路径。资本生产率作为全要素生产率的重要组成部分，对于衡量投资效率、引领经济发展具有重要意义。由于中国疆域广阔，各地区自然条件千差万别，加之历史、环境、政策等因素的影响，区域间差异一直是中国经济社会发展中面临的重要问题。改革开放以来，沿海地区较早挣脱计划经济束缚，走上市场经济发展道路，而内陆地区发展相对滞后，生产力发展受到制约，地区间差距进一步扩大。特别是从投资角度来看，各地区在发展战略、经济基础、产业结构等方面的差异使各地区的投资方向、投资规模以及投资效率存在巨大差异，直接导致了不同地区经济发展水平的差异。为推动区域协调发展，实现高质量发展目标，党的二十大报告提出"促进区域协调发展""推动西部大开发形成新格局，推动东北全面振兴取得新突破，促进中部地区加快崛起，鼓励东部地区加快推进现代化"。基于此，探究中国地区间资本生产率的差异及变动趋势，对剖析地区间发展差异的形成原因、寻求破解之策、推动区域协调高质量发展具有重大意义。本章首先对中国各地区十年来的产出和投资发展趋势进行概述，然后对各地区的资本产出比率进行测算和分析，最后从中国重大区域战略出发，对京津冀、长三角和长江经济带的资本产出比率进行深入剖析。

（一）地区产出与投资发展概述

1. 各省份产出与投资发展概述

首先对中国 31 个省级区划行政单位 2012 年以来的产出与投资发展情况进行剖析。在产出维度，如图 4-1 所示，从总体趋势来看，各省份的地区生产总值在样本期内均显著提升。从省份间差异来看，2012 年，广东、江苏、山东的地区生产总值位居全国前三，超过 4 万亿元；西藏、青海和宁夏位居最末三位，省份间的极差为 5.6 万亿元。2021 年，虽然不同省份地区生产总值的位次变动不大，但省份间的差异显著扩大，排在首位的广东的地区生产总值超过 12 万亿元，江苏紧随其后，达到 11.6 万亿元，山东也超过 8 万亿元，而西藏、青海和宁夏等省份的地区生产总值尽管也实现了较快增长，但由于基础较差，仍然处于较低水平，样本期内与发达地区的差距不断扩大，期末各省份间生产总值的极差扩大至 12.2 万亿元。

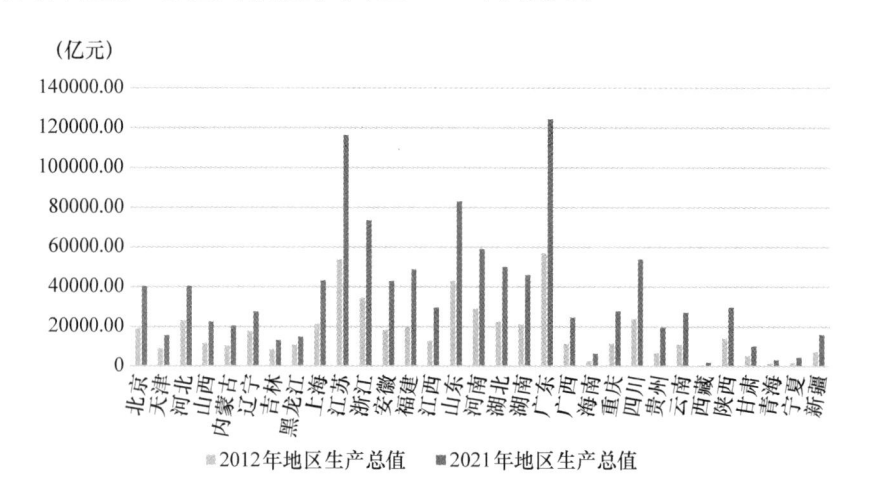

图 4-1 2012 年和 2021 年各省份地区生产总值

在投资维度，图 4-2 和图 4-3 展示了各省份在样本期内固定资产投资和固定资本形成总额的变动情况。总体来看，各省

(亿元)

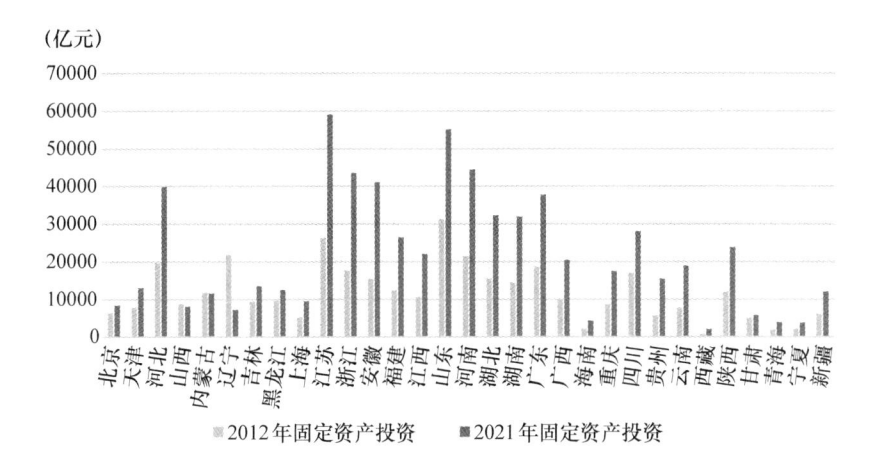

图 4-2 2012 年和 2021 年各省份固定资产投资

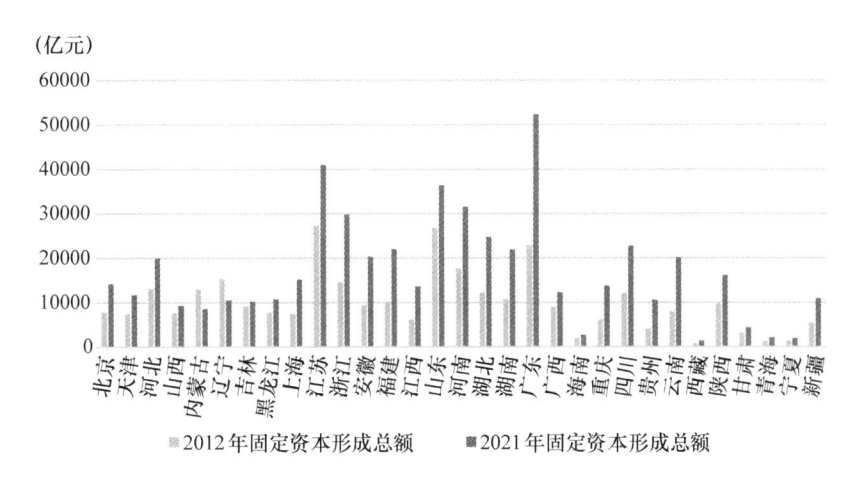

图 4-3 2012 年和 2021 年各省份固定资本形成总额

份固定资产投资呈增长态势，仅山西、内蒙古和辽宁有所下降，尤其是辽宁下降幅度最大；与产出类似，各省份固定资产投资的差距也呈逐步扩大趋势，2012 年，山东和江苏的固定资产投资位于前两位，分别为 3.1 万亿元和 2.6 万亿元，而最低的西藏、青海、海南和宁夏均不足 5000 亿元，2021 年，江苏和山东的固定资产投资已超过 5 万亿元，西藏、青海、海南和宁夏仍不足 5000 亿元。虽然固定资产投资和固定资本形成总额的统计口径存在差异，但总体变动趋势一致，样本期内各省份的固定资本形成总额也呈增长趋势，仅内蒙古和辽宁下降；对于大部分省份来说，固定资产投资略高于固定资本形成总额，2012年，江苏和山东的固定资本形成总额位居前两位，样本期内，广东的固定资本形成总额实现较快增长，在2021年超过江苏和山东，跃居第一。

从投资对经济的带动作用来看，其一，对比产出和投资的关系。图4-4展示了2021年的地区生产总值、固定资产投资和固定资本形成总额，总体来看，产出与投资具有较高的正相关性，[①]表明投资是驱动经济增长的重要因素，但部分省份二者相关性较弱，其中，上海和北京等省份的产出较高而投资相对较低，经济发展对投资的依赖性较弱，这与地区经济和产业的发展基础和模式有关；河北、安徽、山东和河南等省份的投资较高而产出相对较低，经济发展依赖大规模投资支撑，投资效率较低。其二，对产出与投资的增长情况进行对比分析。如图4-5所示，样本期内，大部分省份的地区生产总值增幅和投资增幅具有一致性。其中，地区生产总值增幅和固定资产投资增幅的正相关性更强，投资增长是这一阶段驱动经济增长的重要力量；分省份来看，河北、江苏、浙江、安徽等省份的投资增幅高于地区生产总值增幅，经济发展对投资的依赖性较高，而北京、甘肃、山西、内蒙古和辽宁等省份的投资增幅大幅低于地区生产总值增幅，经济发展对投资的依赖性相对较低。其中，山西和辽宁的固定资产投资增幅为负，辽宁的固定资产投资的降幅达67%，这可能与这一阶段投资数据的水分挤出有关。

最后，进一步计算了各省份样本期内固定资产投资与地区生产总值之比，该比例是反映经济发展模式的重要指标，也能在一定程度上反映投资效率。如图4-6所示，2021年，仅有北

---

① 其余年份的分析结论相似。

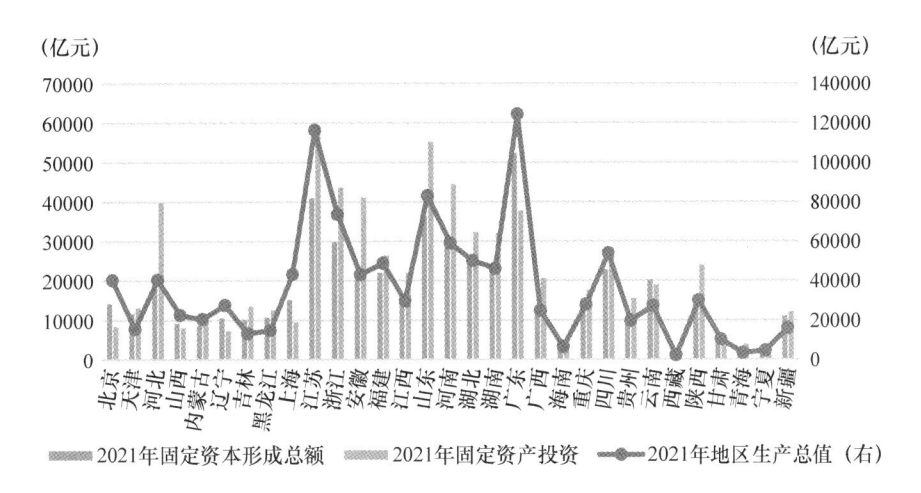

图 4-4 2021 年各省份地区生产总值和投资

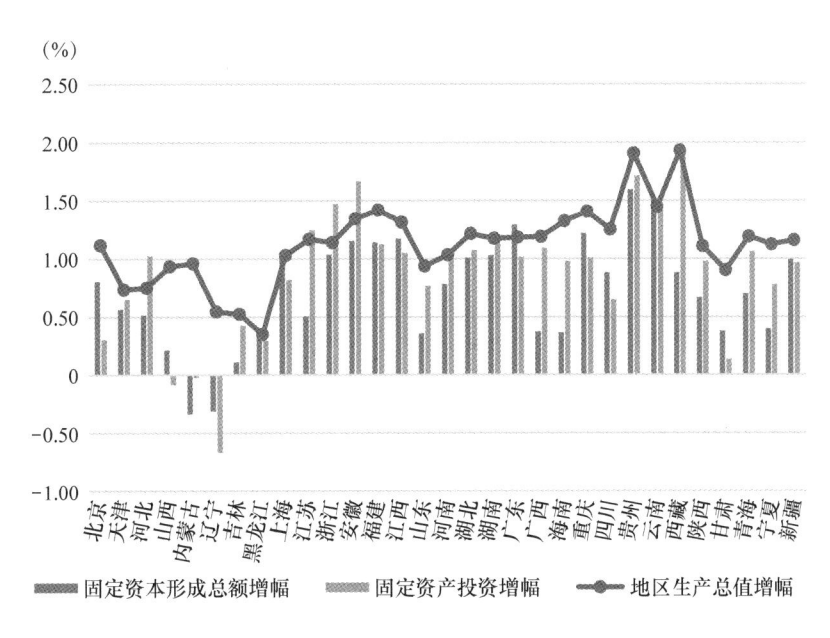

图 4-5 样本期内各省份地区生产总值和投资增幅

京、上海、辽宁、广东四地固定资产投资占生产总值的比重没有超过30%，别除数据异常的辽宁省，北京、上海、广东的经济基础均较好，产业发展较为成熟，经济发展对投资的依赖度较低，投资效率较高；而其余大部分省份的比率均在50%以上，河北、吉林、安徽、西藏和青海则在90%以上，经济发展高度依赖扩大投资规模的外延式增长,经济发展质量和投资效率均较低。由于固定资产投资是有限度的,投资越多,所付出的成本越高,相关负债也越多,到达峰值后必然会回落,这种发展方式并不可持续,必须向内涵式增长转型。反观国际数据,固定资产投资占国内生产总值的比重通常在20%左右,不会超过30%,美国、欧元区、日本、加拿大和印度2020年的固定资本投资占国内生产总值的比重分别为21.38%、21.89%、25.30%、23.26%和27.09%。图4-6还展示了样本期内中国各省份固定资产投资与地区生产总值之比的变动幅度,对于大部分省份来说,这一比例在样本期内有所下降。在增长省份中,只有河北、安徽的增幅超过10%,其余省份增长幅度较低,表明中国投资驱动的外延式增长模式正在逐渐向内涵式增长模式转变,经济发展的质量和效益不断提升。

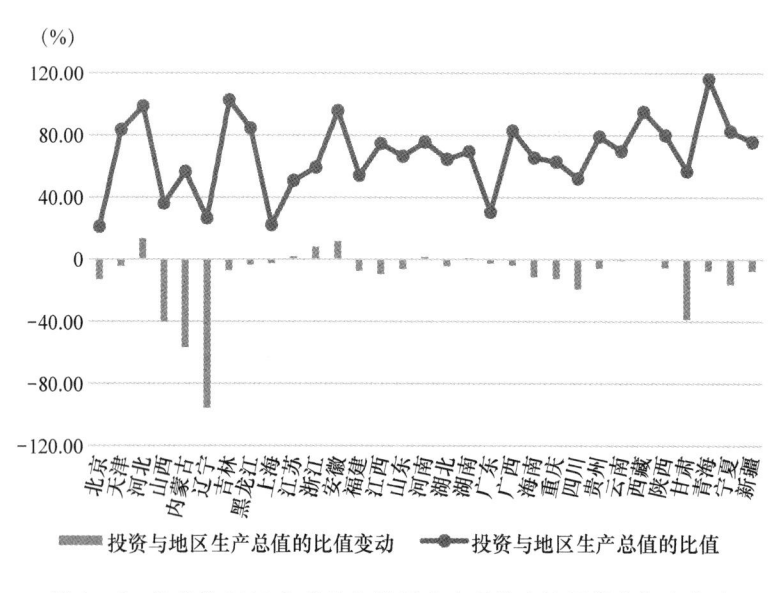

图4-6 各省份2021年投资与地区生产总值之比及样本期内变动

2. 四大地区产出与投资发展概述

对中国东、中、西以及东北四大地区2012年以来的产出与投资发展情况进行分析。图4-7至图4-9分别展示了中国四大地区样本期内的地区生产总值、固定资产投资以及固定资本形成总额的变动趋势。可以看到，2012年以来，中国四大地区的生产总值均呈稳步增长态势，2017年开始增速明显提升，受疫情影响，2020年有所减缓，2021年恢复。其中，东部地区最高，中部地区次之，西部和东北地区最低。期初东北地区的生产总值高于西部地区，样本期内二者差距逐渐缩小，2018年后二者基本相当，期末西部地区略高于东北地区。从固定资产投资来看，东部和中部地区的水平基本接近，中部地区略高于东部地区，二者变化趋势相似，2017年以前增速较快，此后开始减缓；西部地区的固定资产投资显著低于东部和中部地区，但变化趋势类似，增速从2015年开始降低，2017年后固定资产投资水平几乎没有变动，这可能与供给侧改革加快新动能培育有关；东北地区的固定资产投资变动趋势较为特殊，期初其固定资产投资与东中部地区的水平相当，在2013年小幅增长后开始快速下降，从2016年开始几乎停滞，逐步落后于西部地区，2021年才开始有小幅增加。从固定资本形成总额来看，东部地区最高，中部地区次之，二者在样本期内均呈持续上升态势，西部和东北地区发展水平较低，期初东北地区高于西部地区，

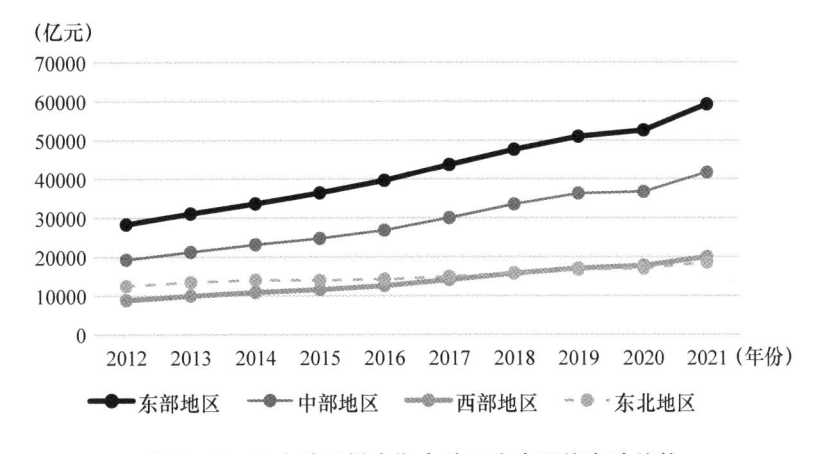

图4-7 四大地区样本期内地区生产总值变动趋势

样本期内西部地区缓慢增长，东北地区则显著下降，二者差距逐渐缩小，期末两地数值基本相当。总体来看，样本期内，中国不同地区间的产出和投资差距均呈扩大趋势。各地区都在逐步转变投资驱动的发展模式，西部地区和东北地区近年来的投资增长得到了有效控制，但由于缺乏高质量的发展新动能，两地区的经济增速与中部和东部地区仍存在显著差距。

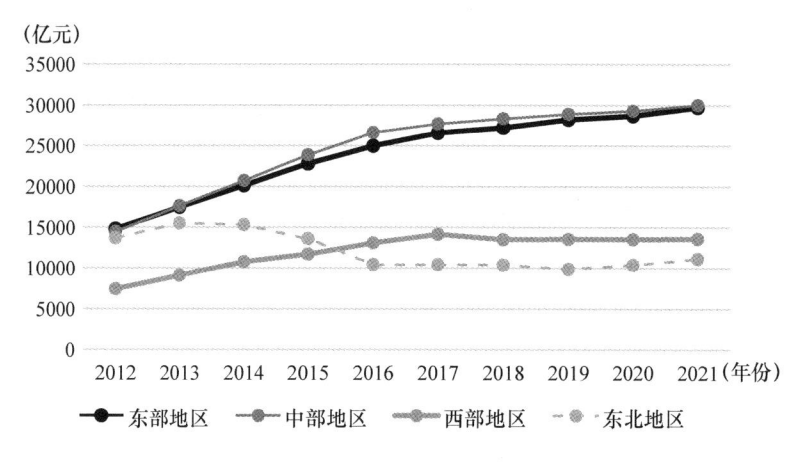

图4-8 四大地区样本期内固定资产投资变动趋势

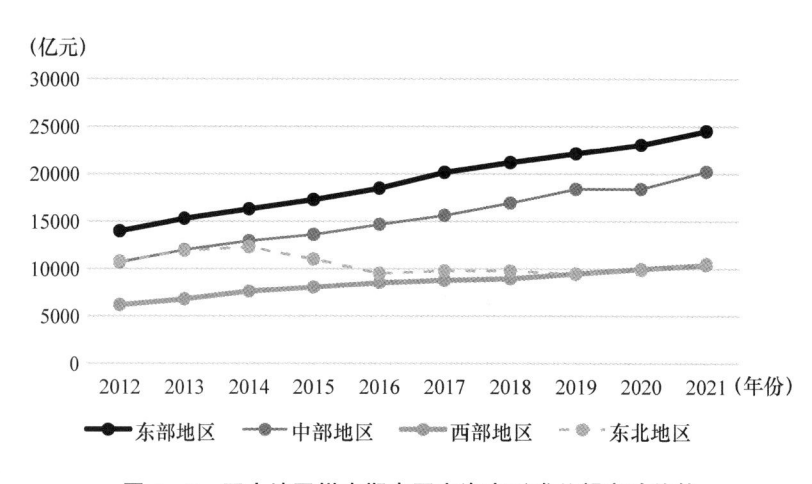

图4-9 四大地区样本期内固定资本形成总额变动趋势

图4-10展示了地区生产总值与固定资产投资的增幅,由于2017年是供给侧结构性改革的深化之年,同时高质量发展在2017年逐步开启,因此分2012—2017年(阶段一)和2017—2021年(阶段二)两个阶段进行分析。第一阶段,在较快的投资增长驱动下,东部、中部和西部地区经济实现了较快增长,投资增幅显著高于经济增幅,而东北地区这一时期开始转变投资驱动的发展模式,[①] 投资开始下降,但由于缺乏新动能,经济增幅较低;第二阶段,在中国经济进入新常态及高质量发展要求的背景下,东部、中部和西部地区经济和投资增幅均有较大幅度下降,尤其是西部地区的投资呈小幅下降,但三大地区依然保持了较高的经济增速,投资效率较上一阶段有所提升,而投资增幅同样较低的东北地区的经济增幅则显著低于东部、中部、西部地区,新动能对经济发展的支撑不足。

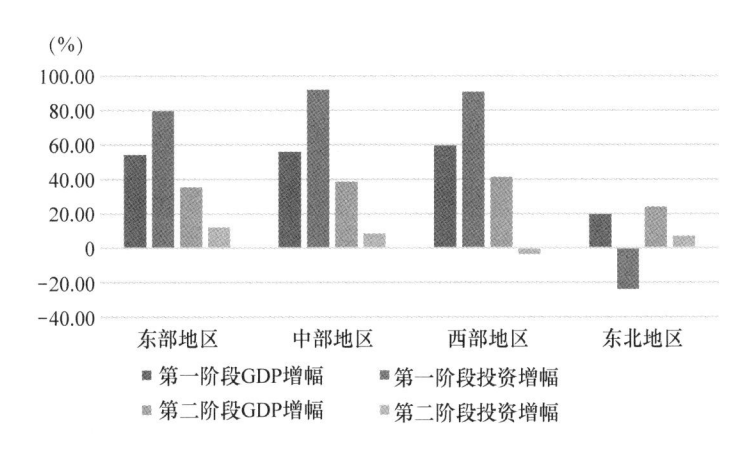

图4-10 四大地区样本期内固定资产投资与地区生产总值增幅

图4-11展示了四大地区样本期内固定资产投资与地区生产总值之比的变动趋势。期初,东北地区最高,然后是西部地区和中部地区,东部地区最低;四大地区均经历了先增加后波

---

① 也与数据挤出水分有关。

动降低的过程，2017年之后，在高质量发展的推动下，各个地区经济对投资的依赖程度均呈降低态势，中西部地区的下降速度快于东部地区，东北地区的数值从2014年就开始持续降低，2014—2016年快速下降，在样本期内下降幅度最大；样本期末，四大地区间的差异较期初显著缩小，其中，东部地区最低，东北地区次之，然后是西部地区和中部地区，表明目前中国中部地区经济发展对投资的依赖程度最高，而东部地区始终最低。

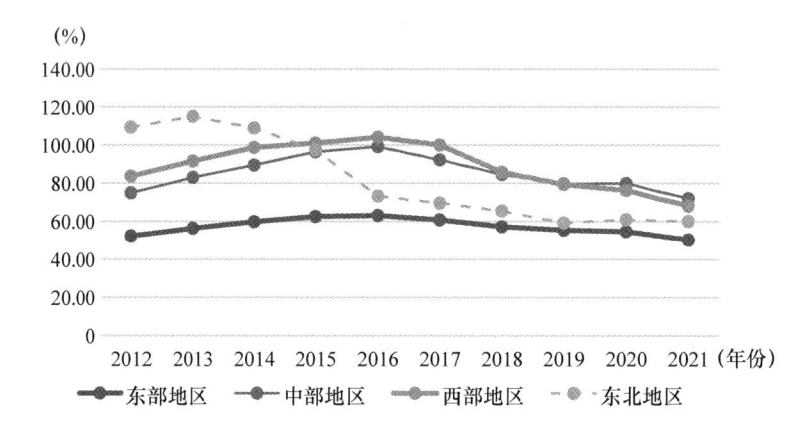

图4-11 四大地区样本期内固定资产投资与地区生产总值之比变动趋势

（二）地区资本生产率测算与分析

在前文对中国各个省份和地区的产出与投资发展形势进行总体分析的基础上，这一部分对不同省份和地区的资本生产率进行测算和分析。资本生产率代表单位资本的产出效率，可用资本产出比率指标进行度量。资本产出比率是指一个经济系统为获得单位产出所需要投入的资本量。一个省份或地区的资本产出比率越低，意味着其获得单位产出所需要投入的资本越少，资本生产率也就越高。一般来说，资本产出比率用资本存量与经济产出之比表示，因此，首先需要计算各个省份的资本存量，然后再测算其资本产出比率。

1. 资本存量的测算与分析

基于现有研究,[①] 本章采用 Raymond W. Goldsmith 提出的永续盘存法对中国各个省份的资本存量进行估算。永续盘存法的基本公式为:

$$K_{p,t} = I_{p,t} + (1 - \delta_{p,t})K_{p,t-1} \quad (4-1)$$

其中,$K_{p,t}$ 为省份 p 第 t 年的资本存量,$I_{p,t}$ 为省份 p 第 t 年的投资额,$\delta_{p,t}$ 为省份 p 第 t 年的折旧率。根据公式 (4-1),各省份资本存量的计算需要确定基期资本存量、当期投资额、固定资产投资价格指数、折旧率等数据。

基期资本存量。基期资本存量采取 R. Hall 和 C. Jones 的增长率法,[②] 计算公式如下:

$$K_{p,0} = I_{p,0}/(g_p + \delta_{p,0}) \quad (4-2)$$

其中,$I_{p,0}$ 表示省份 p 基期的实际固定资本形成总额;g_p 表示省份 p 在初始年份之前的平均投资增长率,为避免固定资本形成总额随经济周期变化而波动,用省份 p 基期后固定资本形成额的 5 年平均增长率表示;$\delta_{p,0}$ 代表省份 p 基期的折旧率。为了降低基期资本存量对计算结果的影响,本章以 2000 年为基期对资本存量进行测算。

当期投资额。当期投资额使用固定资本形成总额,并用各省份固定资产投资价格指数将其折算为 2000 年不变价。数据来源为各省份的统计年鉴,缺失值采用插值法进行填补。

固定资产投资价格指数。各地区的固定资产价格指数来自

[①] G. C. Chow, "A Model of Chinese National Income Determination", *Journal of Political Economy*, Vol. 93, No. 4, 1985;张军、章元:《对中国资本存量 K 的再估计》,《经济研究》2003 年第 7 期。

[②] R. Hall, C. Jones, "Why Do Some Countries Produce So Much More Output Per Worker Than Others?", *The Quarterly Journal of Economics*, Vol. 114, No. 1, 1999.

各省份的统计年鉴。

折旧率。参考余泳泽的做法,① 根据全社会固定资产投资结构对不同年份不同地区固定资本折旧率进行差异化处理,权重为全社会固定资产投资中建筑安装工程、设备工具器具购置和其他费用三个部分的占比,三类资产的基础折旧率分别为8.12%、17.08%和12.10%。这不仅考虑了年度差异,还考虑了地区差异,估计的资本存量更符合实际。

图4-12展示了各省份2012年和2021年的资本存量规模,图4-13展示了各省份资本存量在样本期内的增幅。可以看到,2012年,山东的资本存量最高,为8.7万亿元;江苏次之,为8.2万亿元;广东、浙江、河南、辽宁和河北也位居前列;西藏、青海、海南和宁夏居于末位。样本期内中国各个省份的资本存量均显著攀升;2021年,广东、江苏、山东、河南、浙江的资本存量实现较快增长,依然位居全国前列;西藏、青海、海南和宁夏也实现了较大幅度增长,但由于初始值较低,依然居于末位,地区间的差异进一步扩大。从增幅来看,贵州、云

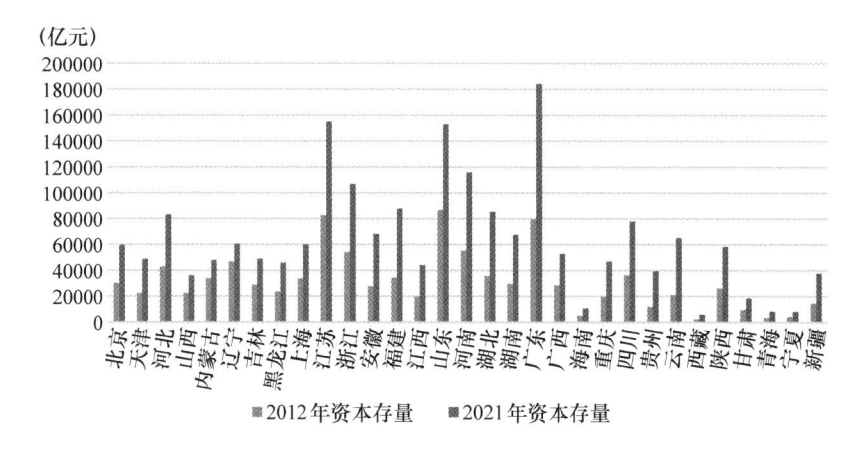

图4-12 2012年和2021年各省份的资本存量

---

① 余泳泽:《异质性视角下中国省际全要素生产率再估算:1978—2012》,《经济学》(季刊)2017年第3期。

南增幅较大，超过200%，辽宁、内蒙古和山西的增幅则相对较小。

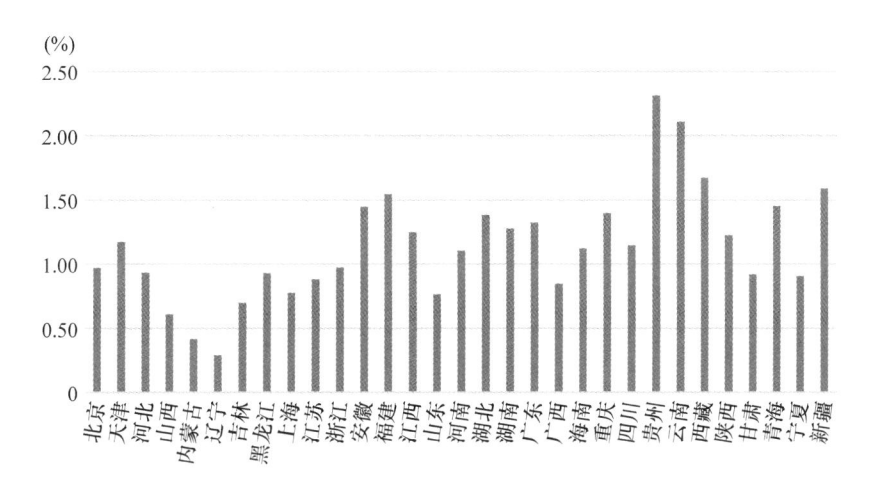

图4-13 各省份样本期内资本存量增幅

从地区差异来看，图4-14展示了不同地区资本存量的变动趋势。可以看到，东部地区资本存量最高且增长最快，中部地区次之，西部地区最低。2017年以前，东北地区和中部地区资本存量的水平和增速相当；2017年开始，东北地区资本存量的增速持续下降，逐渐落后于中部地区，与西部地区的差距不断缩小，形成东部、中部、东北、西部地区资本存量规模依次递减的发展格局。同时，样本期内四大地区资本存量的差异在

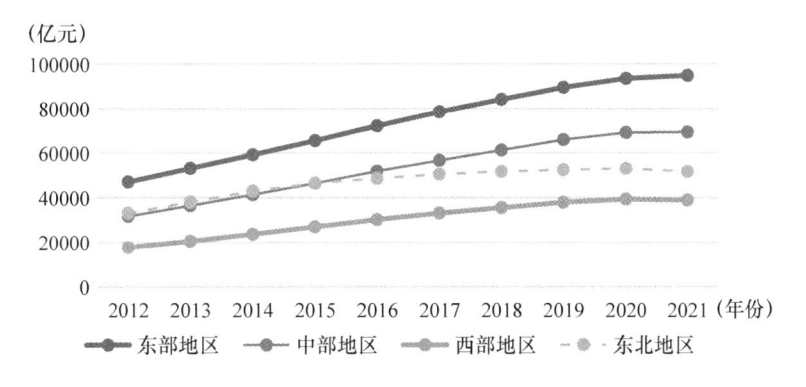

图4-14 四大地区样本期内资本存量变动趋势

持续扩大。

2. 资本产出比率的测算与分析

在资本存量数据的基础上,进一步以资本存量与可比价国内生产总值之比计算中国各个省份及地区样本期各年的资本产出比率。图4-15展示了2000年以来各省份资本产出比率的总体变化趋势,可以看到,中国资本产出比率总体呈上升趋势,表明单位产出所需要投入的资本量不断增加,资本生产率持续下滑。分阶段来看,大致可分为三个阶段:第一阶段为2000—2008年,资本产出比率稳步增长;第二阶段为2009—2016年,增速进一步加快;第三阶段为2017年以后,增速明显放缓,并开始波动下降。尤其是2021年,各省份的资本产出比率实现较大幅度下降。这与2017年高质量发展背景下供给侧结构性改革的推进密不可分。

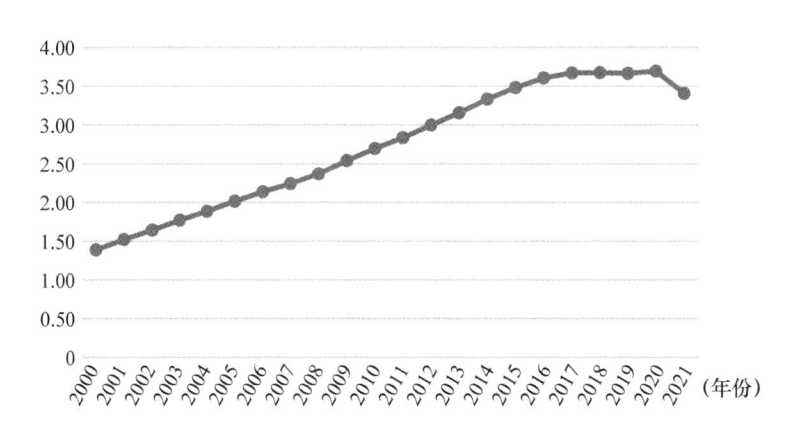

图4-15　2000年以来各省份资本产出比率总体变化趋势

从不同省份间的差异来看,图4-16展示了各省份资本产出比率在样本期内的均值。可以看到,在样本期内,广东、湖南和上海的资本产出比率最低,均低于2,江苏、浙江和安徽的资本产出比率也较低,表明这些地区的资本生产率较高;青海、宁夏、西藏和吉林的资本生产率则较低,资本产出比率在样本期内的均值均达到3.5以上，表明这些地方的投资效率较低，以高投资带动经济发展的模式不可持续。不同省份间的资本产出比率存在较大差异，最低的广东和最高的吉林分别为1.76和4.28。图4-17对比了不同省份在样本期初和样本期末的资本产出比率，可以看到，2012年，吉林、西藏、宁夏、广西和内蒙古的资本产出比率最高，大于等于4；广东最低，仅为1.84；上海和湖南也处于较低水平。样本期内，大部分省份的资本产出比率有所上升，仅山西、内蒙古和辽宁等少数省份有所下降。2021年，吉林和西藏的资本产出比率依然位于前两位，已经超过5；天津、云南、青海和贵州的资本产出比率在样本期内快速上升，紧随其后；上海资本产出比率最低，基本与期初持平；江苏、广东、湖南、浙江和四川也处于较低水平。

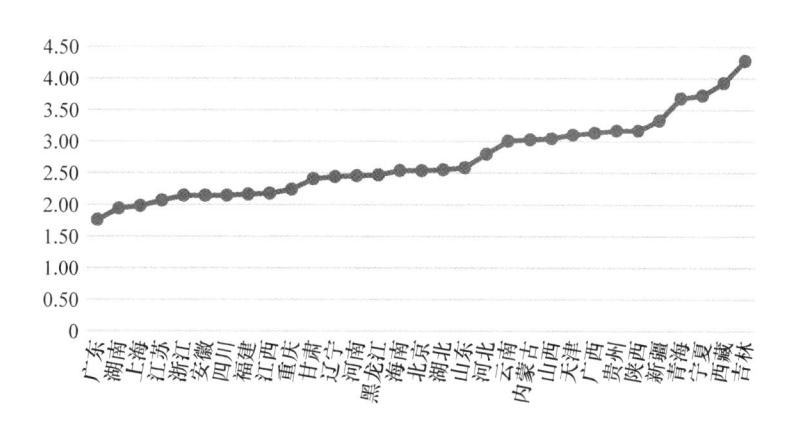

图4-16 各省份样本期内资本产出比率均值

进一步计算各省份样本期内地区生产总值和资本产出比率的增幅，并将二者绘制在同一幅散点图中（见图4-18）。从地区生产总值来看，样本期内西藏、贵州和云南等经济基础较差的西部省份的经济增幅较大，福建、安徽、重庆、海南和江西等省份的经济也实现了较快增长，经济较为发达的广东、江苏、浙江、北京等省份的经济增幅位于中游，东北三省、河北和天津的经济增幅较小，内蒙古、山东、山西和甘肃的增幅也处于

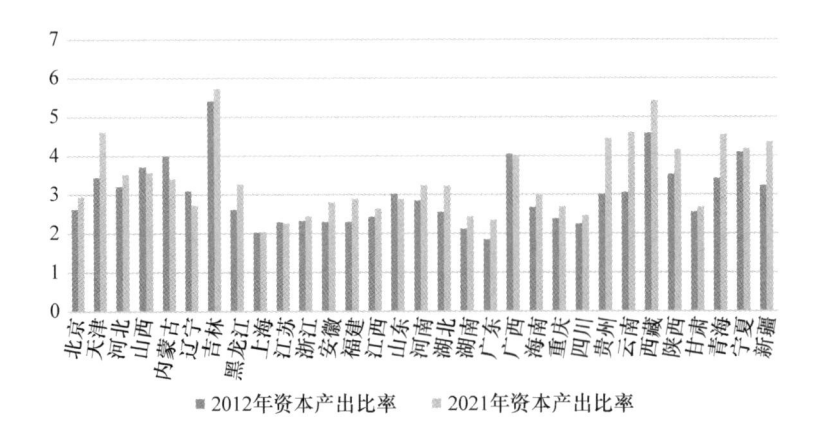

图 4-17 各省份样本期内资本产出比率变动趋势

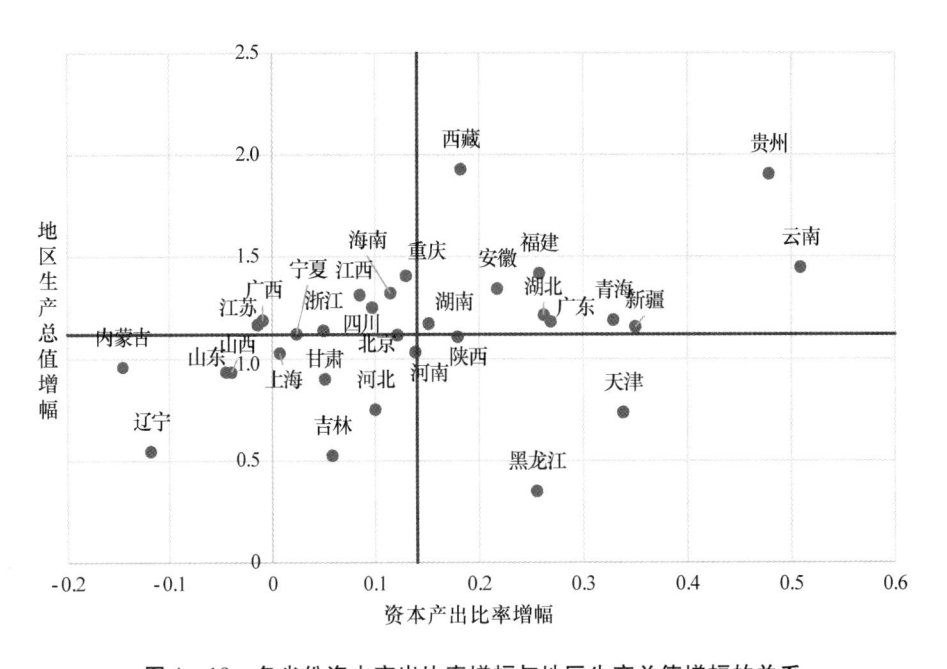

图 4-18 各省份资本产出比率增幅与地区生产总值增幅的关系

较低水平。从资本产出比率增长率来看，大部分省份的资本产出比率在样本期内有所上升。其中，云南、贵州、新疆、天津和青海增幅较大，超过30%。这些地区的资本生产率本就较低，资本产出比率的大幅增长会进一步降低其资本生产率，很可能会导致恶性循环，即当一个地区投资对经济的拉动效应逐步降低时，就需要更多的投资和更高的投资比例去维持地区的经济增长，从而导致投资效率的进一步下降，因此这些省份亟需推进经济增长方式转变。内蒙古、辽宁、山东、山西、江苏和广西的资本产出比率则有所下降。其中，内蒙古和辽宁下降幅度最大，超过10%，这与它们大规模降低无效投资以及数据挤出水分有关；山东、江苏和广西在投资大幅增加的情况下实现资本产出比率的降低，表明其投资效率有一定上升。基于以上两个指标将绘图区划分为四个部分，江苏、广西、江西、四川、海南和重庆等省份位于左上方，表明其以较小的投资效率下降幅度实现了较大的经济增长幅度，投资增长对经济增长的驱动效率较高；辽宁、吉林和河北等省份位于左下方，表明尽管其投资效率的下降幅度较小，但其经济增长也较为迟缓，在投资驱动模式转型的过程中缺乏新动能的有力支撑；云南、贵州、福建和安徽等省份位于右上方，这些省份依靠较快的投资增长驱动经济增长，多为经济基础较差的西部省份，尽管实现了经济的较快增长，但也需警惕投资效率下降带来的恶性循环；黑龙江和天津位于右下方，这两个省份的表现最差，在资本生产率大幅下降的同时，经济发展也止步不前，表明其亟须转变投资驱动经济发展的模式，寻找新的高质量发展动能。经济发达省份由于经济基础较好，经济增幅大部分位于中游水平，与江苏、山东和浙江等省份相比，广东资本产出比率增长较快，需警惕出现过度投资现象。

接着，对四大地区的资本产出比率进行测算和分析，计算结果如图4-19和表4-1所示。总体来看，四大地区的资本产出比率呈先提高后降低的变动趋势。2017年以前，东北地区资本产出比率最高，西部地区次之，然后是中部和东部地区，基本与经济发展水平负相关，中部地区和东部地区水平较为接近。这一阶段，四大地区的资本产出比率均呈上升态势，西部地区

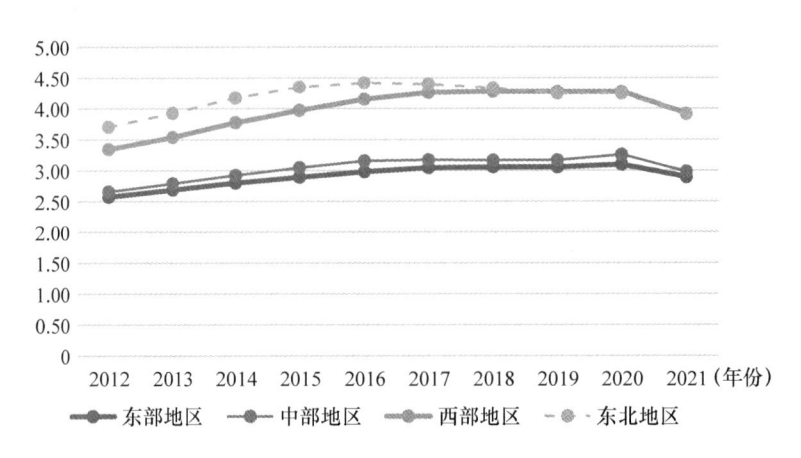

图 4-19 中国四大地区样本期内资本产出比率变动趋势

和东北地区增速最快,但东北地区的增速在 2016 年开始降低,东部和中部地区增速接近,中部地区略快于东部地区。2017 年以后,四大地区资本产出比率的增速开始明显放缓,呈波动下降趋势。东北地区的资本产出比率在 2017—2019 年持续下降,与西部地区的差距逐渐缩小。2019 年,东北地区的资本生产率已开始低于西部地区。在样本期末,东北地区和西部地区水平相当,明显高于中部和东部地区,但地区间的差异较期初有所缩小。综上,中国四大地区资本生产率降低的趋势在样本期内逐步得到遏制,投资效率和经济发展质量逐步上升,其中,中部和东部地区的投资效率仍然显著高于西部和东北地区。

表 4-1　　　　　　中国四大地区样本期内资本产出比率

	东部地区	中部地区	西部地区	东北地区
2012 年	2.58	2.66	3.34	3.70
2013 年	2.69	2.79	3.54	3.93
2014 年	2.80	2.92	3.77	4.17
2015 年	2.89	3.05	3.97	4.35
2016 年	2.98	3.16	4.15	4.42
2017 年	3.04	3.17	4.26	4.40

续表

	东部地区	中部地区	西部地区	东北地区
2018 年	3.06	3.17	4.28	4.33
2019 年	3.06	3.17	4.27	4.25
2020 年	3.10	3.25	4.27	4.25
2021 年	2.89	2.98	3.91	3.91

（三）重大战略区域资本生产率测算与分析

党的二十大报告指出，"促进区域协调发展""推进京津冀协同发展、长江经济带发展、长三角一体化发展"。京津冀协同发展、长三角一体化发展、长江经济带发展是中国重大的区域发展战略，这些战略的实施，在提升国际影响力和竞争力、保持经济稳定增长、重点领域改革先行先试、促进区域协调发展等方面，发挥了关键作用。同时，这些重大战略区域政策优厚，基础设施完善，会吸引大量投资的流入。这些投资是否有效驱动了经济增长？投资效率如何？区域内省份的投资效率是否协调？这些问题均有待深入剖析。

1. 重大战略区域发展概况

（1）京津冀协同发展

京津冀包括北京市、天津市和河北省，位于京畿重地，具有重要的战略地位，人口总和超过 1 亿人，土地面积为 21.6 万平方千米，三地地缘相接，历史渊源深厚，具有协同发展的良好基础。实现京津冀协同发展和创新驱动是面向未来打造新型首都经济圈、实现国家发展战略的需要，其以京津冀三地整体协同发展为核心，以疏解非首都核心功能、解决北京"大城市病"为基本出发点。2014 年 2 月 26 日，习近平总书记提出，实现京津冀协同发展是一个重大国家战略；2015年4月30日，中共中央政治局会议审议通过了《京津冀协同发展规划纲要》；2018年11月，中共中央、国务院明确要求以疏解北京非首都功能为"牛鼻子"，推动京津冀协同发展；2023年6月，为推动京津冀产业协同发展迈上新台阶，工信部会同国家有关部门以及京津冀三地政府共同编制了《京津冀产业协同发展实施方案》。目前，京津冀协同发展取得显著成效，城市发展质量普遍提升，但中心城市与周边城市发展差距依然明显，对周边城市的辐射带动作用弱于极化作用，城市发展过程仍存在经济发展、人口集聚、基础设施建设、生态环境改善等不协调的问题。

从产出与投资发展状况来看，2021年，北京和河北的经济体量相当，地区生产总值超过4万亿元，天津较低，约为1.6万亿元。河北省的固定资产投资与固定资本形成总额在三地中均最高，固定资产投资与地区生产总值之比接近100%，经济发展高度依赖投资；天津固定资产投资1.3万亿元，固定资本形成总额最低，为1.2亿元，固定资产投资与地区生产总值之比为83%；北京市固定资产投资最低，固定资本形成总额高于天津，固定资产投资占地区生产总值的比重显著低于河北和天津，仅为21%，经济发展对投资的依赖度较低。基于以上数据，可以初步看出，京津冀三地的经济发展模式和投资效率存在较大差异。

（2）长三角一体化发展

长三角包括江苏、浙江、安徽和上海四个省份，共计41个城市，总面积约为35.8万平方千米，常住人口超2亿人。该地区以上海为核心，地缘相近、人文相亲，经济社会联系往来密切，具有优良的一体化发展基础。长三角地区区位条件优越，自然禀赋优良，经济基础雄厚，是中国经济最为发达的地区之一，在中国社会主义现代化建设全局中具有十分重要的战略地位，推动其一体化发展具有极大的区域带动和示范作用。2010

年6月，国家发展改革委正式印发长三角区域规划，提出长三角将形成以上海为核心的"一核九带"空间格局；2018年11月5日，习近平总书记在首届中国国际进口博览会上宣布，支持长江三角洲区域一体化发展并上升为国家战略；2019年12月1日，中共中央、国务院发布《长江三角洲区域一体化发展规划纲要》，作为指导长三角地区一体化发展的纲领性文件；2021年6月，推动长三角一体化发展领导小组办公室印发了《长三角一体化发展规划"十四五"实施方案》。截至2023年，长三角一体化战略已上升为国家战略5周年，在经济发展、对外开放、协同创新、产业集聚等方面取得了突出的成绩。2022年，长三角地区的生产总值逼近30万亿元，以不到全国4%的区域面积支撑了全国1/4的生产总值，与世界第四经济体德国相当。

从产出与投资发展状况来看，2021年，江苏地区生产总值达到11.6万亿元，是长三角地区的经济龙头；浙江位居第二，约为7.4万亿元；上海和安徽经济体量相当，约为4.3万亿元。江苏固定资产投资与固定资本形成总额最高，分别为5.9万亿元与4.1万亿元，固定资产投资与地区生产总值之比为51%；浙江固定资产投资与固定资本形成总额次之，分别为4.4万亿元与3.0万亿元，固定资产投资与地区生产总值之比为59%；尽管上海与安徽的经济规模相当，但上海的投资规模远小于安徽，尤其是固定资产投资，分别为0.96万亿元和4.1万亿元，二者固定资产投资与地区生产总值之比分别为22%和96%，经济发展对投资的依赖度以及投资效率存在显著差距。综上，长三角地区各省份的经济与投资发展模式也存在一定差异。其中，安徽经济发展对投资的依赖度明显高于其余三地，投资效率亟待提升。

（3）长江经济带发展

长江经济带覆盖九省二市，横跨中国东部、中部、西部地区三大区域，面积约为205.23万平方千米，以21.5%的国土面积支撑了全国人口和经济总量的40%以上，具有显著的资源、环境优势和巨大的发展潜力，已发展成为中国综合实力最强、战略支撑作用最大的区域之一。但是，长江经济带发展也面临诸多亟待解决的困难和问题，例如，生态环境形势严峻、长江水道存在瓶颈制约、区域发展不平衡问题突出、产业转型升级任务艰巨、区域合作机制尚不健全等。为了推动长江经济带绿色高质量发展，2014年9月，国务院印发《关于依托黄金水道推动长江经济带发展的指导意见》，部署将长江经济带建设成为具有全球影响力的内河经济带、东中西互动合作的协调发展带、沿海沿江沿边全面推进的对内对外开放带和生态文明建设的先行示范带；2016年9月，《长江经济带发展规划纲要》正式印发，确立了长江经济带"一轴、两翼、三极、多点"的发展新格局；2018年11月，中共中央、国务院明确要求以共抓大保护、不搞大开发为导向，以生态优先、绿色发展为引领，依托长江黄金水道，推动长江上中下游地区协调发展和沿江地区高质量发展；2020年11月，习近平总书记在南京主持召开全面推动长江经济带发展座谈会，赋予长江经济带谱写生态优先绿色发展新篇章、打造区域协调发展新样板、构筑高水平对外开放新高地、塑造创新驱动发展新优势、绘就山水人城和谐相融新画卷，成为中国生态优先绿色发展主战场，畅通国内国际双循环主动脉，引领经济高质量发展主力军的"五新三主"新使命，成为新发展阶段推动长江经济带高质量发展的根本遵循。当前，长江经济带一体化高质量发展成绩斐然，沿江省份积极推进生态环境整治，生态环境保护发生转折性变化，沿线地区经济规模持续扩大，产业结构不断优化，城市群间发展差距逐步减小，经济社会发展取得历史性成就，正逐步成为中国生态优先绿色发展主战场、畅通国内国际双循环主动脉、引领经济高质量发展的主力军。

从产出与投资发展状况来看，下游地区经济体量和投资规模均最高，2021年，下游地区生产总值总量约为27.6万亿元，固定资产投资总额超过15万亿元，固定资本形成总额约为11万亿元，中游和上游的产出和投资均基本相当，产出约为13万亿元，固定资产投资分别为8.6万亿元和8万亿元，固定资本形成总额分别为6万亿元和6.7万亿元；从固定资产投资与地区生产总值的比重来看，下游最低，上游次之，中游最高，分别为56%、62%、69%，表明中游地区经济发展对投资的依赖度最高，但中上游地区内的差异较小，表明区域内部省份的发展模式较为接近，而下游长三角地区内部省份间发展模式的差异则较为突出。

2. 各地区资本生产率测算与分析

按照前文的方法对三大战略区域的资本产出比率进行计算，表4-2和图4-20分别展示了京津冀三地样本期内的资本产出比率及其变动趋势。结果显示，北京的资本产出比率最低，河北次之，天津最高。从变动趋势上看，期初三者间的差异较小，尤其是天津和河北较为接近。样本期内，三地的变动趋势相似，均呈总体上升态势。其中，北京的资本产出比率增速最低，河北次之，天津最快，三地间的差距不断扩大。2017年后，三地的增速明显放缓。2021年，京津冀三地的资本产出比率均显著下降。在样本期末，北京与河北的差距总体与期初持平，天津的资本产出比率则与北京和河北拉开较大差距。综上，从投资效率维度看，京津冀三地仍存在较为突出的差异，主要表现为北京与津冀两地区的差距，尤其是北京与天津的差距仍在持续扩大，三地的协同度有待提升。这种趋势一方面与北京的产业体系较为发达、投资效率较高密不可分；另一方面也与北京疏解非首都核心功能存在一定关联，部分转出产业与转入地经济发展及产业结构的适配性有待提升，在一定程度上影响了津冀两地的投资效率。

表 4-2　京津冀样本期内资本产出比率

	北京	天津	河北	地区平均
2012 年	2.62	3.45	3.21	3.09
2013 年	2.72	3.69	3.36	3.26
2014 年	2.78	3.95	3.52	3.42
2015 年	2.83	4.17	3.65	3.55
2016 年	2.88	4.41	3.77	3.69
2017 年	2.89	4.63	3.83	3.78
2018 年	2.90	4.68	3.83	3.80
2019 年	2.94	4.72	3.79	3.82
2020 年	3.04	4.87	3.83	3.91
2021 年	2.94	4.62	3.53	3.69
年平均	2.85	4.32	3.63	—

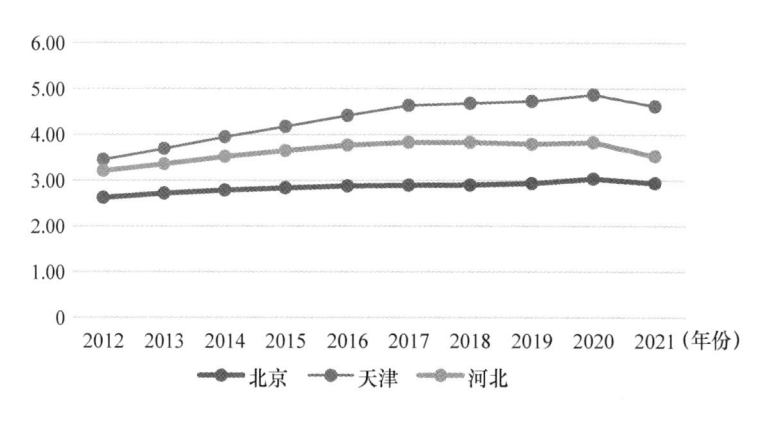

图 4-20　京津冀资本产出比率变动趋势

长三角地区四省市在样本期内的资本产出比率及其变动趋势如表 4-3 和图 4-21 所示。总体来看，上海的资本产出比率最低，江苏和浙江水平相近，浙江略高于江苏，安徽的资本产出比率最高。从变动趋势上看，期初上海的资本产出比率最低，为 2.03；江苏、浙江和安徽基本相同，约为 2.3。2017 年前，三地资本产出比率呈上升态势，安徽增速最快，浙江次之，上海和江苏的增速最低；2017年后增速明显下降，上海、江苏和浙江的资本产出比率基本保持稳定，仅安徽呈持续增长趋势，三者间的差距逐步扩大。在样本期末，上海、江苏的资本产出比率均与期初水平相当，差距略有缩小，浙江小幅增加，略高于江苏，安徽的资本产出比率明显提升，已显著高于其余三省份。因此，尽管长三角地区的一体化发展已取得较大进展，但从资本生产率来看，地区内部的分化仍然较为明显，且分化程度在增大，尤其是安徽的投资效率与其余三省份仍存在较为显著的差距。

表4-3　　　　　　　长三角样本期内资本产出比率

	上海	江苏	浙江	安徽	地区平均
2012年	2.03	2.29	2.33	2.30	2.23
2013年	2.02	2.34	2.37	2.42	2.29
2014年	2.03	2.37	2.41	2.54	2.34
2015年	2.06	2.40	2.47	2.65	2.40
2016年	2.10	2.42	2.54	2.75	2.45
2017年	2.11	2.44	2.55	2.80	2.48
2018年	2.09	2.41	2.55	2.84	2.48
2019年	2.09	2.40	2.57	2.88	2.48
2020年	2.13	2.44	2.58	2.96	2.53
2021年	2.04	2.26	2.44	2.80	2.38
年平均	2.07	2.38	2.48	2.69	—

长江经济带可分为上游、中游、下游三大地区，东部下游地区就是长三角地区，中游地区包括江西、湖北和湖南三省份，西部上游地区包括重庆、四川、贵州和云南四省份。长江经济带不同地区在样本期内的资本产出比率如表4-4表示，变动趋势如图4-22所示。从总体水平来看，样本期内，下游地区也就是长三角地区的资本产出比率最低，中游次之，上游最高。

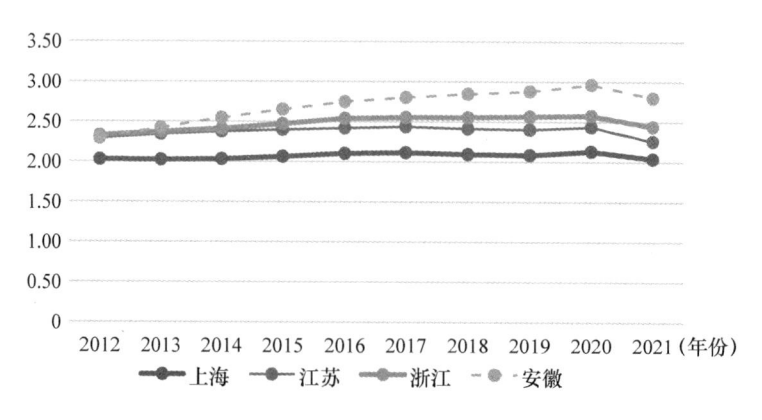

图 4-21　长三角资本产出比率变动趋势

从变动趋势来看，三者均呈上升态势。其中，上游地区增速最快，中游地区次之，下游地区最慢，2017年后增速开始放缓，2021年各地区的资本产出比率均显著下降，样本期内各地区的效率差距逐渐扩大。与下游地区相比，中游和上游地区的经济发展水平较低，与长三角地区存在较大差距，尤其是上游地区的经济基础和产业成熟度较低，致使其投资效率居于末位。

表 4-4　　　　　长江经济带样本期内资本产出比率

	下游地区	中游地区	上游地区	地区平均
2012 年	2.23	2.37	2.67	2.42
2013 年	2.29	2.47	2.83	2.53
2014 年	2.34	2.56	3.03	2.64
2015 年	2.40	2.66	3.22	2.76
2016 年	2.45	2.76	3.39	2.87
2017 年	2.48	2.82	3.52	2.94
2018 年	2.48	2.86	3.64	2.99
2019 年	2.48	2.89	3.73	3.03
2020 年	2.53	3.02	3.80	3.11
2021 年	2.38	2.76	3.55	2.90
年平均	2.41	2.72	3.34	—

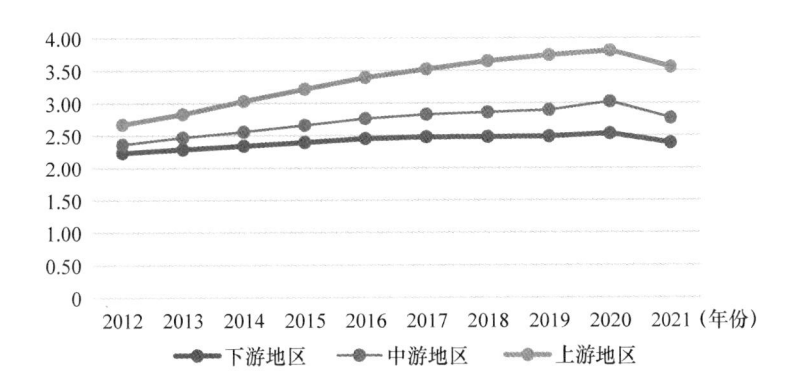

图 4-22　长江经济带不同地区资本产出比率变动

由于中游和上游地区的资本产出比率显著高于下游地区，进一步对中游和上游地区的内部差异进行研究。图 4-23 展示了中游地区三省份样本期内资本产出比率的变动，可以看到，湖北的资本产出比率最高，江西次之，湖南最低，三者变动趋势相似。其中，湖北的增速最高，与其余两省份的差距呈扩大趋势。上游地区四省份在样本期内资本产出比率的变动如图 4-24 所示，四省份总体可分为云贵和川渝两个梯队，二者内部的发展水平和变动趋势基本一致，各地区的资本产出比率在样本期内均呈增长态势；2017 年后增速减缓，云贵的增速快于川渝，发展差距逐步扩大。

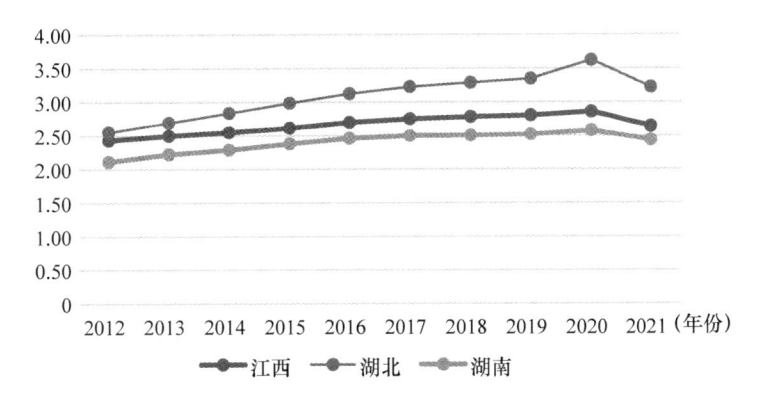

图 4-23　中游地区各省份资本产出比率变动

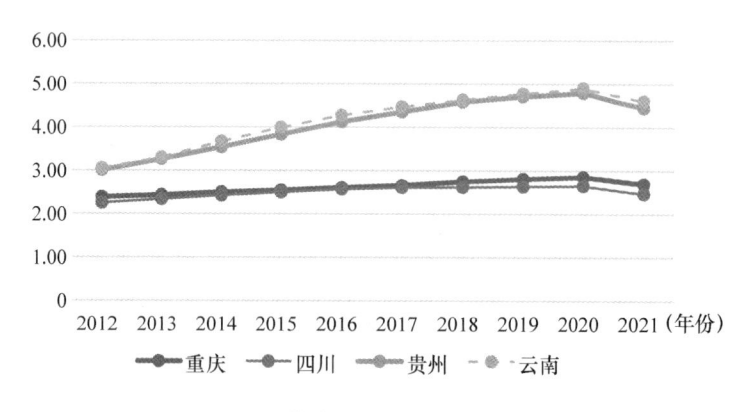

图 4-24 上游地区各省份资本产出比率变动

最后，对三大战略区域的资本生产率进行对比分析。样本期内三大区域资本产出比率的变动趋势如图 4-25 所示，可以看到，三大区域的资本产出比率在样本期内均呈上升态势。其中，长三角地区的资本产出比率最低，且在样本期内的增速最慢，资本生产率最高，长江经济带的资本产出比率次之，京津冀最高，但长江经济带与京津冀的变动趋势基本一致，增速明显快于长三角地区。样本期内，京津冀和长江经济带间资本产出比率的差距无显著变化，但长三角和其余两大区域间的差距在 2017 年之前呈扩大趋势，2017 年后基本稳定。综上，长江经济带上游、中游地区以及京津冀地区的资本生产率仍有较大的

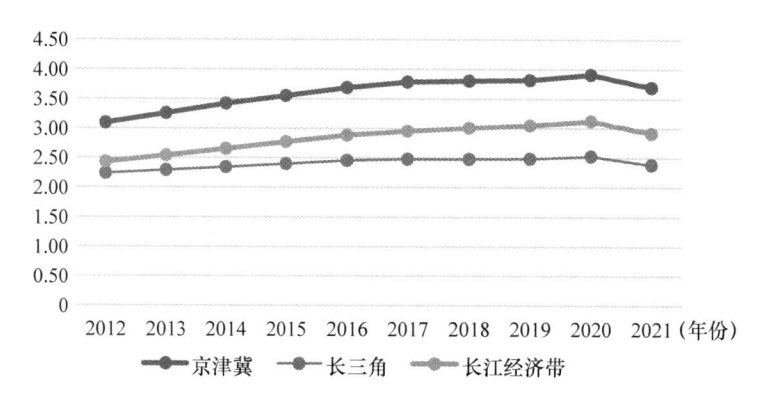

图 4-25 主要战略区域资本产出比率变动

提升空间，尤其是京津冀地区的投资效率亟待提升。具体从省份来看，长江经济带下游地区的安徽、中游地区的湖北、上游地区的云南和贵州以及京津冀地区的河北和天津等省份的资本生产率亟需改善。

（四）结论与对策建议

投资是拉动中国经济增长的三驾马车之一。长期以来，投资在中国经济发展中扮演了举足轻重的角色，但长期高度依赖投资的发展模式也带来了投资效率下降的现实困境。随着中国进入高质量发展阶段，质量和效益成为经济发展的主攻方向和重要立足点。对各省份及地区的资本生产率进行评估与分析，不仅有利于优化社会资源的配置，也有利于促进各地区经济发展模式的转换，实现协调、高质量发展。基于此，本书采用2012—2021年的省份数据，对中国各个省份和四大地区的产出与投资情况进行分析，测算资本产出比率并分析其变动趋势与地区差异，并对三大战略区域的资本生产率进行深入剖析，得到以下结论和对策。

1. 研究结论

首先，从产出与投资的发展情况来看，在省份层面，各省份的地区生产总值在样本期内均显著提升，大部分省份的投资在样本期内呈增长趋势，仅内蒙古和辽宁等省份有所下降，各省份产出和投资的差距均呈逐步扩大趋势。从投资对经济的带动作用来看，产出与投资、产出增长率与投资增长率总体上具有较高的正相关性，投资是驱动经济增长的重要因素。从固定资产投资与地区生产总值之比来看，2021年，仅北京、上海、辽宁、广东四地没有超过30%，大部分省份均在50%以上，经济发展对投资的依赖度较高，但大部分省份这一比率在样本期内有所下降，经济发展的质量和效益呈上升态势。在地区层面，四大地区的生产总值均呈稳步增长态势，东部地区最高，中部地区次之，西部地区和东北地区最低，东部、中部、西部地区的投资呈增长态势，东北地区的投资在样本期内大幅下降，期末东部、中部地区高于西部和东北地区，不同地区间的产出和投资差距呈扩大趋势。从固定资产投资与生产总值之比来看，四大地区均先增加后波动降低，经济发展对投资的依赖度有所下降，其中东北地区经历了较大幅度下滑，地区间差异呈收敛态势；期末中部地区经济发展对投资的依赖度最高，东部地区最低。

其次，从资本生产率来看，在省份层面，中国资本产出比率在样本期内总体呈上升趋势，2009年后增速进一步加快，2017年增速明显放缓并开始波动下降。分省份来看，样本期内，广东、湖南和上海的资本产出比率较低，青海、宁夏、西藏和吉林的资本产出比率则较高，不同省份间存在较大差异，大部分省份的资本产出比率在样本期内有所上升，其中，云南、贵州、新疆等省份增幅较大，内蒙古、辽宁等省份的比率则有所下降。从投资增长与经济增长的关系来看，江苏、广西、江西、四川等省份以较低的投资增长实现了较快的经济增长，辽宁、吉林和河北等省份的投资增长和经济增长均较低，云南、贵州、福建和安徽等省份依靠较快的投资增长实现了较快的经济增长，黑龙江和天津则以较快的投资增长实现了较低的经济增长。在地区层面，期初东北地区资本产出比率最高，西部地区次之，中部和东部地区最低，二者较为接近；样本期内四大地区的资本产出比率均呈上升态势，2017年后增速显著降低，东北地区与西部地区的差距逐渐缩小。

最后，从三大战略区域的资本生产率来看，在京津冀地区，北京的资本产出比率最低，河北次之，天津最高，三地均呈总体上升态势，且差距不断扩大，协同度有待提升。在长三角地区，上海的资本产出比率最低，浙江略高于江苏，安徽最高。三地资本产出比率均呈上升态势，且差距逐步扩大。地区内部投资效率的分化较为明显，尤其是安徽与其余三省份存在较为显著的差距。在长江经济带地区，下游地区资本产出比率最低，中游地区次之，上游地区最高，三者均呈上升态势，且各地区间差距逐渐扩大；在中游地区，湖北的资本产出比率最高，江西次之，湖南最低，湖北与其余两省份的差距呈扩大趋势；在上游地区，云贵的发展水平显著高于川渝，且差距逐步扩大。对比来看，在三大区域中，长三角地区的资本产出比率最低，长江经济带次之，京津冀最高，三地的差距均呈扩大态势，长江经济带上中游地区以及京津冀的资本生产率仍有较大提升空间，尤其是安徽、湖北、云南、贵州以及河北和天津等省份。

2. 启示与对策

基于以上结论，本部分得出以下启示和对策建议：

一是推动投资驱动转向投资效率驱动，提高经济发展质量和效益。目前，中国各个省份的产出与投资仍具有较高的正相关性，投资依然是大部分省份驱动经济增长的重要方式，投资与产出之比远高于世界先进水平，投资效率有待提升。因此，未来中国应继续推进经济增长方式转变，推动投资驱动发展模式向投资效率驱动发展模式转变，以实现经济高质量增长。其一，各省份要聚焦重点和薄弱领域着力提高投资精准度。加强对本地区经济与产业发展情况的认知和了解，科学评估重点和优势领域，并以国家发展规划为导向，聚焦科技攻关、基础设施、生态环境建设、民生补短板等高质量发展的关键领域和薄弱环节，设立重点项目协调机制，推动各部门形成合力，加强精准投资力度，最大化提升投资效率。其二，各省份要加大对资本回报率较高企业的支持力度。持续优化民营企业和中小企业的发展环境，加大对企业的走访调研力度，充分挖掘商业模式先进、技术能力领先、资本使用效率较高的企业,并加强对它们的政策扶持力度,鼓励这些企业参与重点项目建设,带动地区投资效率提升。

二是着力提升科技创新能力,加快培育壮大经济发展新动能。2017年供给侧结构性改革推动以来,各省份固定资产投资占地区生产总值的比重呈下降趋势,经济发展对投资的依赖性显著降低,资本产出比率的增速也呈波动下降态势,投资效率有一定恢复趋势,但部分省份在传统动能减弱的过程中新动能的培育和发展依然不足,导致其经济增长未达到预期水平,陷入新的困境,比如辽宁、吉林、山西等。从长远来看,依靠创新培育壮大发展新动能是中国实现第二个百年奋斗目标、以中国式现代化全面推进中华民族伟大复兴的内在要求。首先,各省份要充分发挥政府在科技创新布局和组织中的重要作用。围绕国家安全和经济社会发展中的重大问题,结合本地经济基础与产业发展情况,加强科技创新布局,积极组织实施重大科技项目,加强关键领域核心技术研发,提升自身发展优势。其次,各省份要进一步发挥企业在科技创新领域的主体作用。有效引导和支持创新资源向企业聚集,着力推动科技领军企业发展,支持其组建创新联合体、参与重大科技项目,大力培育产业链"链主"型创新企业与"专精特新"中小型创新企业,全面提升产业体系现代化水平。最后,各省份要加大科技型人才的引进和培育力度。全面提高人才自主培养质量,推进世界一流大学和优势学科建设,统筹高等教育、职业教育与继续教育协同发展与模式创新,加强校企联合人才培养,基于地区特色制定具有吸引力的人才政策,优化人才评价制度和发展环境,激发人才创新活力。

三是加强重大战略区域内部投资协同,大力提升落后省份投资效率。中国三大战略区域之间及各自内部不同省份间的发展模式均存在一定差异,投资效率分化较为严重,这不利于区域协同或一体化发展。基于此,未来应进一步加大不同区域内部投资的协同发展程度,同时大力提升落后区域和省份的投资效率。其一,各战略区域要加强对内部省份投资的统一布局和规划,尽可能避免产业投资同质化。围绕国家和区域的重点发展领域,结合各省份的发展基础和优势产业,制定系统投资规划和实施方案,对不同省份的重点投资方向进行差异化布局,充分发挥地区比较优势,提高各省份及整个区域的投资效率。其二,各战略区域要充分发挥内部投资效率领先城市的引领和示范效应,着力提升落后城市的投资效率。充分发挥北京、上海以及长三角地区在京津冀、长三角以及长江经济带地区投资效率提升中的引领和带动作用,通过对口支援、产业转移、人才交流、投资推介等方式,加强产业投资交流对接,深化不同区域和省份协作,帮助落后省份加快发展模式转换和新动能培育。

五 中国地区能源效率分析[①]

党的十八大以来，中国经济进入高质量发展阶段，经济增长速度有所放缓，能源消费总量增长速度也在降低。2020年，中国能源消费总量是49.80亿吨，与2012年相比年均增长2.71%，同期GDP年均实际增长6.36%，实现了能源消费低速增长的目标。但是中国能源消费仍然以煤炭为主，2020年煤炭消费占比仍高达56.8%，清洁能源消费占比不足20%。2020年中国向世界宣布了2030年前实现碳达峰、2060年前实现碳中和的目标。为了实现这一目标，在保证经济稳定发展的同时我们迫切需要减少碳的排放，而化石能源消费是碳排放的主要来源，提高能源效率和减少化石能源消费是至关重要的策略之一。能源效率的提高是节能减排的重要手段，也是生态文明建设的重要抓手。

党的二十大报告提出，"积极稳妥推进碳达峰碳中和，立足我国能源资源禀赋，深入推进能源革命，加强煤炭清洁高效利用，加快规划建设新型能源体系，积极参与应对气候变化全球治理"。《"十四五"节能减排综合工作方案》提出以能源产出率为目标，综合考虑各种因素，根据各地区的发展程度制定能耗强度降低目标和能源消费总量目标。也就是说，"十四五"时期各省份因地制宜制定"双控"目标，以便实现"十四五"国家能耗降低13.5%和碳降低18%的目标。鉴于中国地区经济发展水平、产业结构、资源禀赋、能源消费结构和技术水平存在

---

① 部分内容发表在《工业技术经济》2023年第8期。

差异，能源效率具有不同的表现特征，研究各个地区的能源效率变化态势，分析不同地区的节能潜力，据此提出政策建议具有重要的理论意义和现实意义。

（一）文献综述

关于能源效率的指标，有单因素能源效率和全要素能源效率之分，二者的优缺点在众多能源效率文献中有多方面的论述，这里不再赘述。J. L. Hu 和 S. C. Wang 首先提出了全要素能源效率的概念，并测算了中国 29 个省份的全要素能源效率，发现中部地区能源效率最低，且随着人均 GDP 的提高而增长。[1] 自此，从全要素的角度研究能源效率的文献层出不穷。M. Filippini 和 L. C. Hunt 从经济学的角度勾勒和解释了衡量能源效率水平的理论框架和实证方法，指出全要素能源效率比能源强度更适合衡量能效。[2] S. Honma 和 J. L. Hu 测算了日本 47 个县的全要素能源效率，发现日本各地区的能源效率与人均收入之间存在类似环境库兹涅茨曲线（EKC）的"U"形关系。[3] 近年来，国际上测算全要素能源效率，侧重国别之间的比较分析和影响因素分析。例如，P. Zhou 等研究了 OECD 国家的全要素能源效率，研究结果显示，资本密集型国家的能源效率高于劳动密集型国家；[4]

---

[1] J. L. Hu, S. C. Wang, "Total-factor Energy Efficiency of Regions in China", *Energy Policy*, Vol. 34, No. 17, 2006.

[2] M. Filippini, L. C. Hunt, "Measurement of Energy Efficiency Based on Economic Foundations", *Energy Economics*, Vol. 52, 2015.

[3] S. Honma, J. L. Hu, "Total-factor Energy Efficiency of Regions in Japan", *Energy Policy*, Vol. 36, No. 2, 2008.

[4] P. Zhou, B. W. Ang, D. Q. Zhou, "Measuring Economy-wide Energy Efficiency Performance: A Parametric Frontier Approach", *Applied Energy*, Vol. 1, 2012; N. Apergis, et al., "Energy Efficiency of Selected OECD Countries: A Slacks Based Model with Undesirable Outputs", *Energy Economics*, Vol. 51, 2015.

R. Z. Pang 等分析了 87 个国家清洁能源使用对全要素效率的影响;① X. Zhang 等研究了 23 个发展中国家的全要素能源效率,发现能源效率与人均收入之间存在"U"形关系;② K. Ohene-Asare 等测算了非洲 46 个国家的能源效率及其影响因素;③ Z. S. Yang 和 X. X. Wei 测算了共建"一带一路"合作 55 个国家的绿色全要素能源效率及其变动趋势;④ M. A. Tachega 等测度了非洲 14 个产油国的能源效率,分析了影响能源效率的因素,发现能源效率与 GDP 之间不存在"U"形关系。⑤

中国作为发展中大国,随着经济发展水平的不断提高,能源消费也在不断增长,学界也越来越重视对中国能效问题的研究。当前学界对全要素能源效率的研究主要侧重于工业行业和区域,由于本书关注地区能源效率问题,故主要梳理地区能源效率文献。通过对现有文献的梳理发现,多数文献发现中国能源效率整体偏低,呈现"东—中—西"逐步降低的分布格局,但全要素能源效率的走势不同。因研究周期、数据处理方法和采取模型不同,研究结论存在较大差异,部分研究结果是全要

---

① R. Z. Pang, Z. Q. Deng, J. L. Hu, "Clean Energy Use and Total-Factor Efficiencies: An International Comparison", *Renewable and Sustainable Energy Review*, Vol. 52, 2015.

② X. Zhang, et al., "Total-Factor Energy Efficiency in Developing Countries", *Energy Policy*, Vol. 2, 2011.

③ K. Ohene-Asare, E. N. Tetteh, E. L. Asuah, "Total Factor Energy Efficiency and Economic Development in Africa", *Energy Efficiency*, Vol. 13, No. 6, 2020.

④ Z. S. Yang, X. X. Wei, "Analysis of the Total Factor Energy Efficiency and Its Influencing Factors of The Belt and Road Key Regions in China", *Environmental Science and Pollution Research*, Vol. 26, 2019.

⑤ M. A. Tachega, et al., "Energy Efficiency Evaluation of Oil Producing Economies in Africa: DEA, Malmquist and Multiple Regression Approaches", *Cleaner Environmental Systems*, Vol. 2, 2021.

素能源效率持续下滑，① 部分是全要素能源效率呈上升趋势。②陶长琪等认为，2004—2015年中国的全要素能源效率波动变化，总体没有上升或下降的趋势。③ 陈菁泉等认为，2000—2018年

---

① 张志辉：《中国区域能源效率演变及其影响因素》，《数量经济技术经济研究》2015年第8期；张文彬、郝佳馨：《生态足迹视角下中国全要素能源效率的空间差异性和收敛性研究》，《中国地质大学学报》（社会科学版）2020年第5期；蔡海霞、程晓林：《可再生能源视角下中国区域能源效率评价——基于不可分混合DEA模型》，《软科学》2022年第6期；Y. Shang, H. B. Liu, Y. Lv, "Total Factor Energy Efficiency in Regions of China: An Empirical Analysis on SBM-DEA Model with Undesired Generation", *Journal of King Saud University-Science*, Vol. 32, 2020；龙如银、刘爽、王佳琪：《环境约束下中国省际能源效率评价——基于博弈交叉效率和Malmquist指数模型》，《中国矿业大学学报》（社会科学版）2021年第1期；H. Q. Liu, C. L. Peng, L. X. Chen, "The Impact of OFDI on the Energy Efficiency in Chinese Provinces: Based on PVAR Model", *Energy Reports*, Vol. 8, 2022；Q. T. Guo, et al., "Can Green Finance Development Promote Total-Factor Energy Efficiency? Empirical Evidence from China Based on A Spatial Durbin Model", *Energy Policy*, Vol. 177, 2023.

② H. Du, et al., "Understanding Drivers of Energy Efficiency Changes in China", *Applied Energy*, Vol. 184, 2016；闫明喆、李宏舟、田飞虎：《中国的节能政策有效吗？——基于SFA-Bayes分析框架的生态全要素能源效率测定》，《经济与管理研究》2018年第3期；刘争、黄浩：《中国省际能源效率及其影响因素研究——基于Shephard能源距离函数的SFA模型》，《南京财经大学学报》2019年第1期；吴江等：《中国全要素能源效率评价研究——基于不可分的三阶段DEA模型》，《数理统计与管理》2019年第3期；彭树远：《我国省域全要素能源效率研究——基于三阶段全局UHSBM模型》，《经济问题》2020年第1期；H. T. Wu, Y. Hao, S. Y. Ren, "How Do Environmental Regulation and Environmental Decentralization Affect Green Total Factor Energy Efficiency: Evidence from China", *Energy Economics*, Vol. 91, 2020；Z. H. Cheng, et al., "Research on Meta-Frontier Total-Factor Energy Efficiency and Its Spatial Convergence in Chinese Provinces", *Energy Economics*, Vol. 86, 2020.

③ 陶长琪、李翠、王夏欢：《环境规制对全要素能源效率的作用效应与能源消费结构演变的适配关系研究》，《中国人口·资源与环境》2018年第4期。

中国全要素能源效率大致呈先下降后上升的趋势。① 在分析能源效率的基础上,蔡海霞和程晓林估算了 2011—2018 年中国各省份平均节能减排潜力。② 刘海英和刘晴晴估算了 2006—2016 年 30 个省份的平均潜在节能量。③

细观各个文献的投入产出指标,投入指标均是资本、劳动和能源,绝大部分文献的产出指标是增加值和非期望产出。关于投入产出指标选择的合理性,刘建翠和郑世林有详细的论述,这里不再赘述。④ 同时需要指出的是,非期望产出指标没有达成一致。⑤ 部分文献把 CO_2 作为非期望产出指标,⑥ 另有部分文献把几种污染物结合为一个综合指标来测度非期望产出,⑦ 还有一

---

① 陈菁泉等:《中国全要素能源效率测算及其驱动因素》,《中国环境科学》2022 年第 5 期。

② 蔡海霞、程晓林:《可再生能源视角下中国区域能源效率评价——基于不可分混合 DEA 模型》,《软科学》2022 年第 6 期。

③ 刘海英、刘晴晴:《中国省级绿色全要素能源效率测度及技术差距研究——基于共同前沿的非径向方向性距离函数估算》,《西安交通大学学报》(社会科学版) 2020 年第 2 期。

④ 刘建翠、郑世林:《中国工业绿色发展的技术效率及其影响因素研究——基于投入产出表的分析》,《城市与环境研究》2019 年第 3 期。

⑤ 陈菁泉等:《中国全要素能源效率测算及其驱动因素》,《中国环境科学》2022 年第 5 期。

⑥ N. Apergis, et al., "Energy Efficiency of Selected OECD Countries: A Slacks Based Model with Undesirable Outputs", *Energy Economics*, Vol. 51, 2015;龙如银、刘爽、王佳琪:《环境约束下中国省际能源效率评价——基于博弈交叉效率和 Malmquist 指数模型》,《中国矿业大学学报》(社会科学版) 2021 年第 1 期。

⑦ 闫明喆、李宏舟、田飞虎:《中国的节能政策有效吗?——基于 SFA-Bayes 分析框架的生态全要素能源效率测定》,《经济与管理研究》2018 年第 3 期;Z. S. Yang, X. X. Wei, "Analysis of the Total Factor Energy Efficiency and Its Influencing Factors of The Belt and Road Key Regions in China", *Environmental Science and Pollution Research*, Vol. 26, 2019.

些文献包括多个非期望产出指标,[1] 张志辉把 SO_2 作为非期望产出。[2] 可见,选择合适的非期望产出指标对测算全要素能源效率非常重要。

本研究与现有文献的主要区别和可能贡献如下:第一,按照生产经济学理论,本研究构建了合理的投入产出指标体系,将资本、劳动、能源、其他中间投入纳入生产函数构建生产前沿面,相比忽略其他中间投入测算全要素能源效率的文献,本研究的测算结果更合理;第二,本研究不仅测算了全要素能源效率,分析了变化特征,还估算了各省份的平均节能潜力,并根据全要素能源效率与能源损失量把30个省份划分为4个类型,为更好地制定省级节能政策提供了一定的理论和实证依据。

(二) 研究方法和投入产出指标

1. 研究方法

目前测算全要素能源效率的方法基本是随机前沿分析(Stochastic Frontier Analysis, SFA)[3] 和 DEA 及其衍生模

---

[1] 吴江等:《中国全要素能源效率评价研究——基于不可分的三阶段 DEA 模型》,《数理统计与管理》2019 年第 3 期;刘海英、刘晴晴:《中国省级绿色全要素能源效率测度及技术差距研究——基于共同前沿的非径向方向性距离函数估算》,《西安交通大学学报》(社会科学版) 2020 年第 2 期。

[2] 张志辉:《中国区域能源效率演变及其影响因素》,《数量经济技术经济研究》2015 年第 8 期。

[3] P. Zhou, B. W. Ang, D. Q. Zhou, "Measuring Economy-wide Energy Efficiency Performance: A Parametric Frontier Approach", *Applied Energy*, Vol. 1, 2012; Z. S. Yang, X. X. Wei, "Analysis of the Total Factor Energy Efficiency and Its Influencing Factors of The Belt and Road Key Regions in China", *Environmental Science and Pollution Research*, Vol. 26, 2019.

型①。SFA 属于参数方法，需要设定具体的生产函数，主观性较强；DEA 属于非参数方法，不需要设定具体的生产函数，能够处理多投入、多产出的情况，投入产出指标不受指标单位的影响，且其参数也非主观设定。但是传统的 DEA 和超效率 DEA 是径向的，没有考虑投入和产出的松弛变量，利用此类模型计算能源效率可能会出现较大偏差。作为非径向非角度的数据包络分析方法，SBM-Undesirable 模型有效地解决了投入产出松弛以及非期望产出问题，比较适合测算考虑环境问题和非期望产出的效率问题，是测算具有非期望产出的 DEA 模型最常用的方法。鉴于此，不少学者运用 SBM-Undesirable 模型测算全要素能源效率。② 本研究亦采用 SBM-Undesirable 模型测算地区全要素能源效率。假设有 n 个决策单元，每个决策单元有 m 种投入、u 种期望产出和 v 种非期望产出，投入向量矩阵为 $\boldsymbol{X} = (x_{ij}) \in R_{n \times m}^+$，期望产出向量矩阵是 $\boldsymbol{Y}^g = (y_{ij}^g) \in R_{u \times m}^+$，非期望产出向量

---

① J. L. Hu, S. C. Wang, "Total-factor Energy Efficiency of Regions in China", *Energy Policy*, Vol. 34, No. 17, 2006; S. Honma, J. L. Hu, "Total-factor Energy Efficiency of Regions in Japan", *Energy Policy*, Vol. 36, No. 2, 2008; N. Apergis, et al., "Energy Efficiency of Selected OECD Countries: A Slacks Based Model with Undesirable Outputs", *Energy Economics*, Vol. 51, 2015; 张志辉：《中国区域能源效率演变及其影响因素》，《数量经济技术经济研究》2015 年第 8 期；张文彬、郝佳馨：《生态足迹视角下中国全要素能源效率的空间差异性和收敛性研究》，《中国地质大学学报》（社会科学版）2020 年第 5 期。

② K. Ohene-Asare, E. N. Tetteh, E. L. Asuah, "Total Factor Energy Efficiency and Economic Development in Africa", *Energy Efficiency*, Vol. 13, No. 6, 2020; M. A. Tachega, et al., "Energy Efficiency Evaluation of Oil Producing Economies in Africa: DEA, Malmquist and Multiple Regression Approaches", *Cleaner Environmental Systems*, Vol. 2, 2021; Y. Shang, H. B. Liu, Y. Lv, "Total Factor Energy Efficiency in Regions of China: An Empirical Analysis on SBM-DEA Model with Undesired Generation", *Journal of King Saud University-Science*, Vol. 32, 2020.

矩阵是 $Y^b = (y_{ij}^b) \in R_{v \times m}^+$，并且 $X > 0$，$Y > 0$。在已有研究文献的基础上，对于某一个决策单元 (x_0, y_0^g, y_0^b)，SBM-Undesirable 模型为：

$$\min \rho = \frac{1 - \frac{1}{m} \sum_{i=1}^{m} \frac{s_i^-}{x_{i0}}}{1 + \frac{1}{u+v} \left(\sum_{j=1}^{u} \frac{s_j^g}{y_{j0}^g} + \sum_{j=1}^{v} \frac{s_j^b}{y_{j0}^b} \right)} \quad (5-1)$$

$$\text{s.t.} \begin{cases} x_0 - X\boldsymbol{\lambda} - s^- = 0 \\ y_0^g - Y^g \boldsymbol{\lambda} + s^g = 0 \\ y_0^b - Y^b \boldsymbol{\lambda} - s^b = 0 \\ s^g \geq 0, s^b \geq 0, \boldsymbol{\lambda} \geq 0, \sum \boldsymbol{\lambda} = 1 \end{cases}$$

其中，$\boldsymbol{\lambda}$ 是权重向量，$\sum \boldsymbol{\lambda} = 1$ 表示规模保持可变。s 表示投入和产出的松弛变量，目标函数 $\rho \in [0,1]$，当且仅当 $\rho = 1$ 时，被评价的决策单元是有效率的，松弛变量为 0。

本研究从全要素生产率视角，将资本、劳动、能源、其他中间投入纳入生产函数构建生产前沿面，估算全要素能源效率（Total-Factor Energy Efficiency，TFEE）。根据 J. L. Hu 和 S. C. Wang 对全要素能源效率的论述，[1] 即全要素能源效率是在目前的技术条件下，不增加其他要素投入或不减少产出的情况下，最优能源投入和实际能源投入的比值，计算全要素能源效率的公式如下：

$$TFEE = \frac{最优能源投入量}{实际能源投入量} = 1 - \frac{能源投入冗余量}{实际能源投入量}$$

$$(5-2)$$

利用公式（5-1）计算得出各个决策单元的能源投入冗余量，是实际能源投入中无效率的部分，实际能源投入量与能源

---

[1] J. L. Hu, S. C. Wang, "Total-factor Energy Efficiency of Regions in China", *Energy Policy*, Vol. 34, No. 17, 2006.

投入冗余量之差即为最优能源投入量，可利用公式（5-2）计算全要素能源效率。

2. 投入和产出指标

本研究以 2012—2020 年中国 30 个省份（不包括西藏和港澳台地区）作为研究单元，在全要素效率框架下用 SBM-Undesirable 模型计算全要素能源效率。根据生产经济学理论，生产活动的投入和产出应该保持对应，不能有遗漏和重复。企业进行生产时，不仅投入资本和劳动，还有能源、原材料等中间投入品，劳动创造的新价值和固定资产的转移价值构成了企业的增加值，被消耗、转换的中间投入品也转移到最终产出中，增加值和中间投入的价值共同构成企业的总产值。因此测算效率时，为了保持投入与产出的一致性并符合生产实际，投入指标若选取资本和劳动，产出应选择增加值（以及非期望产出）；投入指标若选取资本、劳动和中间投入，产出必须选择总产值（以及非期望产出）。①

（1）产出指标

产出指标包括期望产出和非期望产出。期望产出用总产值表示，不是所有省份都有总产值数据。根据获得的数据，江苏、浙江和青海有历年总产值，30 个省份有 2012 年和 2017 年的投入产出表，天津、福建、四川有 2015 年的投入产出延长表，缺失年份的数据根据投入产出表用插值法和 RAS 法计算得到。非期望产出用二氧化硫表示，② 因为二氧化硫是中国环境污染管制的典型污染物，二氧化硫排放量与能源消费量密切相关。数据来自 2013—2021 年的《中国环境统计年鉴》。

---

① 根据国家统计局每隔 5 年发布的投入产出表可知，最初投入包括资本和劳动，能源、原材料等均是中间投入。

② 张志辉：《中国区域能源效率演变及其影响因素》，《数量经济技术经济研究》2015 年第 8 期。

(2) 投入指标

投入指标包括资本、劳动、能源和其他中间投入。资本投入采用永续盘存法计算，用各省份的固定资本形成总额作为投资流量，用各省份固定资产投资价格指数折算为 2000 年不变价，折旧率参考余泳泽的做法。① 根据全社会固定资产投资结构对不同年份不同地区固定资本折旧率进行差异化处理，权重为全社会固定资产投资中建筑安装工程、设备工具器具购置和其他费用三个部分的占比，三类资产的基础折旧率分别为 8.12%、17.08% 和 12.10%。这样不仅考虑了年度差异，还考虑了地区差异，估计的资本存量更符合实际。基期资本存量采取 R. Hall 和 C. Jones 的方法，② 计算公式为：

$$K_{i0} = INV_{i0}/(\delta_{it} + g_{i0}) \quad (5-3)$$

其中，K_{i0} 表示 i 地区基年资本存量；INV_{i0} 表示 i 地区基年实际固定资本形成总额；为避免固定资本形成总额随经济周期变化而波动，g_{i0} 用 i 地区基期开始前后固定资本形成额的 5 年平均增长率：

$$g_{i0} = 0.2 \times ln(INV_{i3}/INV_{i0-2}) \quad (5-4)$$

为了降低基期资本存量对计算结果的影响，本研究资本存量的计算基期选择 2000 年，根据公式（5-3）和公式（5-4），可以得到 2000 年 i 地区资本存量的计算公式：

$$K_{i2000} = INV_{i2000}/\left[\delta_{it} + 0.2 \times ln\left(\frac{INV_{i2003}}{INV_{i1998}}\right)\right] \quad (5-5)$$

其中，K_{i2000} 为 i 地区 2000 年资本存量，INV_{i1998} 和 INV_{i2003} 分别是 i 地区 1998 年和 2003 年的实际固定资本形成总额。

---

① 余泳泽：《异质性视角下中国省际全要素生产率再估算：1978—2012》，《经济学》（季刊）2017 年第 3 期。

② R. Hall, C. Jones, "Why Do Some Countries Produce So Much More Output Per Worker Than Others?", *The Quarterly Journal of Economics*, Vol. 114, No. 1, 1999.

有了基期资本存量、实际固定资本形成总额、折旧率,即可采用永续盘存法计算各个地区的资本存量。

劳动投入用各省份的年均从业人员数表示,来自历年的《中国统计年鉴》以及各省份的统计年鉴(经济年鉴)。能源投入用各省份的能源消费总量表示,数据来自2013—2020年的《中国能源统计年鉴》以及各省份2021年的统计年鉴。其他中间投入采取孙广生等的做法,[①] 用中间投入减去能源行业(包括煤炭、石油和电力行业)的中间使用。江苏、浙江和青海的中间投入数据用总产值减去增加值得到,其他省份缺失年份的中间投入数据与计算总产值的方法相同。

总产值和其他中间投入用各省份的行业工业品出厂价格指数平减为2000年不变价。

投入和产出指标的描述性统计见表5-1。

表5-1 投入产出指标的描述性统计

	总产值(亿元)	SO_2(万吨)	资本(亿元)	劳动(万人)	能源(万吨标准煤)	其他中间投入(亿元)
最大值	310069	174.88	173227	7133	42133	142483
最小值	2857	0.19	4254	279	1688	1106
均 值	61976	43.46	50624	2701	15260	27322
标准差	59703	37.26	33708	1754	8987	27315

(三)全要素能源效率实证结果分析

1. 全要素能源效率测算结果分析

利用以上数据、公式(5-1)和公式(5-2),计算得到

[①] 孙广生、杨先明、黄祎:《中国工业行业的能源效率(1987—2005)——变化趋势、节能潜力与影响因素研究》,《中国软科学》2011年第11期。

30 个省份的全要素能源效率值，测算结果见表 5-2。

表 5-2　　2012—2020 年各省份全要素能源效率

	2012年	2013年	2014年	2015年	2016年	2017年	2018年	2019年	2020年
北京	1.000	1.000	1.000	1.000	1.000	1.000	1.000	1.000	1.000
天津	1.000	1.000	1.000	1.000	1.000	1.000	0.758	0.530	1.000
河北	0.231	0.216	0.222	0.207	0.199	0.177	0.171	0.152	0.142
辽宁	0.328	0.320	0.313	0.257	0.204	0.192	0.185	0.162	0.147
上海	1.000	1.000	1.000	1.000	1.000	1.000	1.000	1.000	1.000
江苏	1.000	1.000	1.000	1.000	1.000	1.000	1.000	1.000	1.000
浙江	0.961	0.880	0.899	0.860	1.000	1.000	1.000	1.000	1.000
福建	0.676	0.623	0.620	0.653	0.637	0.620	0.605	0.599	0.568
山东	0.578	0.618	0.613	0.645	0.638	0.617	0.584	0.452	0.420
广东	1.000	1.000	1.000	1.000	1.000	1.000	1.000	1.000	1.000
海南	1.000	1.000	1.000	1.000	1.000	1.000	1.000	1.000	1.000
东部地区平均值	0.798	0.787	0.788	0.784	0.789	0.782	0.755	0.718	0.753
山西	0.138	0.134	0.138	0.148	0.146	0.143	0.141	0.134	0.131
吉林	0.420	0.432	0.440	0.566	0.565	0.548	0.532	0.438	0.422
黑龙江	0.210	0.214	0.217	0.263	0.262	0.223	0.245	0.221	0.220
安徽	0.467	0.429	0.434	0.457	0.449	0.458	0.433	0.439	0.372
江西	0.509	0.465	0.456	0.431	0.422	0.411	0.404	0.393	0.371
河南	0.331	0.318	0.318	0.376	0.367	0.347	0.323	0.321	0.288
湖北	0.335	0.350	0.352	0.382	0.373	0.362	0.357	0.347	0.326
湖南	0.309	0.326	0.331	0.341	0.333	0.320	0.315	0.299	0.280
中部地区平均值	0.340	0.334	0.336	0.371	0.365	0.352	0.344	0.324	0.301
内蒙古	0.200	0.204	0.201	0.192	0.179	0.147	0.135	0.117	0.105
广西	0.346	0.336	0.333	0.340	0.331	0.307	0.308	0.290	0.260
重庆	0.416	0.462	0.457	0.562	0.559	0.547	0.529	0.518	0.497

续表

	2012年	2013年	2014年	2015年	2016年	2017年	2018年	2019年	2020年
四川	0.325	0.323	0.319	0.367	0.323	0.317	0.310	0.296	0.273
贵州	0.248	0.258	0.245	0.271	0.272	0.279	0.287	0.284	0.273
云南	0.293	0.301	0.302	0.309	0.303	0.300	0.299	0.312	0.267
陕西	0.312	0.305	0.303	0.299	0.291	0.279	0.283	0.262	0.253
甘肃	0.267	0.263	0.268	0.275	0.289	0.280	0.282	0.291	0.280
青海	1.000	1.000	1.000	1.000	1.000	1.000	1.000	1.000	1.000
宁夏	1.000	1.000	1.000	1.000	1.000	1.000	1.000	1.000	1.000
新疆	0.148	0.132	0.129	0.135	0.131	0.129	0.130	0.129	0.126
西部地区平均值	0.414	0.417	0.414	0.432	0.425	0.417	0.415	0.409	0.394
全国平均值	0.535	0.530	0.530	0.545	0.542	0.533	0.521	0.500	0.501

（1）全国层面的全要素能源效率分析

2012年以来，中国的全要素能源效率均值呈先上升再下降随后平稳的趋势，2012—2015年呈上升趋势，随后下滑并趋于平稳。总体来看，2012—2020年中国全要素能源效率较低，只有0.526，提升空间较大。研究期间，全要素能源效率较低以及呈波动态势，可能原因如下。一是党的十八大以来，中国把生态文明建设作为统筹推进"五位一体"总体布局和协调推进"四个全面"战略布局的重要内容,[①] 全面推进资源节约，从国家到省级、重点行业、重点领域全面出台节能减排政策，加大淘汰落后产能力度，大力推广重点节能技术、设备和产品。这些政策措施的深入实施使得2012—2015年大部分省份的能源消费增长率保持较低水平，故此阶段全要素能源效率有所提高。

---

① 习近平：《推动我国生态文明建设迈上新台阶》，《求是》2019年第3期。

二是随着"一带一路"倡议的不断落地,沿线基础设施建设迅速发展,部分省份的钢铁、水泥等高耗能行业也迅速发展,由此导致部分省份能源消费增速提高,2016—2020年大部分省份的能源消费增长率高于上一年度,尤其是2018年和2019年的能源消费增长率分别达到3.09%和3.30%,远远高于其他年份,故此阶段全要素能源效率有所下降。三是由于资源禀赋的原因,大部分省份化石能源的消费比重仍然居高不下,使得能源消费总量偏高。由此可见,加快产业结构合理化和高级化,大力发展清洁能源,优化能源消费结构,促进煤炭清洁利用,转变能源消费方式,提高创新投入,研发绿色技术和绿色生产工艺并加以推广,提高全要素能源效率,不仅是实现"双碳"目标的重要手段,亦是推动经济高质量发展的重要途径之一。

(2)区域层面的全要素能源效率分析

从三大区域来看(见表5-2和图5-1),[①] 区域之间的全要素能源效率具有异质性。东部地区的全要素能源效率均值远远高于西部地区,但总体呈下降趋势,西部地区高于中部地区,中部和西部地区全要素能源效率的发展趋势与全国相似,均是先升后降,但均低于全国平均水平。东部地区大部分省份位于沿海地区,交通运输便利,经济发达,产业结构比较合理,清洁能源消费占比相对较高,节能技术推广利用程度较高,注重环境保护,故全要素能源效率相对较高。西部地区的全要素能源效率高于中部地区,或许是"西部大开发战略"等政策的实施取得了显著成效。同时,中部和西部地区承接了东部地区的高耗能高污染产业,且处于内陆地区,经济相对不发达,节能

[①] 东部地区包括北京、天津、河北、辽宁、上海、江苏、浙江、福建、山东、广东和海南11个省份,中部地区包括山西、吉林、黑龙江、安徽、江西、河南、湖北和湖南8个省份,西部地区包括内蒙古、广西、重庆、四川、贵州、云南、陕西、甘肃、青海、宁夏和新疆11个省份。

技术推广不够深入，缺乏先进管理经验，导致中部和西部地区的全要素能源效率较低。值得注意的是，2020年与2019年相比，东部地区的全要素能源效率有一定程度的提高，而中部和西部地区的全要素能源效率仍在下降。

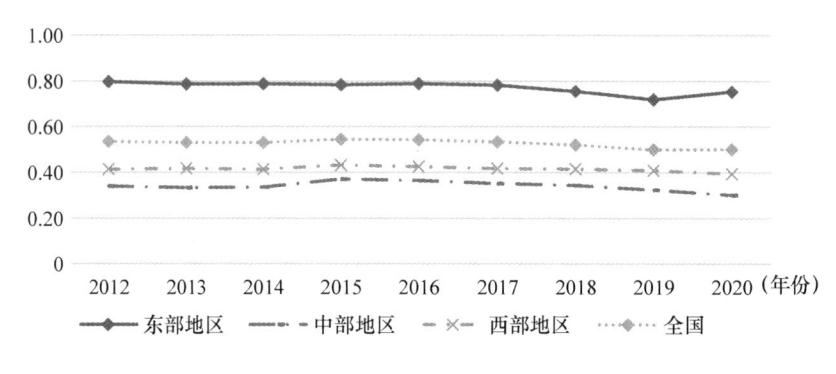

图5-1 2012—2020年全国和三大区域全要素能源效率变化趋势

从三大区域的全要素能源效率来看，东部地区对全国的全要素能源效率值和变化趋势起决定作用。2020年，东部地区的GDP占全国GDP的比重是54.51%，能源消费占全国能源消费总量的46.45%，中部和西部地区的GDP占比分别是24.57%和20.92%，能源消费占比分别是24.15%和29.41%，东部地区在GDP和能源消费中均占主导地位。同时，因为中部和西部地区的全要素能源效率较低，东部地区的全要素能源效率较高，东部地区拉高了全国的全要素能源效率。

（3）省级层面的全要素能源效率分析

从各个省份来看，省份之间的全要素能源效率差异较大。全要素能源效率高的省份分为两类：一类是经济发达、产业结构高级、技术先进和管理水平较高的沿海地区，比如北京、上海、江苏等，始终位于技术前沿面；另一类是非期望产出少的地区，例如海南、青海。河北等18个省份的全要素能源效率低于全国平均水平，全要素能源效率较低的省份大部分位于中部和西部地区，这些省份的经济发展相对落后，部分省份的重化工业未完成转型，经济发展严重依赖资源，产业结构不合理，技术水平低和管理相对落后，经济发展模式仍属于粗放型。河北虽然位于东部地区，但全要素能源效率较低，或许有以下原因：一是河北省的高耗能产业占比较高，2020年生铁、粗钢和钢材产量占全国的比重分别高达25.76%、23.46%和23.64%，黑色金属冶炼及压延加工业规上企业能耗占河北总能耗的40.36%，占规上工业企业能耗的56.56%；二是河北能源消费结构不合理，一次能源消费中煤炭占比偏高，2020年高达80.51%，与其他能源相比，煤炭的热值偏低；三是为了降低北京的工业污染和疏解北京的非首都功能，部分工业布局围绕着河北境内，以及近年来河北承接了北京的大量"三高"企业，提高了河北的能源消耗，但管理和技术水平低等原因导致河北的全要素能源效率较低。

由表5-2可知，全要素能源效率低的省份基本是能源大省，例如山西、内蒙古和新疆等，这些省份的经济发展过度依赖能源。2012年，山西工业企业中能源企业的营业收入、利润总额占工业的比重分别是58.26%、72.60%，2020年分别是53.25%、69.49%，2012年、2020年工业增加值占GDP的比重分别是54.2%、38.1%，均高于同期其他省份。可见能源一直是山西工业的支柱产业，山西的经济发展与能源密切相关。党的十八大以来，山西虽然坚持贯彻执行国家节能政策，并制定了一系列节能措施，积极促进"两高"企业转型以及延长产业链，提高产品的附加值，在煤化工、低碳用能、改革能源体制等方面取得了一定进展，但产业结构、能源消费结构难以在短时间内转变，单位GDP能耗仍然居高不下，是全国平均水平的2倍多，2020年在全国排名中位列第26。山西等省份的全要素能源效率提高空间较大，可采取的措施方法也多。

2. 地区能源生产率分析

生产率指的是每单位投入的产出量，一般用产出与投入的比率来衡量。效率指的是在给定的技术水平和产出下，最有效地利用资源。能源生产率是经济产出与能源消费总量的比值，没有考虑其他因素。只要能源消费量的增长率低于经济增长率，能源生产率则处于增长态势。作为对比，本研究计算了2012—2020年的单要素能源生产率（见表5-3）。

表5-3　　　　　　　2012—2020年各省份能源生产率

（单位：万元/吨标准煤，2000年不变价）

	2012年	2013年	2014年	2015年	2016年	2017年	2018年	2019年	2020年
北京	1.22	1.40	1.48	1.59	1.67	1.73	1.80	1.89	2.08
天津	1.08	1.26	1.34	1.44	1.61	1.72	1.75	1.78	1.84
河北	0.61	0.67	0.72	0.73	0.77	0.80	0.85	0.90	0.93
山西	0.33	0.36	0.37	0.40	0.42	0.43	0.45	0.46	0.48
内蒙古	0.45	0.55	0.57	0.60	0.62	0.63	0.57	0.55	0.51
辽宁	0.80	0.94	0.99	1.04	1.04	1.05	1.07	1.06	1.02
吉林	0.82	0.97	1.04	1.35	1.47	1.55	1.59	1.61	1.63
黑龙江	0.92	1.07	1.12	1.27	1.35	1.42	1.46	1.50	1.52
上海	1.39	1.50	1.64	1.78	1.85	1.95	2.07	2.15	2.30
江苏	1.26	1.36	1.45	1.54	1.62	1.72	1.83	1.89	1.95
浙江	1.27	1.33	1.42	1.47	1.53	1.59	1.66	1.71	1.61
安徽	1.05	1.13	1.20	1.27	1.34	1.42	1.50	1.55	1.45
福建	1.40	1.55	1.57	1.75	1.87	1.94	2.01	2.07	2.10
江西	1.11	1.17	1.21	1.26	1.32	1.40	1.47	1.53	1.56
山东	0.92	1.10	1.16	1.17	1.23	1.32	1.39	1.44	1.46
河南	0.84	0.99	1.03	1.15	1.24	1.35	1.42	1.54	1.53
湖北	0.96	1.18	1.25	1.43	1.51	1.60	1.67	1.73	1.75

续表

	2012年	2013年	2014年	2015年	2016年	2017年	2018年	2019年	2020年
湖南	0.87	1.07	1.14	1.31	1.38	1.46	1.54	1.61	1.64
广东	1.32	1.47	1.52	1.61	1.67	1.74	1.80	1.87	2.05
广西	0.90	0.99	1.03	1.08	1.13	1.17	1.20	1.22	1.18
海南	1.13	1.22	1.25	1.28	1.33	1.36	1.38	1.40	1.44
重庆	0.76	0.99	1.02	1.26	1.35	1.43	1.46	1.50	1.56
四川	0.81	0.96	1.01	1.18	1.24	1.31	1.36	1.41	1.43
贵州	0.39	0.46	0.49	0.56	0.61	0.65	0.70	0.73	0.75
云南	0.65	0.75	0.78	0.85	0.90	0.95	0.99	1.02	0.94
陕西	0.70	0.77	0.80	0.83	0.86	0.90	0.95	0.96	0.98
甘肃	0.50	0.54	0.57	0.61	0.68	0.68	0.70	0.74	0.74
青海	0.31	0.32	0.33	0.35	0.38	0.40	0.41	0.45	0.46
宁夏	0.22	0.23	0.24	0.24	0.25	0.23	0.23	0.23	0.23
新疆	0.39	0.37	0.37	0.39	0.40	0.40	0.42	0.43	0.43
平均	0.87	0.99	1.04	1.12	1.18	1.24	1.29	1.32	1.33

对比表5-2和表5-3可以看出，全要素能源效率和能源生产率低的省份大部分位于西部地区，较高的省份大部分位于东部地区，北京、上海和广东等省份的能源生产率较高。近年来，内蒙古的全要素能源效率和能源生产率均连续下降，2020年辽宁、安徽、河南、广西和云南的能源生产率低于2019年，其余大部分省份的能源生产率呈上升趋势。

TFEE = 最优能源投入/实际能源投入 = （最优能源投入/既定产出）/（实际能源投入/既定产出）= 实际能源生产率/最优能源生产率，即全要素能源效率为实际能源生产率与最优能源生产率之比。[①] 也就是说，全要素能源效率的变化与实际能源生

---

① 李双杰、李春琦：《全要素能源效率测度方法的修正设计与应用》，《数量经济技术经济研究》2018年第9期。

产率和最优能源生产率有关。实际能源生产率提高了，全要素能源效率不一定提高，反之亦然。

在生产活动中，资本、劳动、能源等多种投入要素往往具有替代性。能源生产率无法体现劳动力、资本及其他中间投入等投入变量与能源投入的相互配合和替代关系，只能在一定程度上反映出能源的利用情况。因此，利用单要素能源效率指标进行能源效率测算并据此采取节能措施，理论上不符合逻辑，据此指导实践会造成误导和偏差。全要素能源效率是对单要素能源效率的理论改进，考虑到了投入要素间的配合和替代，在一定程度上克服了单要素能源效率的片面性。[①]

3. 全要素能源效率的变化特征分析

为了分析随着时间的变化，省份之间的全要素能源效率的变化特征和演变规律，借鉴经济收敛理论，测算了全要素能源效率的 σ 值。σ 的计算公式如下：

$$\sigma_t = \frac{S_t}{\mu_t}, S_t = \sqrt{(1/(n-1))\sum_{i=1}^{n}(TFEE_{i,t} - \mu_t)^2} \quad (5-6)$$

其中，σ_t 是第 t 年的变异系数，S_t 是第 t 年的全要素能源效率标准差，$TFEE_{i,t}$ 表示第 i 省份在第 t 年的全要素能源效率，μ_t 表示第 t 年的全国全要素能源效率均值。

根据公式（5-6）计算的 σ 值见图 5-2。从全国来看，全要素能源效率的 σ 值在 2012—2015 年呈缩小态势，即省份之间的全要素能源效率随着时间的推移差异越来越小，存在 σ 收敛；但在 2016—2020 年呈上升趋势，即省份之间的全要素能源效率的差异性没有明显缩小的趋势，差异将继续存在。从三个区域的 σ 值变化特征来看，区域之间存在明显不同。东部地区全要

---

① 李双杰、李春琦：《全要素能源效率测度方法的修正设计与应用》，《数量经济技术经济研究》2018 年第 9 期。

素能源效率的 σ 值持续呈扩大趋势，说明东部地区内部省份的全要素能源效率差异仍然存在。中部地区全要素能源效率的 σ 值呈缩小趋势，说明中部地区内部不同省份的全要素能源效率的差异性有缩小的趋势。随着时间的推移，中部地区省份的全要素能源效率将达到一个稳态。相比于东部和中部地区的全要素能源效率的 σ 值，西部地区的 σ 值偏大，说明西部地区不同省份之间的全要素能源效率差异较大。从变化趋势来看，与全国的 σ 值变化趋势一致，2012—2015 年呈缩小态势，2016—2020 年呈扩大趋势，不同省份的全要素能源效率差异越来越大。

图 5-2 全国及分区域全要素能源效率的 σ 值

4. 节能潜力分析

利用 SBM-Undesirable 模型可以计算出能源节约量，即潜在的节能潜力。这里所指的节能潜力是指在目前的技术条件下，在不增加其他要素投入或减少产出的情况下，各省份达到技术前沿面所减少的能源投入量（见图 5-3）。北京、上海、江苏、广东、海南、青海和宁夏的节能潜力为零，说明在目前技术条件下，没有能源投入冗余，能源利用效率达到最优。2012—2020 年中国年均节能潜力约为 7653 万吨标准煤，意味着如果 30 个省份均能达到技术前沿面，则可以年均节能约 7653 万吨标准煤。节能潜力较大的省份分别是河北、内蒙古、辽宁、山西和山东，通过提高技术向前沿面移动以及提高管理水平均可以提高全要素能源效率,从而达到节能的目的。各省份在制定节能指标时,可以参考此潜在节能量。既可以有效完成节能计划,同时也可以督促各省份不断提升技术和管理水平来节约能源。①

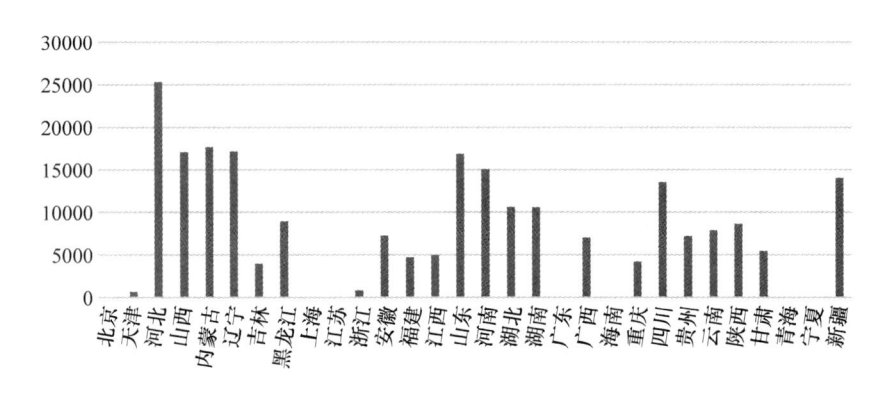

图 5-3 2012—2020 年各省份平均潜在节能量

根据公式（5-1）计算出的能源投入冗余量即为能源损失量,各个省份的全要素能源效率与能源损失的绝对量并不是一一对应的关系。参考孙广生等的做法,② 以全国均值作为标准,将全要素能源效率与能源损失量作为坐标横轴和纵轴,则可以将其中的 30 个省份划分为四个基本类型（见图 5-4）：高效率高损失量、高效率低损失量、低效率高损失量以及低效率低损失量,其中第二、第三种类型表明效率与损失之间存在对应关系。河北等 12 个省份符合全要素能源效率低能源损失量高的特征,北京等 10 个省份符合全要素能源效率值高能源损失量低的特征,山东、吉林等 8 个省份不符合全要素能源效率与能源损

---

① 刘海英、刘晴晴：《中国省级绿色全要素能源效率测度及技术差距研究——基于共同前沿的非径向方向性距离函数估算》,《西安交通大学学报》（社会科学版）2020 年第 2 期。

② 孙广生、杨先明、黄祎：《中国工业行业的能源效率（1987—2005）——变化趋势、节能潜力与影响因素研究》,《中国软科学》2011 年第 11 期。

失之间的对应关系。例如，山东的全要素能源效率较高，能源损失也较大，因为能源损失量是由全要素能源效率与一个省的能源消耗总量共同决定的。尽管山东的全要素能源效率高于全国平均水平，但由于本省需要消耗较多的能源，最终能源的绝对损失量还是很大。吉林等省份的全要素能源效率较低，消耗的能源总量相对较少，能源损失也相对较少。

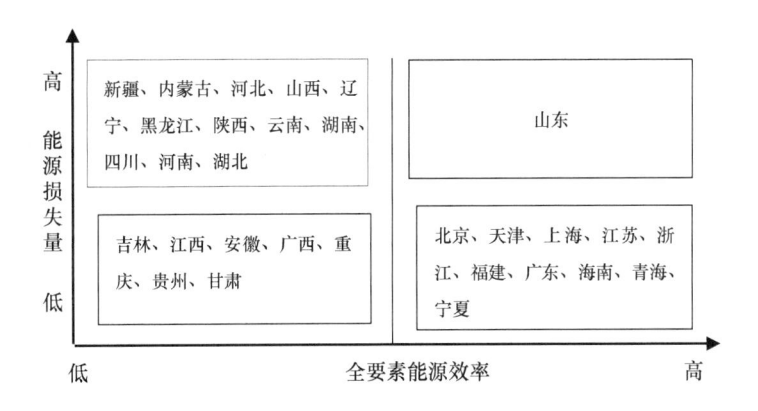

图5-4 各省份全要素能源效率与能源损失量的类型

5. 与其他研究结果的对比

在对省份全要素能源效率的测算中，因测算方法、投入产出指标、数据处理方法等不同，测度结果存在较大的差异。梳理文献发现，研究时期与本研究比较接近的是蔡海霞和程晓林等的文章。[①] 从计算结果来看，相同之处在于计算周期内全要素能源效率均处于波动状态，东部地区高于其他地区，节能潜力均较大；不同之处是蔡海霞和程晓林的研究结论表明，全要素能源效率呈先下降后保持平稳的态势，Q. T. Guo 等的结果是微降态

---

① 蔡海霞、程晓林：《可再生能源视角下中国区域能源效率评价——基于不可分混合 DEA 模型》，《软科学》2022 年第 6 期；Q. T. Guo, et al., "Can Green Finance Development Promote Total-Factor Energy Efficiency? Empirical Evidence from China Based on A Spatial Durbin Model", *Energy Policy*, Vol. 177, 2023。

势。本研究是先上升再下降随后保持平稳态势，主要原因如下。一是计算模型不同，本研究运用的是 SBM-Undesirable 模型，蔡海霞和程晓林运用的是超效率 DEA 模型，Q. T. Guo 等运用的是 ND-DF-DEA 模型。二是投入产出指标不同，本研究的投入包括资本、劳动（年平均从业人数）、能源和其他中间投入，产出是总产值和 SO_2；蔡海霞和程晓林的研究中的投入包括资本、劳动（年末从业人数）、化石能源投入、可再生能源投入，产出是 GDP、CO_2、SO_2、NO_x；Q. T. Guo 等的研究中的投入包括资本、劳动（年末从业人数）、能源投入，产出是 GDP 和 CO_2。三是蔡海霞和程晓林用超效率 DEA 计算结果直接代表全要素能源效率，不符合 J. L. Hu 和 S. C. Wang 对全要素能源效率的定义，[1] 结果难免有较大差异。

6. 不同参数设置的敏感性分析

固定资本存量是计算全要素能源效率的投入指标，固定资本存量不同难免会影响全要素能源效率的测算结果。目前对固定资本存量的核算参数没有统一的标准，李宾的分析结果表明，折旧率的取值不同对固定资本存量估计结果影响较大。[2] 为保证测算结果的科学性，本研究通过改变折旧率进行敏感性分析，比较不同折旧率计算的资本存量对全要素能源效率的影响。其中，基准情景是前文的计算结果，折旧率既考虑时间差异，又考虑地区差异。第一种情景是折旧率只考虑时间差异，不考虑地区差异。第二种情景是采取固定折旧率9.6%，[3] 既不考虑时

---

[1] J. L. Hu, S. C. Wang, "Total-factor Energy Efficiency of Regions in China", *Energy Policy*, Vol. 34, No. 17, 2006.

[2] 李宾:《我国资本存量估算的比较分析》,《数量经济技术经济研究》2011 年第 12 期。

[3] 张军、吴桂英、张吉鹏:《中国省际物质资本存量估算：1952—2000》,《经济研究》2004 年第 10 期。

间差异，也不考虑地区差异。三种情景的其余参数相同。三种情景下的全要素能源效率列于表5-4。

表5-4 敏感性分析结果

	基准情景	情景1	情景2		基准情景	情景1	情景2
北京	1.0000	1.0000	1.0000	湖北	0.3537	0.3565	0.3491
天津	0.9209	0.9209	0.9478	湖南	0.3172	0.3198	0.3142
河北	0.1909	0.1930	0.1982	广东	1.0000	1.0000	1.0000
山西	0.1392	0.1392	0.1371	广西	0.3168	0.3201	0.3208
内蒙古	0.1643	0.1682	0.1825	海南	1.0000	1.0000	1.0000
辽宁	0.2343	0.2382	0.2435	重庆	0.5053	0.5070	0.4907
吉林	0.4850	0.4842	0.4599	四川	0.3170	0.3236	0.3085
黑龙江	0.2306	0.2305	0.2177	贵州	0.2685	0.2706	0.2629
上海	1.0000	1.0000	1.0000	云南	0.2984	0.3011	0.3003
江苏	1.0000	1.0000	1.0000	陕西	0.2876	0.2911	0.2932
浙江	0.9555	0.9405	0.9602	甘肃	0.2773	0.2736	0.2791
安徽	0.4376	0.4403	0.4405	青海	1.0000	1.0000	1.0000
福建	0.6224	0.6247	0.6213	宁夏	1.0000	1.0000	1.0000
江西	0.4290	0.4323	0.4374	新疆	0.1320	0.1361	0.1375
山东	0.5741	0.5757	0.5760	平均	0.5263	0.5273	0.5269
河南	0.3321	0.3329	0.3281	—	—	—	—

根据表5-4，相对于基准情况，情景1和情景2不同省份的全要素能源效率变化均较小，平均全要素能源效率分别提高了0.001和0.0006，改变折旧率计算的资本存量对全要素能源效率的影响较小。本研究的折旧率考虑了时间变化和区域差异，据此计算的资本存量更符合中国实际情况，测算的全要素能源效率比较可靠。

（四）研究结论和政策建议

1. 研究结论

本研究基于生产经济学理论，构建了合理的投入产出指标体系，采用 SBM-Undesirable 模型测算了 2012—2020 年其中 30 个省份的全要素能源效率，分析了各省份的节能潜力，得出如下结论。

（1）研究期间，中国全要素能源效率整体水平较低，呈现先升再降随后平稳的趋势；从三大区域来看，东部地区明显高于中部和西部地区，西部地区高于中部地区；分省份来看，大部分省份的全要素能源效率较低，呈现东高西低的分布特征，与经济发展特征相似。

（2）从全要素能源效率变化特征来看，区域之间具有异质性。2012—2015 年全国和西部地区内部省份存在 σ 收敛，2016—2020 年呈发散趋势，整体来看没有缩小的趋势；东部地区内部省份之间的差异没有缩小的趋势，只有中部地区存在 σ 收敛。

（3）研究期间，大部分省份节能潜力较大，其中新疆、山西、河北、内蒙古和辽宁节能潜力最大。

2. 政策建议

基于以上研究成果和有效实现节能的目标，提出以下建议。

（1）从全要素能源效率和节能潜力来看，尤其需要关注"低效率高损失量"和"高效率高损失量"的省份。对于"低效率高损失量"的省份，一是需要加大节能技术投入，加强同技术水平高的省份的合作交流；二是加强管理，通过提高管理水平来提高技术效率；三是优化能源消费结构，提高清洁能源消费的比重；四是调整产业结构，降低高耗能产业比重，因地制宜大力发展战略性新兴产业等低耗能产业，降低能源消费总量。对于"高效率高损失量"的省份，主要是深入推进供给侧改革，促进产业结构合理化和高级化，大力发展低耗能产业，降低能耗总量。对于"低效率低损失量"的省份，需要大力提高技术水平，提高全要素能源效率。

（2）综合考虑多措并举全面提升全要素能源效率。提高研发投入，促进节能技术和节能生产工艺的研发推广，应用"互联网+"、5G等新技术建立智慧能源管理系统，促进能源的智慧化、智能化，提高管理水平。转变能源消费方式，降低经济对能源的依赖性，促进清洁能源的发展，优化能源消费结构。根据资源禀赋，大力发展当地优质能源，发展智能电网与局域电网，打破能源市场条块分割，建设全国统一的能源市场，促进能源合理有序流动。加强企业使用能源和能源类原材料的管理，促进发达地区与欠发达地区的企业、科研机构合作，提高能源利用效率。

（3）因地制宜，制定差异化的节能政策和环境规制政策。各省份的全要素能源效率和节能潜力差异较大，能源和环境政策的制定应在国家大框架下，根据各省份的资源禀赋和实际发展情况以及《"十四五"节能减排综合工作方案》的精神，制定有差别的能源"双控"目标、节能环保政策，实行"一地一策""一城一策"。同时，注重不同政策之间的协同效应，加强不同省份之间的相互学习，促进区域之间的协同发展，努力实现各地区的节能减排目标。

六　中国地区纯要素生产率分析

党的十八大以来，地区经济增长进入新时代，西部大开发战略和中部地区崛起战略的深入实施，提高了中西部地区的经济增速，中西部地区经济发展迈上新台阶，区域发展进一步协调。本部分在分析2012—2021年地区经济增长变化的基础上，计算分析地区的纯要素生产率变化情况。

（一）中国各地区地区生产总值的变化

2012年，中国结束了改革开放后持续的经济高速增长时期，转而进入增速换挡期，经济增长进入新常态。中国着手通过化解过剩产能、优化经济结构等方式，缓解经济高速增长带给资源环境的巨大压力。与此同时，2008年国际金融危机背景下为应对经济下滑采取的一揽子刺激政策，其效应仍在延续。中国经济进入了经济增长速度换挡期、结构调整阵痛期和前期刺激政策消化期同时重合的"三期叠加"阶段。党的十九大指出，中国经济已由高速增长阶段转向高质量发展阶段，这意味着要"推动经济发展质量变革、效益变革、动力变革"，"必须坚持质量第一、效益优先"。当前国际环境日趋错综复杂、"三期叠加"影响持续深化的阶段，更要求我们准确把握新发展阶段，深入贯彻新发展理念，加快构建新发展格局，积极应对外部环境变化带来的冲击和挑战，保证经济发展的质量。

本部分利用各省份公布的统计年鉴/发展年鉴,分别以中国31个省份(不含中国香港、澳门、台湾地区),按统计分类划分的华北、东北、华东、中南、西南、西北地区六个行政区,以及东、中、西三大区域为研究对象,分析各省份的地区生产总值(Gross Regional Production,GRP)的增长、在国民经济中地位的变动以及对国内生产总值的贡献情况。

1. 各地区的地区生产总值的增长

2012年,党的十八大开启了中国特色社会主义新时代,这是中国发展新的历史方位。新时代伊始,"全面建设小康社会"的奋斗目标被确立,这对国民经济健康发展、保障和改善民生工作提出了更高的要求。解决社会主要矛盾是走向全面小康的根本,尤其是2017年党的十九大提出,中国主要矛盾已变为"人民日益增长的美好生活需要和不平衡不充分的发展之间的矛盾",中国已经从经济高速增长阶段转向高质量发展阶段。因此,发展的全局性问题、经济发展方式的转变成了时代焦点。基于以上中国经济社会发展的情况,本研究将分别以党的十八大、党的十九大为时间节点,即在2012—2017年、2017—2021年两个子周期和2012—2021年的整周期,对中国各地区的地区生产总值及其增长率进行分析。

(1) 31个省份的地区生产总值的增长

表6-1展示了各省份的地区生产总值的年均增长率,按照2000年不变价,首先对各省份2012—2021年的地区生产总值进行平减,再用实际地区生产总值计算得到各周期的年均增长率。如表6-1所示,不同发展周期的经济发展速度不同。在2012—2017年、2017—2021年两个子周期中,除山西表现出"低—高"的状态外,其余省份均呈现"高—低"的状态水平。在第一个子周期(2012—2017年),有77.41%的省份的GRP年均

增长率大于GDP的增长速度。该阶段，中国正从原先10%左右的高速增长阶段向8%的中高速水平过渡，GRP年均增长率保持在10%以下的省份占总数的90.32%，仅有重庆、贵州和西藏三个地区的GRP年均增长率达到两位数以上，位列第一的是贵州，增长率达10.92%，重庆以10.84%的增长率位居其后，各省份中排名最低的是辽宁，仅为4.34%，与贵州的增长率之差达到了6.58个百分点，重庆的增长速度是辽宁的2.5倍多。

表6-1　　　　　　　31个省份的GRP年均增长率

（单位:%，2000年不变价）

	2012—2017年	2017—2021年	2012—2021年		2012—2017年	2017—2021年	2012—2021年
北京	7.14	5.64	6.47	湖北	8.87	5.42	7.32
天津	6.76	4.01	5.53	湖南	8.80	6.69	7.86
河北	6.96	5.87	6.47	广东	7.88	5.80	6.95
山西	5.54	6.38	5.91	广西	8.06	5.96	7.12
内蒙古	7.07	4.30	5.83	海南	8.10	6.56	7.41
辽宁	4.34	4.33	4.34	重庆	10.84	6.11	8.71
吉林	6.51	4.04	5.41	四川	8.46	6.83	7.73
黑龙江	5.73	3.90	4.91	贵州	10.92	7.48	9.38
上海	7.15	5.67	6.49	云南	9.43	7.05	8.36
江苏	8.38	6.28	7.44	西藏	10.81	7.87	9.49
浙江	7.84	6.53	7.26	陕西	8.61	5.63	7.28
安徽	9.12	6.79	8.08	甘肃	7.89	5.75	6.94
福建	9.27	6.70	8.12	青海	8.65	5.11	7.06
江西	9.34	7.30	8.43	宁夏	8.11	5.99	7.16
山东	8.08	5.84	7.08	新疆	8.97	5.72	7.51
河南	8.47	5.34	7.07	—	—	—	—

资料来源：笔者计算。

第二个子周期（2017—2021年）相对第一个子周期来说，

省份之间的增长差异明显缩小，各省份发展的平衡性增强。该子周期内，因新冠疫情的影响，所有省份的 GRP 年均增长率均在 8% 以下。其中，凭借着 2018—2021 年 8.90%、8.10%、7.80%、6.69% 的 GRP 增长率，西藏以 7.87% 的 GRP 年均增长率在 2017—2021 年居于 31 省份的榜首，高出国内生产总值 GDP 增长率近 2 个百分点；西藏与第二名贵州的增长率相差 0.39 个百分点，而贵州与排名最后的黑龙江的差值则为 3.58 个百分点。

从全周期（2012—2021 年）来看，地区生产总值年均增长率最高的是西藏自治区，达到 9.49%，最低的是辽宁省，只有 4.34%，两者相差 5.15 个百分点。在两个子周期内经济增长较快、GRP 年均增长率均保持在前十名的省份有安徽、福建、江西、贵州、云南、西藏。山西、浙江、天津和四川是经济增长率排名进步最大的四个省份，分别进步了 19 名、12 名、11 名、11 名。其中，值得称道的是浙江省实施的"千村示范、万村整治"工程（以下简称"千万工程"）。城乡统筹发展是新发展理念下经济快速增长的必要条件之一。"千万工程"聚焦于城乡二元经济结构，兼顾了经济发展速度和质量，从乡村产业振兴、农村基础设施建设和环境治理等方面切入，因"村"制宜制定发展方案，为的是推动"三农"发展，缩小城乡差距，加速实现高质量发展和共同富裕。"千万工程"对浙江经济增长意义非凡，更对中国其他地区的发展具有极大的借鉴意义。

（2）六大地区的经济增长情况

表 6-2 是按照统计分类的华北、东北、华东、中南、西南、西北六大地区计算得到的各周期地区生产总值的增长情况。六大地区在两个子周期的经济增长同样呈现"高—低"的趋势。2012—2017 年的子周期中，西南地区增长最快，其次是西北地区，增长最慢的是东北地区。在第二个子周期（2017—2021 年），增长最快的同样是西南地区，其次是华东地区，增长最慢

的是东北地区。在全周期（2012—2021年）中，增长率最高的是西南地区，其次是华东地区，最慢的是东北地区。对比华东、东北地区的增长状况，在两个子周期和全周期中，华东地区的增长率均是东北地区的1.5倍多，证明东部地区内部存在较大的南北差异。

表6-2　　　　　　　　六大地区的GRP年均增长率

（单位:%，2000年不变价）

	2012—2017年	2017—2021年	2012—2021年
华北地区	6.81	5.33	6.15
东北地区	5.18	4.14	4.71
华东地区	8.30	6.32	7.42
中南地区	8.28	5.81	7.18
西南地区	9.52	6.79	8.30
西北地区	8.53	5.67	7.25

资料来源：笔者计算。

（3）三大区域的经济增长情况

表6-3是东、中、西部三大区域的经济增长状况。[①] 在两个子周期和整个周期均是西部区域增长率最高，中部次之，东部最慢。中西部区域经济增长的大力提高是中部振兴战略和西部大开发战略实施的结果。

三大区域的地区生产总值增长率也呈现"高—低"的变化趋势。纵观第一个子周期（2012—2017年），位列地区生产总值年均增长率前15名的仅有福建和江苏两省，因此东部区域在

---

① 东部区域包括北京、天津、河北、辽宁、上海、江苏、浙江、福建、山东、广东、海南11个省份，中部区域包括山西、吉林、黑龙江、安徽、江西、河南、湖北、湖南8个省份，西部区域包括内蒙古、广西、四川、重庆、贵州、云南、西藏、陕西、甘肃、青海、宁夏、新疆12个省份。

第一个子周期中增长率最慢；而在第二个子周期（2017—2021年），仅有上海、北京、辽宁、天津4省份的GRP年均增长率排名位于第20名之后，故东部区域在第二个子周期中排名第二。中部区域在第一个子周期是发展次慢的区域，而在第二个子周期发展最慢，GRP增长率相比东部区域稍逊一筹。西部区域虽然基础发展状况较差，但包含着两个子周期中增长率最高的西南地区所有省份，因此在各子周期以及全周期中稳居第一。

表6-3　　　　　　　三大区域各周期GRP年均增长率

（单位：%，2000年不变价）

	2012—2017年	2017—2021年	2012—2021年
东部区域	7.67	5.90	6.88
中部区域	8.18	5.84	7.14
西部区域	8.83	6.15	7.63

资料来源：笔者计算。

2. 各地区生产总值在国民经济中地位的变化

（1）31个省份GRP在国民经济中地位的变化

表6-4直观地展示了中国31个省份经济增长情况的变化，可以明显地看到各省份GRP（当年价）的显著提高。由于各省份的经济发展基础存在差异，增长速度不同，因此排名也有所变动。结合2012年和2021年来看，有13个省份的排名都未发生变化。其中，广东、江苏、山东、浙江、河南五省，在2012年、2017年、2021年均保持着稳定的结构，占据第一至第五的位次。2012年内蒙古排名第22，2017年上升至第20，而在2021年又下降为第21。

对比2012年和2021年可以发现，排名发生变化的18个省份，大部分位次变动并不大，仅变动了1—3名，形成了基本稳定的阵型。可见在新常态下，尽管面临着经济下行的压力，各省份仍能在发展过程中，找准自身定位，根据自身基础谋求发展,保持稳定前进的态势。变动较大的三省分别是河北、黑龙江和贵州,其中河北省从2012年的第7名下滑至2021年的第13名,黑龙江省从2012年的第21名下滑至2021年的第25名,而贵州省则从2012年的第26名上升到2021年的第22名。

表6-4　　　　　　31个省份的地区生产总值　　　（单位:亿元,当年价）

	2012年 GRP	排名	2017年 GRP	排名	2021年 GRP	排名
北京	19024.70	12	29883	12	41045.60	12
天津	9043.02	23	12450.6	23	15685.00	24
河北	23077.50	7	30640.8	11	40397.10	13
山西	11683.10	17	14484.3	21	22870.40	20
内蒙古	10470.10	22	14898	20	21166.00	21
辽宁	17848.60	14	21693	14	27569.50	17
吉林	8678.02	24	10922	26	13163.80	26
黑龙江	11015.80	21	12313	24	14858.20	25
上海	21305.60	9	32925	10	43653.20	10
江苏	53701.90	2	85869.8	2	117392.00	2
浙江	34382.40	4	52403.1	4	74040.80	4
安徽	18341.70	13	29676.2	13	42565.20	11
福建	20190.70	11	33842.4	8	49566.10	8
江西	12807.70	16	20210.8	16	29827.80	15
山东	42957.30	3	63012.1	3	82875.00	3
河南	28961.90	5	44824.9	5	58071.40	5
湖北	22479.70	8	37235	7	50091.20	7
湖南	21207.20	10	33828.1	9	45713.40	9
广东	57007.70	1	91648.7	1	124720.00	1
广西	11303.50	19	17790.7	19	25209.10	19
海南	2789.38	28	4497.54	28	6504.05	28

续表

	2012 年		2017 年		2021 年	
	GRP	排名	GRP	排名	GRP	排名
重庆	11595.40	18	20066.3	17	28077.30	16
四川	23922.40	6	37905.1	6	54088.00	6
贵州	6742.24	26	13605.4	22	19458.60	22
云南	11097.40	20	18486	18	27161.60	18
西藏	710.16	31	1349	31	2080.17	31
陕西	14142.40	15	21473.5	15	30121.70	14
甘肃	5393.12	27	7336.74	27	10225.50	27
青海	1528.48	30	2465.11	30	3385.10	30
宁夏	2131.00	29	3200.28	29	4588.24	29
新疆	7411.83	25	11159.9	25	16311.60	23

资料来源：笔者计算。

表6-5为各省份地区生产总值占国内生产总值的比重，在2012年、2017年和2021年三个重要时间节点，各省份的比重变动有升有降，但变动幅度均不超过1个百分点。2012—2021年，华东地区的安徽、福建和江西三省的比重持续上升，分别从3.38%、3.72%和2.36%上升至3.73%、4.34%和2.61%。同样上升的还有西南地区的五个省份——重庆、四川、贵州、云南和西藏，以及中南地区的广西和海南。比重持续下降的有华北地区的天津、河北和内蒙古，分别下降了0.30、0.71和0.08个百分点，东北三省——辽宁、吉林和黑龙江分别下降了0.88、0.45和0.73个百分点，另外山东和甘肃的比重也有不同程度的降低。其余13个省份的GRP占国内生产总值的比重波动幅度不超过0.5个百分点。

表6-5　　　　31个省份地区生产总值在GDP中的比重　　（单位:%,现价）

	2012年	2017年	2021年		2012年	2017年	2021年
北京	3.50	3.59	3.59	湖北	4.14	4.47	4.38
天津	1.67	1.50	1.37	湖南	3.91	4.07	4.00
河北	4.25	3.68	3.54	广东	10.50	11.01	10.92
山西	2.15	1.74	2.00	广西	2.08	2.14	2.21
内蒙古	1.93	1.79	1.85	海南	0.51	0.54	0.57
辽宁	3.29	2.61	2.41	重庆	2.14	2.41	2.46
吉林	1.60	1.31	1.15	四川	4.41	4.56	4.73
黑龙江	2.03	1.48	1.30	贵州	1.24	1.64	1.70
上海	3.92	3.96	3.82	云南	2.04	2.22	2.38
江苏	9.89	10.32	10.28	西藏	0.13	0.16	0.18
浙江	6.33	6.30	6.48	陕西	2.60	2.58	2.64
安徽	3.38	3.57	3.73	甘肃	0.99	0.88	0.90
福建	3.72	4.07	4.34	青海	0.28	0.30	0.30
江西	2.36	2.43	2.61	宁夏	0.39	0.38	0.40
山东	7.91	7.57	7.25	新疆	1.37	1.34	1.43
河南	5.33	5.39	5.08	—	—	—	—

资料来源：笔者计算。

为了更清晰地看到31个省份的GRP 2012—2021年在国家GDP中地位的变化，绘制了各省份2012年与2021年的比重图（见图6-1），各省份整体的变动较小。在2012年，广东、江苏、山东、浙江、河南分别以10.50%、9.89%、7.91%、6.33%、5.33%，成为占GDP份额最大的前五名，份额合计为39.96%。到2021年，五个省份的排名未发生变化，总体份额上升至40.01%，其中广东、江苏、浙江的份额分别上升了0.42个百分点、0.38个百分点和0.15个百分点，山东和河南的份额分别下降了0.66个百分点和0.25个百分点。

(%)

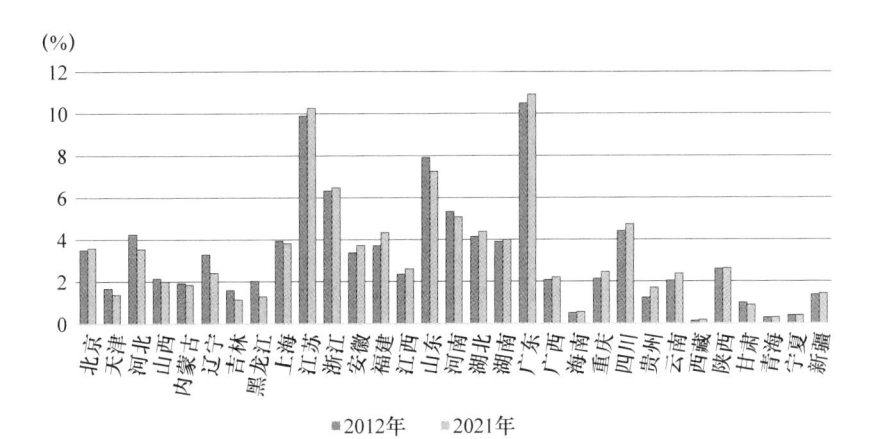

图 6-1　31 个省份 GRP 在 GDP 中的比重（现价）

资料来源：笔者计算。

(2) 六大地区 GRP 在国民经济中地位的变化

表 6-6 是 2012 年、2017 年、2021 年六大地区 GRP 占国内生产总值的份额。六大地区中，只有华东、西南地区的 GRP 占比在持续扩大，分别由 2012 年的 37.51%、9.96% 升高至 2021 年的 38.51%、11.45%；华北、东北地区分别从 2012 年的 13.50%、6.91% 连续减退至 2021 年的 12.36%、4.87%；中南地区呈微升微降态势；西北地区则呈微降微升态势。华东和中南两地区的地区生产总值占全国近 2/3 的份额，经历了 2012—2021 年的波动后，升高至 65.67% 的比重。

表 6-6　六大地区的 GRP 在 GDP 中的比重　（单位：%，现价）

	2012 年	2017 年	2021 年
华北地区	13.50	12.30	12.36
东北地区	6.91	5.40	4.87
华东地区	37.51	38.21	38.51
中南地区	26.48	27.62	27.16
西南地区	9.96	10.99	11.45
西北地区	5.64	5.48	5.66

资料来源：笔者计算。

(3) 三大区域 GRP 在国民经济中地位的变化

表 6-7 展示了中国东、中、西三大区域地区生产总值占GDP 的比重，东部区域占据着国民经济的半壁江山，但地区间差距正在减小。2012—2021 年，东部、中部区域占 GDP 的份额表现出逐步下降的态势，分别下降了 0.80 个百分点、0.64 个百分点，而西部区域则从 17.52% 的份额增长至 18.96% 的比例。从 2012 年的《西部大开发"十二五"规划》到 2016 年的《西部大开发"十三五"规划》，再到《关于新时代推进西部大开发形成新格局的指导意见》等政策的不断深入推进，西部与东部、中部区域的 GRP 占 GDP 比重的差距在逐渐缩小。2012 年西部区域 GRP 占 GDP 的比例分别相对东部、中部区域低 40.06 个百分点、7.38 个百分点，2021 年西部区域与二者的差距分别缩小至 37.82 个百分点、5.30 个百分点。需要明确的是，中国区域发展不平衡不充分的问题依然存在，推进区域协调发展任重道远。

表 6-7　三大区域 GRP 在 GDP 中的比重　（单位：%，现价）

	2012 年	2017 年	2021 年
东部区域	57.58	57.28	56.78
中部区域	24.90	24.46	24.26
西部区域	17.52	18.26	18.96

资料来源：笔者计算。

(4) 不变价地区 GRP 在国民经济中地位的变化

以上部分均采用报告期的现价和名义增速来分析对比中国各省份的经济发展情况。因此，这部分经济变动一方面包含着价格水平的变化，另一方面还包含实际物量的变化。为了加强不同时期各经济指标的可比性，现使用不变价来消除价格变动的影响，更清晰地展现各省份的经济发展状况。

表 6-8 是以 2000 年价格为基期来计算的地区生产总值。2012 年、2017 年和 2021 年，广东省地区生产总值（不变价）

始终居于榜首，江苏、山东、浙江、河南四省稳居第二到第五的位置，排在最后的依次是甘肃、海南、宁夏、青海、西藏；对比用现价计算的地区生产总值，以上排名最靠前的五省依然占据排行榜前五的位置，而最后五名也未出现变动。其余排在第六至第二十六名的省份，由于经济实力、资源禀赋、区位条件等的差异，它们的发展速度不同，因此各自的排名表现出不同程度的变化。

表6-8　　　　　　　31个省份的GRP　　（单位：亿元，2000年不变价）

	2012年		2017年		2021年	
	GRP	排名	GRP	排名	GRP	排名
北京	11520.61	14	16263.81	14	20252.66	14
天津	6490.07	22	9000.15	22	10534.12	22
河北	13387.88	12	18740.52	12	23541.95	12
山西	6020.54	23	7883.09	23	10096.00	23
内蒙古	8449.95	16	11889.03	18	14067.28	18
辽宁	15176.95	8	18772.24	11	22238.46	13
吉林	5328.71	24	7305.76	24	8559.11	26
黑龙江	9082.03	15	12002.46	17	13986.12	20
上海	16648.34	6	23511.34	7	29315.94	8
江苏	36051.08	2	53906.08	2	68786.75	2
浙江	23255.14	4	33922.83	4	43696.04	4
安徽	12068.49	13	18671.51	13	24282.28	11
福建	14940.58	9	23277.36	8	30175.95	7
江西	8059.92	18	12595.19	16	16698.64	16
山东	28631.34	3	42227.22	3	52981.33	3
河南	19381.50	5	29096.27	5	35832.56	5
湖北	13988.60	11	21397.23	9	26422.19	10
湖南	14006.18	10	21358.02	10	27669.53	9
广东	42868.43	1	62636.62	1	78496.30	1
广西	7041.46	20	10374.27	21	13075.15	21

续表

	2012 年		2017 年		2021 年	
	GRP	排名	GRP	排名	GRP	排名
海南	1896.47	28	2798.96	28	3609.14	28
重庆	8239.95	17	13782.45	15	17474.70	15
四川	16163.90	7	24256.85	6	31600.00	6
贵州	3952.58	26	6637.37	26	8855.85	24
云南	6867.04	21	10776.10	20	14149.65	17
西藏	476.61	31	796.18	31	1077.97	31
陕西	7441.15	19	11247.50	19	14000.59	19
甘肃	3784.97	27	5534.11	27	6921.89	27
青海	1003.80	30	1520.02	30	1855.03	30
宁夏	1042.40	29	1539.16	29	1942.64	29
新疆	4529.13	25	6959.53	25	8692.31	25

资料来源：笔者计算。

为了更清晰直观地呈现各省份间的地区生产总值差距，图6-2展示了2012年和2021年的GRP。图6-2表明，各省份GRP的"形状"所表现出的排名结构是基本相似的。2012年31个省份的GRP平均值是11864.38亿元，高于平均值的有13个省份。2021年各省份的GRP平均值上升到了21964.13亿元，处于平均线以上的省份与2012年的13个省份一致；北京市的GRP低于平均值但高于20000亿元，与平均水平的差距为1711.47亿元；此外，低于20000亿元高于10000亿元的有9个省份；而GRP水平低于10000亿元的分别是吉林、海南、贵州、西藏、甘肃、青海、宁夏、新疆，绝大部分是西部区域的省份。值得注意的是，经过9年的发展，全国各省份GRP水平整体提高的同时，区域间的差距也在缩小，2012年广东的GRP是西藏的89.94倍，2021年则缩小为72.82倍。

图6-3展示了各省份按不变价计算的GRP占GDP的比重

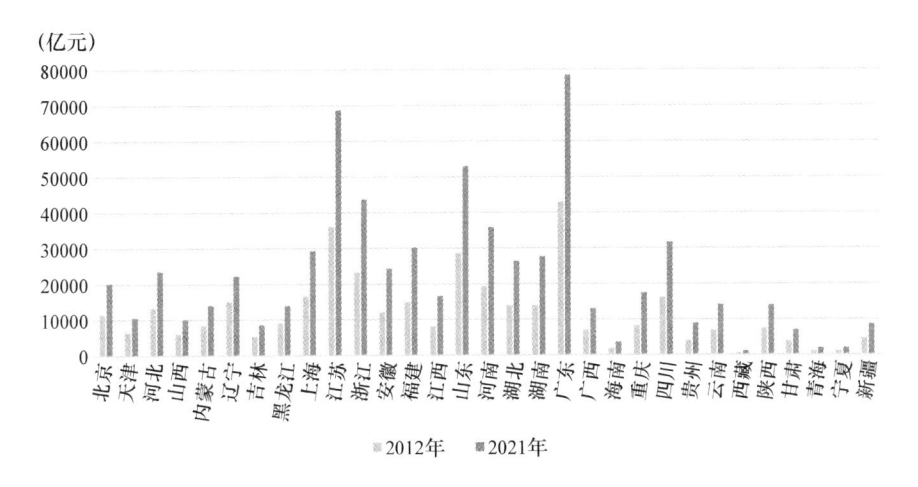

图 6-2 2012 年和 2021 年 31 个省份的 GRP（2000 年不变价）

资料来源：笔者计算。

变化。江苏、福建、四川、安徽和重庆的 GRP 占 GDP 的比重均表现出较大的提升，其中福建省的份额提升幅度最大，从 2012 年到 2021 年上升了 0.37 个百分点；辽宁、黑龙江下降幅度最大，分别下降了 0.86 个百分点、0.42 个百分点；其他省份的升降幅度均较小。2012 年前 5 名（分别是广东、江苏、山东、浙江和河南）的 GRP 份额合计是 40.83%，2021 年（前 5 名是广东、江苏、山东、浙江和河南）是 41.00%，提高了 0.17 个百分点。稳定在第一名的广东省具有较强的创新能力，2012 年广东省级重大科技成果数为 1799 项，而 2021 年其数量达到了 2546 项。中国科学技术信息研究所发表的《国家创新型城市创新能力评价报告（2022）》中，深圳市连续四次蝉联第一，排在第四的广州市也为广东省创新能力的提升助了一臂之力，而前十大创新城市中排在第二的南京和第七的苏州均属于江苏省。由科技部支持的《2022 年中国区域创新能力评价报告》显示，广东省自 2017 年超越江苏省成为全国区域创新能力第一的省份以来，现已连续 6 年领跑全国。可见，科技创新是驱动区域经济发展的强大动力。

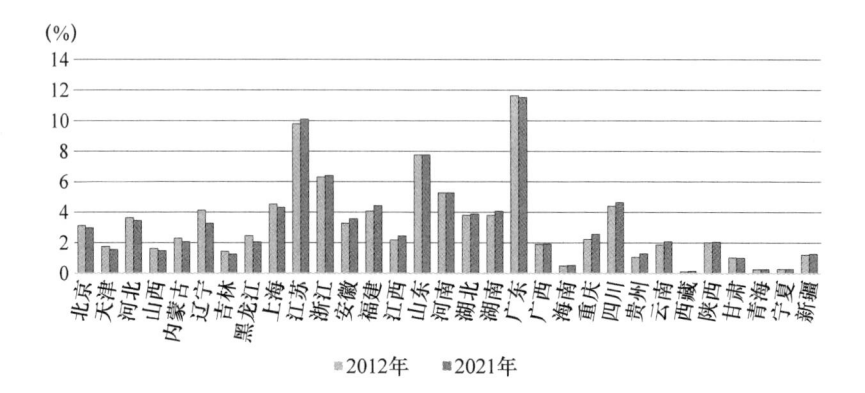

图 6-3　2012 年和 2021 年各省份 GRP 占 GDP 比重的变化（2000 年不变价）

3. 各地区 GRP 增长对国民经济增长的贡献

相邻两年间，一个经济体与其包含的所有单个地区的地区生产总值增长率之间存在如式（6-1）所示的数量关系，即该经济体的 GDP 增长率等于各地区 GRP 增长率的加权和，权数为基期各地区 GRP 占整个经济体 GDP 的份额，其表达式为：

$$\frac{GDP_t}{GDP_{t-1}} - 1 = \bar{y} = \sum_{i=1}^{n} S_{i,t-1}\left(\frac{GRP_{i,t}}{GRP_{i,t-1}} - 1\right) = \sum_{i=1}^{n} S_{i,t-1}\overline{GR_i} \quad (6-1)$$

式（6-1）中，$\bar{y}$ 代表 GDP 实际增长率，GRP_i 是第 i 地区的生产总值，$S_{i,t-1}$ 是第 $(t-1)$ 期第 i 地区生产总值占 GDP 的比重，即 S 代表地区生产总值占 GDP 的比重，$\overline{GR_i}$ 是第 i 地区的经济增长率，则计算第 i 地区对 GDP 增长的贡献公式为：

$$G_i = \frac{S_i * \overline{GR_i}}{\bar{y}} \quad (6-2)$$

其中，G_i 代表第 i 地区生产总值增长对经济增长的贡献率。

前文从现价和可比价两方面对各地区的 GRP、GRP 增长率和 GRP 占 GDP 的比重进行考察，显示出区域发展的相对差距，同样也意味着各地区 GRP 对 GDP 的贡献率存在差异。后文根据式（6-2），对全国 31 个省份，华北、东北、华东、中南、西南、西北六大地区，东、中、西部区域的地区生产总值对GDP增长的贡献率进行了计算，分别列于表6-10、表6-11和表6-12中。

（1）31个省份经济增长对国民经济增长的贡献

表6-10是2012—2017年、2017—2021年两个子周期以及2012—2021年全周期中，各省份GRP对GDP增长的贡献率。在第一个子周期（2012—2017年），GDP增长贡献率最高的前五名是江苏、广东、山东、浙江和河南，这与2012年地区生产总值（2000年不变价）的前五名一致，紧接着依次是湖北、四川、福建、湖南和安徽。在这一周期，西藏是贡献率最低的省份，仅为0.19%，与贡献率最高的江苏相差10.28个百分点。2012年辽宁的地区生产总值（2000年不变价）排全国第8名，但在2012—2017年的子周期中不在GDP增长贡献率前十名之列，仅以1.64%的贡献率位列第21名，其增长速度相对其他贡献率领先的省份仍有较大的差距。

表6-10　　　　31个省份GRP对GDP增长的贡献率　　　　（单位:%）

	2012—2017年		2017—2021年		2012—2021年	
	贡献率	排名	贡献率	排名	贡献率	排名
北京	3.14	13	3.39	13	3.22	13
天津	1.35	23	0.97	24	1.18	24
河北	3.42	12	3.52	12	3.51	12
山西	1.28	25	1.86	20	1.52	21
内蒙古	1.65	20	1.26	23	1.49	22
辽宁	1.64	21	1.84	21	1.72	20
吉林	1.22	26	0.83	27	1.06	26
黑龙江	1.30	24	0.91	25	1.14	25
上海	3.47	11	3.70	11	3.56	11
江苏	10.47	1	10.69	1	10.55	1
浙江	6.09	4	6.93	4	6.45	4

续表

	2012—2017 年		2017—2021 年		2012—2021 年	
	贡献率	排名	贡献率	排名	贡献率	排名
安徽	3.90	10	4.20	9	4.02	10
福建	4.40	8	4.74	7	4.54	7
江西	2.79	16	3.04	14	2.90	14
山东	7.91	3	7.13	3	7.58	3
河南	5.60	5	4.84	6	5.30	5
湖北	4.74	6	4.06	10	4.39	9
湖南	4.38	9	4.53	8	4.45	8
广东	10.39	2	10.65	2	10.53	2
广西	2.11	18	2.15	18	2.13	18
海南	0.53	28	0.60	28	0.56	28
重庆	3.03	14	2.47	16	2.85	15
四川	4.63	7	5.36	5	4.92	6
贵州	1.92	19	2.12	19	2.01	19
云南	2.50	17	2.74	15	2.60	17
西藏	0.19	31	0.23	31	0.21	31
陕西	2.79	15	2.44	17	2.62	16
甘肃	0.95	27	0.85	26	0.91	27
青海	0.31	30	0.25	30	0.29	30
宁夏	0.38	29	0.39	29	0.39	29
新疆	1.52	22	1.31	22	1.41	23

资料来源：笔者计算。

在第二个子周期（2017—2021年），江苏、广东、山东和浙江依旧稳居前四名，贡献率合计为33.94%，而第五到第十名则略有变动，依次分别为四川、河南、福建、湖南、安徽和湖北，四川则从4.63%的贡献率增大到5.36%，从第7名成功晋升为第5名。贡献率最低的西藏与江苏相差10.46个百分点，它们的差距有所减小，但区域经济发展的不平衡性仍十分凸显。结合第一个子周期来看，山西是31个省份中排名进步最大的地区，进步了5名，对GDP增长贡献率升高了0.58个百分点，同时在2017—2021年的子周期中与江苏的差距缩小至8.83个百分点。足以见得，山西省宏观经济环境及特殊产业结构导致的经济低迷的态势得以扭转。在新时代，山西省推进供给侧改革、建设国家资源型经济转型综合配套改革试验区的成效初显。此外，江苏和广东是全国贡献率始终保持在10%以上的省份；浙江是前四名中贡献率提升最大的省份，其贡献率上升了0.84个百分点。值得强调的是，数字经济在浙江省的发展历程中扮演着重要角色。早在2003年，习近平就指出数字浙江是全面推进浙江省国民经济和社会信息化、以信息化带动工业化的基础性工程。此后浙江省历届省委省政府锚定"数字浙江"建设，从数字经济助力基础设施建设、产业转型等方面扎实推进数字化改革，更在2018年发布了《浙江省数字化转型标准化建设方案（2018—2020年）》。2021年，浙江省数字经济增加值达到3.57万亿元，居全国第四；占GRP的比重达到48.6%，居全国第一。

2012—2021年全周期中，全国31个省份的贡献率平均值约为3.23%，处于平均水平以上的省份共有12个，这些省份的贡献率合计达到70.37%，排名依次是江苏、广东、山东、浙江、河南、四川、福建、湖北、湖南、安徽、上海和河北，与2012—2017年、2017—2021年两个子周期中高于均值的省份相同。根据各省份在2012—2021年全周期的贡献率绘制的直方图如图6-4所示。平均线以下但高于2%的有北京、江西、重庆、云南、陕西、广西和贵州，贡献率低于2%的有内蒙古、山西、辽宁、新疆、天津、甘肃、吉林、黑龙江、海南、宁夏、青海和西藏共12个省份。

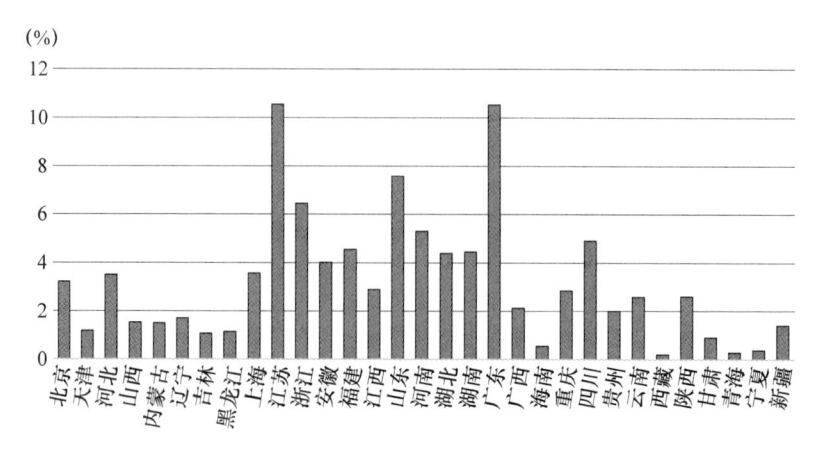

图 6-4　2012—2021 年各省份 GRP 对 GDP 增长的贡献率

资料来源：笔者计算。

（2）六大地区经济增长对国民经济增长的贡献

表 6-11 是按统计分类的六大地区的地区生产总值增长对 GDP 增长的贡献率。各周期中，六大地区的贡献率发生了一定的增减，但各地区的高低排序并未变化。从第一个子周期到第二个子周期，华北、东北、中南和西北地区的贡献率分别下降了 0.07 个百分点、0.51 个百分点、0.78 个百分点和 0.69 个百分点，华东和西南地区分别增长了 1.43 个百分点和 0.60 个百分点。

表 6-11　　　　六大地区 GRP 增长对 GDP 增长的贡献率　　　　（单位:%）

	2012—2017 年	2017—2021 年	2012—2021 年
华北地区	10.90	10.83	10.89
东北地区	4.11	3.60	3.89
华东地区	39.04	40.47	39.63
中南地区	27.73	26.95	27.39
西南地区	12.27	12.87	12.57
西北地区	5.96	5.27	5.62

资料来源：笔者计算。

(3) 三大区域经济增长对国民经济增长的贡献

地区经济增长对整个国民经济增长的贡献大小,既与地区经济增长的速度有关,也与该地区本身的经济发展基础、占国内生产总值的比重有关。表6-12是中国东、中、西部区域的GRP增长对GDP增长的贡献率。东部区域在各周期均保持着经济增长"领头雁"的地位,中部区域追赶态势明显。进入第二个子周期(2017—2021年),中部、西部区域的贡献率分别下降了1.31个百分点、0.18个百分点,而东部区域的贡献率提高了1.49个百分点,东部区域在经济转型等方面已取得了显著成效。从2012—2021年全周期来看,东、中、西部区域的贡献率分别为55.61%、26.73%、17.67%;西部区域12个省份的贡献率的平均值为1.47%,中部区域8个省份的贡献率的平均水平为3.34%,而东部区域11个省份的贡献率的均值则达到了5.06%,是中、西部区域的1.51倍、3.43倍,表现出对中国经济增长的强大支撑作用。

表6-12　　　　　三大区域GRP增长对GDP增长的贡献率　　　　(单位:%)

	2012—2017年	2017—2021年	2012—2021年
东部区域	55.08	56.57	55.61
中部区域	27.25	25.94	26.73
西部区域	17.67	17.49	17.67

资料来源:笔者计算。

(二) 地区纯要素生产率增长

在分析全要素生产率增长率和生产函数定义的基础上,钟学义提出了纯要素生产率增长率的测算方法,指出纯要素生产率增长率是单要素生产率增长率的加权和,同时放松了规模经济和技术进步中性的、规模报酬不变的、价格均衡等假设条件,使其尽量符合中国发展的特殊路径和现实,而且这一方法不需要具体的生产函数形式，可以直接计算，也就是说放松了索洛余值法的严格条件，更加适用于中国。① 李平等运用这一方法和索洛余值法测算了 1978—2010 年中国总体和省级生产率变化，发现两者计算的数据非常接近，增长趋势一致，可以说明纯要素生产率增长率是经得起检验的。② 吴滨等利用此法测算了 2012—2021 年中国总量纯要素生产率变化，发现与索洛余值法计算的结果非常接近。③

1. 纯要素生产率的测算方法

测算地区纯要素生产率增长率与测算总量纯要素增长率的方法相同，即纯要素生产率增长率是单要素生产率增长率的加权和，权重是各个要素的产出弹性，在本研究中是劳动和资本的产出弹性。设地区纯要素生产率增长率为 γ，测算地区纯要素生产率增长率的公式为：

$$\gamma_i = \alpha_i k_i + \beta_i l_i \qquad (6-1)$$

其中，γ_i 是第 i 地区的纯要素生产率增长率，α_i、β_i 分别是第 i 地区资本和劳动的产出弹性，k_i、l_i 分别是第 i 地区资本生产率和劳动生产率的增长率。

本部分以 2017 年党的十九大召开年份作为两个周期的分隔年，分为 2012—2017 年和 2017—2021 年两个子周期以及 2012—2021 年全周期，测算了 31 个省份、6 个地区和三大区域的纯要素生产率以及对经济增长的贡献率。

---

① 钟学义：《生产率分析的新概念》，《数量经济技术经济研究》1996 年第 12 期。

② 李平等：《中国生产率变化与经济增长源泉：1978—2010》，《数量经济技术经济研究》2013 年第 1 期。

③ 吴滨等：《中国生产率研究：新时代十年生产率变化趋势分析》，中国社会科学出版社 2023 年版。

2. 地区纯要素生产率增长率测算结果分析

（1）2012—2021年地区纯要素生产率增长率

表6-13是2012—2021年地区纯要素生产率增长率及对经济增长的贡献率。从纯要素生产率增长率来看，31个省份之

表6-13　　2012—2021年地区纯要素生产率增长率
及对经济增长的贡献率　　　　　　　（单位：%）

	GRP增长率	纯要素生产率增长率	贡献率		GRP增长率	纯要素生产率增长率	贡献率
北京	6.47	2.65	41.01	海南	7.41	2.05	27.70
天津	5.53	0.69	12.53	重庆	8.71	3.06	35.07
河北	6.47	3.69	57.01	四川	7.73	3.27	42.31
山西	5.91	3.48	58.87	贵州	9.38	3.73	39.76
内蒙古	5.83	4.42	75.80	云南	8.36	3.10	37.10
辽宁	4.34	2.82	65.03	西藏	9.49	4.79	50.45
吉林	5.41	3.00	55.53	陕西	7.28	2.75	37.74
黑龙江	4.91	2.85	58.07	甘肃	6.94	3.84	55.36
上海	6.49	1.35	20.86	青海	7.06	3.03	42.90
江苏	7.44	3.17	42.60	宁夏	7.16	3.52	49.09
浙江	7.26	2.26	31.08	新疆	7.51	2.47	32.84
安徽	8.08	4.69	58.02	华北地区	6.15	3.18	51.72
福建	8.12	3.32	40.91	东北地区	4.71	2.82	59.79
江西	8.43	3.63	43.07	华东地区	7.42	3.34	44.96
山东	7.08	3.89	55.00	中南地区	7.18	2.91	40.58
河南	7.07	3.24	45.81	西南地区	8.30	3.38	40.75
湖北	7.32	2.86	39.04	西北地区	7.25	3.02	41.72
湖南	7.86	5.11	65.00	东部区域	6.88	2.67	38.78
广东	6.95	1.15	16.56	中部区域	7.14	3.70	51.83
广西	7.12	4.65	65.31	西部区域	7.63	3.57	46.73

资料来源：笔者计算。

间的差距较大,最高的是湖南,为5.11%,最低的是天津,只有0.69%,湖南是天津的7.41倍。其中,前五名分别是湖南、西藏、安徽、广西和内蒙古,后五名分别是天津、广东、上海、海南和浙江。从纯要素生产率增长率对经济增长的贡献率来看,最高的是内蒙古,高达75.80%,最低的是天津,只有12.53%,内蒙古是天津的6.05倍。其中,12个省份的贡献率超过50%,贡献率为40%—50%的省份有8个,贡献率为30%—40%的省份有7个,贡献率低于30%的省份有4个。

从六大地区来看,地区之间的纯要素生产率增长率相对比较均衡,西南和华东地区稍微高于其他地区。因为地区GRP增长率差异较大,所以贡献率也存在较大差异,东北地区达到59.79%,居于首位,其次是华北地区,为51.72%,第三是华东地区,为44.96%,其余三个地区差距较小。

从三大区域来看,中部、西部、东部区域的纯要素生产率增长率分别是3.70%、3.57%、2.67%。对经济增长的贡献分别是51.83%、46.73%、38.78%,均是中部区域居于首位,西部区域次之,东部区域居末位。

(2) 2012—2017年地区纯要素生产率

表6-14是2012—2017年地区纯要素生产率增长率及对经济增长的贡献率。从纯要素生产率增长率来看,31个省份之间的差距较大,最高的是西藏,为6.51%,最低的是天津,为-0.64%,两者相差7.15个百分点。其中,前五名分别是西藏、广西、湖南、贵州和重庆,均属于西部区域,后五名分别是天津、上海、海南、广东和山西,山西属于中部区域,其余4个属于东部区域。从纯要素生产率增长率对经济增长的贡献率来看,最高的是广西,高达61.80%,最低的是天津,为负数。其中,只有西藏和广西的贡献率超过50%,为40%—50%的省份有3个,为30%—40%的省份有14个,贡献率低于30%的省份有12个。

表 6-14　　　2012—2017 年地区纯要素生产率增长率
及对经济增长的贡献率　　　　（单位:%）

	GRP增长率	纯要素生产率增长率	贡献率		GRP增长率	纯要素生产率增长率	贡献率
北京	7.14	2.40	33.64	海南	8.10	0.54	6.66
天津	6.76	-0.64	-9.43	重庆	10.84	3.71	34.22
河北	6.96	2.81	40.43	四川	8.46	3.06	36.22
山西	5.54	1.05	19.01	贵州	10.92	4.26	38.98
内蒙古	7.07	3.03	42.91	云南	9.43	2.86	30.31
辽宁	4.34	1.22	27.97	西藏	10.81	6.51	60.27
吉林	6.51	1.99	30.51	陕西	8.61	2.41	27.94
黑龙江	5.73	1.38	24.12	甘肃	7.89	2.45	31.02
上海	7.15	0.20	2.81	青海	8.65	2.68	31.01
江苏	8.38	2.68	31.96	宁夏	8.11	2.27	28.03
浙江	7.84	1.80	22.90	新疆	8.97	1.24	13.81
安徽	9.12	2.67	29.25	华北地区	6.81	2.06	30.21
福建	9.27	3.50	37.79	东北地区	5.18	1.39	26.89
江西	9.34	3.41	36.55	华东地区	8.30	2.68	32.28
山东	8.08	3.14	38.86	中南地区	8.28	2.64	31.92
河南	8.47	3.23	38.18	西南地区	9.52	3.61	37.90
湖北	8.87	2.86	32.22	西北地区	8.53	2.23	26.20
湖南	8.80	4.31	48.93	东部区域	7.67	2.08	27.17
广东	7.88	0.68	8.66	中部区域	8.18	2.81	34.38
广西	8.06	4.98	61.80	西部区域	8.83	3.36	38.01

资料来源:笔者计算。

从六大地区来看,地区之间的纯要素生产率增长率的相对差异较小,西南地区高于其他地区,东北地区最低。地区之间纯要素生产率增长率对经济增长的贡献率差异较小,西南地区最高,为37.90%,其余地区在30%上下浮动。

从三大区域来看,西部、中部、东部区域的纯要素生产率增长率分别是 3.36%、2.81%、2.08%。对经济增长的贡献率分别是 38.01%、34.38%、27.17%,均是西部区域居于首位,中部区域次之,东部区域居末位。

(3) 2017—2021 年地区纯要素生产率

表 6-15 是 2017—2021 年地区纯要素生产率增长率及对经济增长的贡献率。从纯要素生产率增长率来看,31 个省份之间的差距较大,最高的是安徽,为 7.27%,最低的是广东,为 1.70%,前者是后者的 4.28 倍。其中,前 5 名分别是安徽、山西、湖南、内蒙古和甘肃,内蒙古和甘肃属于西部区域,其余 3 个属于中部区域;后 5 名分别是广东、天津、重庆、浙江和上海,重庆属于西部区域,其余 4 个属于东部区域。比较表 6-14 和表 6-15 可以看出,大部分省份的纯要素生产率增长率数值和排名均有较大变化。例如,山西、安徽、辽宁分别从上一周期的第 27、第 17 和第 26 名分别上升为本周期的第 2、第 1 和第 7 名,分别提高了 25 个位次、16 个位次和 19 个位次,福建从第 6 名跌落到第 21 名,其中山西等 15 个省份的名次变化超过 10 名,河北等 7 个省份的名次变化为 5—10 名,北京等 6 个省份的名次变化为 1—5 名,只有江苏、山东和湖南的位次没有变化。从纯要素生产率增长率对经济增长的贡献率来看,因大部分省份纯要素生产率增长率高于上一周期且经济增长率低于上一周期,故本周期这些省份的贡献率均高于上一周期,只有上海等 8 个省份的贡献率低于 50%,其余 23 个省份的贡献率均高于 50%。

从六大地区来看,地区之间的纯要素生产率增长率差距较大,东北地区为 4.57%,西南地区只有 3.11%,相差 1.46 个百分点。从纯要素生产率增长率对经济增长的贡献率来看,东北地区远高于西南地区。

从三大区域来看,中部、西部、东部区域的纯要素生产率增长率分别为 4.77%、3.81%、3.37%;对经济增长的贡献分别为 81.54%、61.88%、57.21%，均是中部区域居于首位，西部区域次之，东部区域居末位。

表 6-15　　2017—2021 年地区纯要素生产率增长率及对经济增长的贡献率　　（单位：%）

	GRP增长率	纯要素生产率增长率	贡献率		GRP增长率	纯要素生产率增长率	贡献率
北京	5.64	2.95	52.39	海南	6.56	3.98	60.58
天津	4.01	2.19	54.45	重庆	6.11	2.21	36.22
河北	5.87	4.76	81.04	四川	6.83	3.45	50.55
山西	6.38	6.45	101.10	贵州	7.48	3.16	42.33
内蒙古	4.30	5.89	137.10	云南	7.05	3.38	48.00
辽宁	4.33	5.06	116.86	西藏	7.87	2.93	37.27
吉林	4.04	4.13	102.28	陕西	5.63	3.12	55.43
黑龙江	3.90	4.53	116.30	甘肃	5.75	5.30	92.05
上海	5.67	2.83	49.84	青海	5.11	3.47	67.99
江苏	6.28	3.77	60.01	宁夏	5.99	5.09	84.92
浙江	6.53	2.80	42.87	新疆	5.72	3.99	69.84
安徽	6.79	7.27	107.07	华北地区	5.33	4.49	84.21
福建	6.70	3.18	47.46	东北地区	4.14	4.57	110.44
江西	7.30	3.85	52.69	华东地区	6.32	4.13	65.30
山东	5.84	4.67	80.08	中南地区	5.81	3.27	56.32
河南	5.34	3.29	61.55	西南地区	6.79	3.11	45.74
湖北	5.42	2.87	53.05	西北地区	5.67	3.95	69.65
湖南	6.69	6.13	91.65	东部区域	5.90	3.37	57.21
广东	5.80	1.70	29.34	中部区域	5.84	4.77	81.54
广西	5.96	4.53	76.05	西部区域	6.15	3.81	61.88

资料来源：笔者计算。

（三）研究结论和政策建议

1. 研究结论

（1）本部分揭示了中国各地区 GRP 在国民经济中地位的变化

本部分利用 31 个省份的统计年鉴/发展年鉴的数据，测算了各地区的 GRP 在不同周期的增长率，反映了各地区的经济增长情况，以及各地区在国民经济中地位的变化。

表 6-1 至表 6-3 显示，西部区域在 9 年中 GRP 年均增长最快，中部区域次之，东部区域最慢。表 6-5 表明，在 2012 年，GRP 占 GDP 份额最大的前 5 名份额合计是 39.97%，2021 年，占 GDP 份额最大的前 5 名份额合计是 40.01%，比 2012 年多 0.04 个百分点。从六大地区来看，华东和中南地区 13 个省份的 GRP 在 2012 年占 GDP 的份额为 63.99%，到 2021 年为 65.67%，上升了 1.68 个百分点，华北和东北地区在下降，西南和西北地区在上升。从三大区域来看，东部、中部区域的 GRP 在 2012 年占 GDP 的份额分别是 57.58%、27.90%，2021 年分别是 56.78%、24.26%，分别下降了 3.64 个百分点、0.64 个百分点，西部区域则从 17.52% 上升到 18.96%。

如果排除价格因素的干扰，用可比价来计算各地区 GRP 在 GDP 中的份额，情况会稍有不同。2012 年，GRP 占 GDP 份额最大的前 5 名份额合计是 40.83%，2021 年，占 GDP 份额最大的前 5 名份额合计是 41.09%，比 2012 年多 0.26 个百分点。从六大地区来看，华东和中南地区 13 个省份的 GRP 在 2012 年占 GDP 的份额是 64.94%，到 2021 年是 66.24%，上升了 1.30 个百分点，西南和西北地区有所提高，华北和东北地区在下降。从三大区域来看，东部区域从 2012 年的 57.33% 下降到 2021 年的 56.34%，而中部和西部区域则有不同程度的上升。

经过9年的发展，西部大开发战略和中部崛起战略的实施促进了这些地区经济的快速发展，提高了这些地区在国民经济中的地位，区域差距在减少。即使如此，东部区域依然是国民经济发展的领头羊，在国民经济中占据主要地位。

（2）本部分测算了地区经济增长对国民经济增长的贡献率

根据各地区GRP在国民经济中的比重和增长率，本部分计算了不同周期各地区GRP对国民经济增长的贡献率。2012—2021年，前5名的贡献率合计是40.42%，而超过平均贡献率的12个省份，它们的合计贡献率是69.80%；从六大地区来看，华东和中南地区（13个省份）的贡献率合计是67.02%；从三大区域来看，东部区域的贡献率合计是55.61%。国家经济的发展更多的是依赖东部地区的发展。从三大区域的平均贡献率来看，东、中、西三个区域各个省份贡献率的平均值分别是5.06%、3.34%、1.47%，东部区域各个省份的贡献远远高于中西部区域的各个省份。为了提高整个国民经济的发展质量，应加大力度促进区域经济协调发展，尤其是西部区域的发展，提升中西部区域的经济发展能力。

（3）本部分测算了地区纯要素生产率增长率及其对地区经济增长的贡献

从测算结果来看，2012—2021年，31个省份的纯要素生产率增长率存在差异，六个地区之间相对比较均衡，三大区域之间的差异较小。从纯要素生产率增长率对经济增长的贡献来看，省份之间存在较大差异，六个地区以及三大区域之间比较均衡，部分地区技术进步成为经济增长的主要来源。

2. 政策建议

纯要素生产率的提高是技术进步作用的结果，为了提高纯要素生产率，可以采取以下措施。

一是大力提高中西部区域的研发投入。2021年，全国研发投入强度是2.43%，最高是北京，为6.53%，最低是西藏，只有0.29%。其中，中、西部区域分别包含的8个、12个省份中，对应有5个、3个省份的研发投入强度为1%—2%，高于2%的省份均有3个，西部区域有6个省份的研发投入强度低于1%，提高这些省份的研发投入是长期艰巨的任务。基础研究是自主创新的基础，是科技自立自强的必然要求，是从未知到已知、从不确定性到确定性的必然选择。2021年，基础研究投入占总研发投入的比重，全国是6.50%，东、中、西部三大区域分别是7.12%、5.75%、6.16%，发达国家一般高于15%，与国际水平比，中国还有较大差距。

二是通过教育提高中西部区域的人力资本，促进"人口红利"向"人才红利"转变。2021年，从业人员平均受教育年限，全国为10.39年，低于全国平均水平的16个省份中有14个属于中西部区域；从业人员中初中及以下水平的比例，全国平均水平是59.1%，低于全国平均水平的17个省份中有15个属于中西部区域。并且从经济发展和人口素质关系来看，具有科技素养的人口占比越高，经济往往越发达，尤其是研发人员占比是重要的衡量指标。2021年中国每万人就业人员中从事研发活动的人员，东、中、西三大区域分别是116人·年、55人·年和34人·年，区域之间差距较大，全国平均是77人·年，发达国家一般在150人·年以上，比较高的如韩国、丹麦和比利时分别是203人·年、198人·年和209人·年。加大职业培训和继续教育力度，提高中西部区域就业人员的劳动技能，加强对从业人员的技术指导以提高技术储备能力。深化教育改革，提高基础教育投入和延长基础教育年限，全面提高人口素质。

三是加强区域合作，促进技术协同发展。充分利用数字技术，构建跨区域的虚拟研发合作平台，加强先进地区与落后地区的项目合作、人员培训、学术交流等，共享专利、科技论文等科研成果和收益，实现技术发达省份带动其他地区实现技术进步，落后地区积极引进适用性强的技术，并消化吸收和再创新。积极参与京津冀协同发展、粤港澳大湾区建设、长江经济带发展、长三角一体化发展、黄河流域生态保护等重大战略的技术合作，坚持西部大开发、中部崛起、东北振兴、东部率先的区域发展总体战略，做好新老规划衔接发展。同时，积极参与国际技术合作与交流，鼓励地区与创新型的国际机构和科技强国开展国际科技合作，促进项目、人员培训和学术交流等多样化和国际化的合作，提高技术创新能力。

七 中国地区全要素生产率分析

测算区域全要素生产率增长对经济增长的贡献，主要是各省份、三大区域之间的 TFP 增长，用总量生产函数的方法测度 TFP 增长对经济增长的贡献。例如，刘建翠等用索洛余值法，不仅测算了省份的 TFP 增长及其对经济增长的贡献，还测算了六大地区和三大区域的 TFP 增长及其对经济增长的贡献，研究结果是区域之间发展极不平衡，国家经济的发展更多的是依赖东部地区的发展。[1] 叶裕民运用索洛余值法对全国及各省份的全要素生产率进行了测算，结论如下：（1）全要素生产率提高主要来自经济结构的变动；（2）资本和技术推动了中国经济的增长；（3）东、中、西部全要素生产率水平差异主要来自资本深化速度的不同。[2] 李言等用 C－D 生产函数测算中国部分省份和三大区域的全要素生产率，认为东部地区全要素生产率增长高于其他地区。[3]

---

[1] 刘建翠等：《中国经济增长和生产率发展报告——地区经济增长与生产率研究：1980~2007 年》，载汪同三、郑玉歆主编《中国社会科学院数量经济与技术经济研究所发展报告（2010）》，社会科学文献出版社 2010 年版。

[2] 叶裕民：《全国及各省区市全要素生产率的计算和分析》，《经济学家》2002 年第 3 期。

[3] 李言、高波、雷红：《中国地区要素生产率的变迁：1978—2016》，《数量经济技术经济研究》2018 年第 10 期。

测算地区相对效率的文献较多，一般是采取 DEA 和 SFA 方法，比较省际、区域之间的效率。例如，颜鹏飞和王兵、郑京海和胡鞍钢用 DEA 测算了中国省际的 Malmquist 生产率指数、技术效率和技术进步指数，TFP 增长主要来自生产效率提高；[1] 王志刚等用 SFA 测算了不同时段省际的 TFP 增长，结论是各省 TFP 的提高是技术进步带来的，研究结果一致的是东部地区的生产效率高于中西部地区。[2]

本部分用索洛余值法测算地区全要素生产率及其对经济增长的贡献，然后用 DEA 模型测算 Malmquist 生产率指数、技术进步指数和技术效率指数。

（一）地区全要素生产率增长及其对经济增长的贡献分析

1. 全要素生产率增长率的度量方法

测度全要素生产率的增长及其对经济增长的贡献率，方法包括索洛余值法、柯布—道格拉斯生产函数法、超越对数生产函数等，本书采取索洛余值法，也是欧盟推荐的方法。其方程式为：

$$\overline{y_i} = S_k \overline{k_i} + S_L \overline{l_i} + \overline{\varphi} \qquad (7-1)$$

---

[1] 颜鹏飞、王兵：《技术效率、技术进步与生产率增长：基于 DEA 的实证分析》，《经济研究》2004 年第 12 期；郑京海、胡鞍钢：《中国改革时期省际生产率增长变化的实证分析（1979—2001 年）》，《经济学》（季刊）2005 年第 2 期。

[2] 王志刚、龚六堂、陈玉宇：《地区间生产效率与全要素生产率增长率分解（1978—2003）》，《中国社会科学》2006 年第 2 期；周晓艳、韩朝华：《中国各地区生产效率与全要素生产率增长率分解（1990—2006）》，《南开经济研究》2009 年第 5 期；余泳泽：《中国省际全要素生产率动态空间收敛性研究》，《世界经济》2015 年第 10 期。

式（7-1）中，$\bar{y}$ 是经济（本书是指 GRP）增长率，$\bar{k}$ 是资本投入增长率，$\bar{l}$ 是劳动投入增长率，$\bar{\varphi}$ 是全要素生产率（Total Factor Productivity，TFP）增长率。在规模报酬不变的假设下，S_k、S_L 分别是资本和劳动的产出弹性，且满足 $S_k > 0$，$S_L > 0$，$S_k + S_L = 1$，那么 $\bar{\varphi}$ 可以反映计算期全要素生产率提高对产出增长的贡献或拉动作用。

在规模报酬不变的情况下，资本与劳动的产出弹性用份额法来计算，即 S_k =（固定资产折旧+营业盈余）/（劳动者报酬+固定资产折旧+营业盈余），[1] $S_L = 1 - S_k$。

由于增长率是发生在一定时间区间的，且不同区间含有不同的增长率。为此，考虑到数据的可获得性，以 2017 年党的十九大召开年份作为两个周期的分隔年，分为 2012—2017 年和 2017—2021 年两个子周期以及 2012—2021 年全周期。在测度子周期贡献率时，应注意 S_k 和 S_L 的取值。在规模保持不变的假设下，2012—2017 年的 S_k 取值是 2012—2016 年的 5 年资本产出弹性的平均值（包括 2012 年，不包括 2017 年），依此类推。

2. 投入和产出指标的度量

（1）产出指标的度量

在地区层次上，产出应用的是地区生产总值（GRP），本书根据各省份发布的统计年鉴/发展年鉴，把现价地区生产总值换算为 2000 年为基年的不变价，并计算了 31 个省份、六大地区

---

[1] 一般认为，劳动的产出弹性=劳动者报酬/（劳动者报酬+固定资产折旧+营业盈余）。OECD 发布的《生产率测度手册（2001）》中将生产税净额按比例分配给资本和劳动。白重恩和张琼认为，在生产环节所征收的税为资本和劳动要素共同创造的收入，修订了产出弹性的计算公式，α =（固定资产折旧+营业盈余）/（劳动者报酬+固定资产折旧+营业盈余）。白重恩、张琼：《中国生产率估计及其波动分解》，《世界经济》2015 年第 12 期。

和三大区域 2012—2017 年、2017—2021 年以及 2012—2021 年全周期的年均增长率,见前文的表 6-1、表 6-2 和表 6-3。

(2) 投入指标的度量

投入指标包括资本、劳动。资本投入采用永续盘存法计算,用各省份的固定资本形成总额作为投资流量,缺失数据用插补法得到,用各省份固定资产投资价格指数折算为 2000 年不变价,折旧率借鉴余泳泽的做法。[①] 根据全社会固定资产投资结构对不同年份不同地区固定资本折旧率进行差异化处理,权重为全社会固定资产投资中建筑安装工程、设备工具器具购置和其他费用三个部分的占比,三类资产的基础折旧率分别为 8.12%、17.08% 和 12.10%。这样不仅考虑了年度差异,还考虑了地区差异,估计的资本存量更符合实际。基期资本存量采取 R. Hall 和 C. Jones 的方法,[②] 计算公式为:

$$K_{i0} = INV_{i0}/(\delta_{it} + g_{i0}) \quad (7-2)$$

其中,K_{i0} 表示 i 地区基年资本存量;INV_{i0} 表示 i 地区基年实际固定资本形成总额;为避免固定资本形成总额随经济周期变化而波动,g_{i0} 用 i 地区基期开始后固定资本形成额的 5 年平均增长率:

$$g_{i0} = 0.2 \times \ln(INV_{i5}/INV_{i0}) \quad (7-3)$$

为了降低基期资本存量对计算结果的影响,本书资本存量的计算基期选择 2000 年,根据式 (7-2) 和式 (7-3),可以得到 2000 年 i 地区资本存量的计算公式:

$$K_{i2000} = INV_{i2000}/\left[\delta_{it} + 0.2 \times \ln\left(\frac{INV_{i2005}}{INV_{i2000}}\right)\right] \quad (7-4)$$

[①] 余泳泽:《异质性视角下中国省际全要素生产率再估算:1978—2012》,《经济学》(季刊) 2017 年第 3 期。

[②] R. Hall, C. Jones, "Why Do Some Countries Produce So Much More Output Per Worker Than Others?", *The Quarterly Journal of Economics*, Vol. 1, 1999.

其中，K_{i2000} 为 i 地区 2000 年的资本存量，INV_{i1998}、INV_{i2003} 分别是 i 地区 2000 年、2005 年的实际固定资本形成总额。

有了基期资本存量、实际固定资本形成总额、折旧率，即可采用永续盘存法计算各个地区的资本存量。表 7-1 是各地区不同周期的资本投入年均增长率。

表 7-1　　　　各地区各周期资本投入年均增长率　　　（单位：%）

	2012—2017年	2017—2021年	2012—2021年		2012—2017年	2017—2021年	2012—2021年
北京	9.28	6.05	7.83	海南	14.68	1.69	8.72
天津	13.24	3.95	9.01	重庆	13.29	6.46	10.20
河北	10.82	3.72	7.61	四川	11.73	5.35	8.85
山西	9.54	0.51	5.43	贵州	19.41	8.07	14.23
内蒙古	9.71	-2.81	3.95	云南	18.10	7.87	13.44
辽宁	6.59	-1.56	2.89	西藏	16.66	5.46	11.54
吉林	10.09	1.24	6.07	陕西	12.86	4.97	9.28
黑龙江	11.29	3.12	7.58	甘肃	13.25	0.76	7.52
上海	8.10	4.74	6.59	青海	15.93	4.04	10.49
江苏	9.72	4.28	7.27	宁夏	12.31	1.64	7.44
浙江	9.88	5.36	7.85	新疆	17.56	3.65	11.16
安徽	13.51	6.76	10.46	华北地区	10.46	2.48	6.84
福建	14.03	7.21	10.95	东北地区	8.81	0.61	5.08
江西	12.04	6.23	9.42	华东地区	10.59	4.75	7.95
山东	9.98	2.36	6.52	中南地区	12.35	5.44	9.22
河南	11.65	4.94	8.62	西南地区	14.83	6.70	11.14
湖北	14.10	5.38	10.14	西北地区	14.32	3.67	9.46
湖南	12.51	5.99	9.56	东部区域	10.40	4.40	7.69
广东	12.25	6.85	9.82	中部区域	11.98	4.58	8.63
广西	11.06	2.28	7.07	西部区域	13.43	4.15	9.21

资料来源：笔者计算。

表7-1表明，各地区在不同的周期和全周期内，资本投入增长差异较大。党的十八大以来，中国经济进入新常态，一个显著特点是投资增长速度显著减缓，更注重投资质量，在东部沿海省份比较明显。2012—2017年，东部区域11个省份中只有天津、河北和广东的资本增长率是两位数，2017—2021年因新冠疫情的影响，大部分省份的投资增速迅速下降，资本增长率也迅速下降，内蒙古和辽宁的资本增长率为负数。2012—2021年，西部区域大部分省份的资本增长率高于其他省份，高投资促进了这些省份经济的快速增长。

从六大地区资本投入增长率来看，在整个周期中，西南地区和西北地区是投资增长最快的地区，最慢的地区是东北地区；各个地区在第一个子周期的资本增长率远远高于第二个子周期，尤其是东北地区。

从三大区域的资本投入年均增长率来看，在第一个子周期，西部区域的资本增长率最大，中部区域次之，东部区域增长最慢；在第二个子周期，中部区域的资本增长率最大，东部区域次之，西部区域增长最慢。从全周期来看，西部区域是资本增长率最高的地区，中部区域次之，东部区域增长最慢。区域协调发展战略的实施，国家加大了对中西部地区的投资和项目建设，使得近9年来资本增长率高于东部区域。

本书的劳动投入考虑了教育水平，即用各省份的年均从业人员数乘以受教育年限表示，[①] 来自历年的《中国统计年鉴》《中国人口和就业统计年鉴》以及各省份的统计年鉴/发展年鉴。各省份、六大地区和三大区域各周期的劳动投入增长率见表7-2。

---

① 平均受教育年限＝小学生比例×6＋初中生比例×9＋高中生比例×12＋大专生比例×15＋本科生比例×16＋研究生比例×19。

表7-2　　　　　　　各地区各周期劳动投入增长率　　　　　（单位:%）

	2012—2017年	2017—2021年	2012—2021年		2012—2017年	2017—2021年	2012—2021年
北京	1.77	0.59	1.24	海南	2.15	3.13	2.58
天津	1.36	-0.15	0.69	重庆	2.01	1.82	1.93
河北	-0.29	-0.61	-0.43	四川	0.34	1.76	0.97
山西	0.68	-0.45	0.17	贵州	0.85	2.30	1.49
内蒙古	-0.44	-0.62	-0.52	云南	0.75	1.41	1.04
辽宁	0.49	0.10	0.32	西藏	-0.54	4.50	1.67
吉林	-0.93	-1.24	-1.07	陕西	0.44	0.37	0.41
黑龙江	-1.70	-3.25	-2.39	甘肃	0.30	0.25	0.28
上海	5.91	1.16	3.77	青海	-0.45	-0.04	-0.27
江苏	1.89	0.81	1.41	宁夏	1.65	0.36	1.08
浙江	2.82	2.33	2.60	新疆	2.99	0.70	1.96
安徽	1.07	-5.14	-1.74	华北地区	0.34	-0.34	0.04
福建	0.80	0.97	0.88	东北地区	-0.58	-1.26	-0.88
江西	-0.12	0.72	0.25	华东地区	1.35	0.04	0.77
山东	-0.22	0.04	-0.10	中南地区	1.04	0.40	0.75
河南	0.53	-0.23	0.19	西南地区	0.77	1.80	1.23
湖北	0.36	0.43	0.39	西北地区	1.06	0.41	0.77
湖南	-0.55	-2.86	-1.58	东部区域	1.67	0.96	1.35
广东	3.48	2.12	2.87	中部区域	0.09	-1.55	-0.64
广西	-1.09	0.77	-0.27	西部区域	0.51	1.11	0.78

资料来源:笔者计算。

表7-2显示,在所有周期中,部分省份的劳动增长率为负值,一方面表示本地区就业人口的流出,另一方面表示就业总人口减少。2015年,中国总就业人口开始下降,意味着就业增长率为负值,但经济发达地区如江浙沪等的就业人口仍然增长,说明经济活跃的地区对就业人员仍有巨大吸引力。两个子周期

劳动投入负增长的省份均是10个，但具体省份有所变化，两个子周期劳动投入均为负增长的省份包括河北、内蒙古、吉林、黑龙江、湖南和青海，第一个子周期劳动投入为负增长的还有江西、山东、广西和西藏，第二个子周期劳动投入为负增长的还有天津、山西、安徽和河南。从整个周期来看，有9个省份的增长率为负值，包括河北、内蒙古、吉林、黑龙江、安徽、山东、湖南、广西和青海。

表7-2显示，在所有周期中，只有东北地区的劳动投入增长率均是负数，东北地区劳动投入的下降与经济增长放缓、收入水平下降、就业机会不足等众多因素有关。西南、西北和华东地区劳动投入增长率较高：一是随着西部大开发战略的进一步实施以及乡村振兴战略的推进，部分进城务工人员回到家乡参与当地的建设，以及这两个地区本身就业人员较少，2021年西南、西北地区的就业人员占全国就业人员的比重只有7.22%、15.07%；二是华东地区是全国经济最发达的地区之一，对就业人员具有强大吸引力。

从三大区域来看，东部区域的劳动投入增长率均是正值，说明东部区域经济对就业人员具有强大吸引力，中部区域劳动投入负增长，西部区域劳动投入增长率有好转的趋势。

3. 地区全要素生产率的测度

将地区生产总值、资本投入、劳动投入增长率以及权数的数据代入式（7-1），测算了各省份、六大地区和三大区域各周期的全要素生产率增长率（见表7-3）。

表7-3表明，只有天津的全要素生产率增长率在2012—2017年为负值。负值表示投入增长大于产出增长，正值表示产出增长大于投入增长，正值越大越好。各个省份子周期的全要素生产率增长率值有较大波动：一是投入增长的波动较大，二是经济增长率也存在波动。本书将在后文的经济增长来源的分

析中做进一步阐述。在全周期的 9 年间,全要素生产率增长最快的是湖南,其次是西藏,然后是广西。

表 7-3　　各地区各周期全要素生产率增长率　　（单位:%）

	2012—2017 年	2017—2021 年	2012—2021 年		2012—2017 年	2017—2021 年	2012—2021 年
北京	2.39	2.96	2.65	海南	0.22	4.07	2.07
天津	-1.01	2.18	0.56	重庆	3.67	2.25	3.06
河北	2.64	4.76	3.64	四川	2.92	3.54	3.27
山西	0.92	6.44	3.50	贵州	3.85	3.23	3.60
内蒙古	2.91	5.79	4.43	云南	2.42	3.41	2.94
辽宁	1.16	5.01	2.85	西藏	6.22	3.07	4.81
吉林	1.78	4.11	2.95	陕西	2.19	3.14	2.68
黑龙江	1.04	4.41	2.67	甘肃	2.20	5.32	3.84
上海	0.20	2.87	1.40	青海	2.24	3.49	2.88
江苏	2.68	3.83	3.22	宁夏	2.15	5.13	3.55
浙江	1.79	2.88	2.30	新疆	0.90	4.04	2.41
安徽	2.48	6.90	4.49	华北地区	1.92	4.50	3.16
福建	3.32	3.20	3.25	东北地区	1.23	4.54	2.78
江西	3.26	3.90	3.60	华东地区	2.63	4.16	3.34
山东	3.04	4.71	3.91	中南地区	2.50	3.29	2.87
河南	3.11	3.29	3.19	西南地区	3.39	3.16	3.33
湖北	2.60	2.89	2.76	西北地区	1.98	3.99	2.98
湖南	4.11	5.98	4.96	东部区域	2.02	3.43	2.68
广东	0.56	1.72	1.11	中部区域	2.63	4.72	3.62
广西	4.81	4.59	4.64	西部区域	3.16	3.87	3.55

资料来源:笔者计算。

表 7-3 显示,在六个地区中,除了西南地区,第二个子周期的全要素生产率普遍大于第一个子周期,说明经济发展质量有所好转,且地区之间的差异在减小。从全周期来看,华东地

区的全要素生产率增长得最快，其次是西南地区，最慢的是东部地区。

从三大区域来看，中部区域在两个子周期间的全要素生产率增长波动较大，后者是前者的1.80倍。从全周期来看，中部区域的全要素生产率增长得最快，其次是西部区域，东部区域增长得最慢。

4. 地区经济增长来源分析

经济增长率是各要素投入增长率的加权和，再加上全要素生产率增长率。这一部分所进行的增长来源分析，就是用数量表示各要素投入增长率与权数的乘积及全要素生产率增长率，各占产出增长率的百分比，称为要素投入增长及全要素生产率增长对经济增长的贡献率，贡献率大的成为经济增长的主要来源。这一分析对合理优化资源配置（要素配置）有很大的参考作用。特别要关注全要素生产率增长率的贡献率，它是判断经济增长方式优劣的重要指标，也是判断经济发展质量的重要指标，亦反映了技术进步对经济增长的影响程度。

在经济发展的过程中，当某一时期投入的增长大于产出的增长，全要素生产率就会是负增长。这种情况下并不是说经济增长的过程中没有技术进步，而是因为投入增长过快，掩盖了技术进步。在某一个时期，当一个地区的经济增长过缓，而需要投资一个大的工程时，就会出现这种情况。

本部分所做的经济增长来源分析，就是通过比较各种要素投入增长及全要素生产率增长对经济增长贡献率的大小，来说明经济增长的主要来源。中国是由诸多省份组成的，东西南北差距较大，各个省份的资源承载力、环境容量、市场条件、人口状况、产业基础等不同，投入和经济增长也存在差异，其全要素生产率增长也就不同，贡献也就有大有小，但并不等于说贡献小的地区，其作用就小，只是说明在这一时期内这个地区的经济增长中，其全要素生产率的贡献较小。

（1）2012—2021年地区经济增长来源分析

表7-4是2012—2021年的9年间，各地区要素投入增长和全要素生产率增长对产出增长的贡献率。

表7-4　2012—2021年地区各要素增长对经济增长的贡献率　（单位:%）

	资本	劳动	生产率		资本	劳动	生产率
北京	47.26	11.73	41.01	海南	52.87	19.16	27.97
天津	83.83	6.03	10.14	重庆	52.66	12.17	35.17
河北	47.75	-3.98	56.23	四川	50.75	6.98	42.26
山西	39.17	1.69	59.14	贵州	51.03	10.56	38.41
内蒙古	29.11	-5.10	76.00	云南	56.83	8.03	35.15
辽宁	30.35	4.03	65.62	西藏	37.07	12.22	50.70
吉林	55.47	-10.00	54.53	陕西	60.18	2.99	36.83
黑龙江	71.68	-26.03	54.35	甘肃	42.24	2.47	55.29
上海	47.32	31.06	21.63	青海	61.42	-2.25	40.83
江苏	46.91	9.83	43.26	宁夏	41.45	9.02	49.53
浙江	48.52	19.76	31.72	新疆	50.66	17.22	32.12
安徽	56.53	-12.12	55.59	华北地区	48.19	0.38	51.43
福建	53.47	6.51	40.02	东北地区	50.86	-9.91	59.05
江西	55.80	1.51	42.69	华东地区	49.35	5.57	45.08
山东	45.57	-0.75	55.18	中南地区	53.95	6.09	39.96
河南	53.31	1.53	45.16	西南地区	50.68	9.21	40.10
湖北	59.21	3.06	37.74	西北地区	52.62	6.33	41.06
湖南	48.96	-12.04	63.08	东部区域	50.13	10.87	39.00
广东	60.44	23.65	15.92	中部区域	54.24	-4.94	50.70
广西	37.20	-2.36	65.16	西部区域	47.34	6.19	46.47

资料来源：笔者计算。

在31个省份中，全要素生产率增长对经济增长贡献最大的前5名分别是内蒙古、辽宁、广西、湖南和山西，最后5名分别是天津、广东、上海、海南和浙江。其中，全要素生产率增长对经济增长的贡献率超过50%的省份有12个，这些省份全要素生产率增长对经济增长的贡献已超过要素投入增长的贡献。从资本投入增长对经济增长的贡献来看，资本增长对经济增长的贡献率超过50%的省份有17个，其中前5名分别是天津、黑龙江、青海、广东和陕西，低于33%的只有内蒙古、辽宁。从劳动投入增长对经济增长的贡献来看，有9个省份的贡献为负值，另外22个省份的贡献率值差异较大，最高的是上海，为31.06%，最低的是江西，只有1.51%。就业人员的大量减少、受教育水平不高，使得劳动投入对经济增长的贡献大幅度降低。

根据资本和劳动投入增长以及全要素生产率增长对经济增长的贡献，在2012—2021年大部分省份技术进步的作用越来越强。其中，北京、河北、山西、吉林、黑龙江、江苏、安徽、福建、江西、山东、河南、湖北、湖南、广西、四川、贵州、云南、西藏、陕西、甘肃、青海、宁夏和新疆23个省份属于资本—技术双驱动型，天津、上海、广东、浙江和海南5个省份是资本驱动型的，内蒙古和辽宁则属于集约型的发展方式。

在六大地区，从资本投入增长以及全要素生产率增长二者对产出增长的贡献来看，其均是投资—技术双轮驱动发展方式。从三大区域来看，东中西三大区域也均是投资—技术双轮驱动发展方式。

（2）2012—2017年地区经济增长来源分析

表7-5是2012—2017年的5年间，各地区要素投入增长和全要素生产率增长对产出增长的贡献率。

在31个省份中，全要素生产率增长对经济增长贡献最大的前5名分别是广西、西藏、湖南、内蒙古和河北，最后5名分别是天津、海南、上海、广东和新疆。从资本投入增长对经济增长的贡献来看，资本增长对经济增长的贡献率超过50%的省份有29个，其中前5名分别是天津、黑龙江、海南、吉林和青海，

40%—50%的是广西和西藏。从劳动投入增长对经济增长的贡献来看,有10个省份的贡献为负值,另外21个省份的贡献率值差异较大,最高的是上海,高达43.67%,最低的是四川,为2.21%。

表7-5　2012—2017年地区各要素增长对经济增长的贡献率　　（单位:%）

	资本	劳动	生产率		资本	劳动	生产率
北京	51.67	14.92	33.41	海南	82.87	14.39	2.74
天津	105.74	9.24	-14.98	重庆	56.04	10.07	33.88
河北	64.45	-2.46	38.01	四川	63.24	2.21	34.55
山西	76.68	6.78	16.53	贵州	59.57	5.16	35.26
内蒙古	62.25	-3.41	41.15	云南	69.28	5.05	25.66
辽宁	66.81	6.38	26.81	西藏	45.92	-3.49	57.57
吉林	79.56	-6.95	27.40	陕西	71.89	2.67	25.45
黑龙江	96.87	-15.02	18.16	甘肃	69.87	2.24	27.89
上海	53.48	43.67	2.85	青海	77.16	-3.05	25.89
江苏	56.41	11.58	32.01	宁夏	61.36	12.14	26.50
浙江	57.71	19.50	22.78	新疆	68.24	21.68	10.08
安徽	66.32	6.49	27.20	华北地区	69.12	2.78	28.10
福建	58.94	5.28	35.78	东北地区	81.99	-5.81	23.82
江西	65.72	-0.63	34.91	华东地区	59.72	8.64	31.64
山东	63.68	-1.32	37.65	中南地区	62.55	7.27	30.18
河南	59.69	3.55	36.75	西南地区	59.40	5.01	35.59
湖北	68.41	2.30	29.28	西北地区	69.52	7.26	23.22
湖南	57.02	-3.72	46.70	东部区域	61.78	11.88	26.34
广东	68.11	24.83	7.06	中部区域	67.23	0.63	32.15
广西	49.05	-8.71	59.67	西部区域	60.70	3.47	35.83

资料来源:笔者计算。

根据资本和劳动投入增长以及全要素生产率增长对经济增长的贡献，在2012—2017年大部分省份技术进步的作用较强。其中，北京、河北、内蒙古、福建、江西、山东、河南、湖南、广西、重庆、四川、贵州和西藏13个省份属于资本—技术双轮驱动型，天津、山西、辽宁、吉林、黑龙江、上海、江苏、浙江、安徽、湖北、广东、海南、云南、陕西、甘肃、青海、宁夏和新疆18个省份是资本驱动型的。

在六大地区，从资本投入增长以及全要素生产率增长二者对产出增长的贡献来看，只有西南地区是资本—技术双轮驱动型，其余五大地区均是投资驱动型的。从三大区域来看，东部和中部区域是投资驱动型，西部区域是投资—技术双轮驱动型，《西部大开发"十二五"规划》等政策的实施有力地提高了西部区域的经济增长质量。

（3）2017—2021年地区经济增长来源分析

表7-6是2017—2021年的4年间，各地区要素投入增长和全要素生产率增长对产出增长的贡献率。

与第一个子周期相比，本周期的显著特点如下：一是资本增长率的迅速下降；二是因新冠疫情的影响，各个地区的经济增长率显著下降，地区差距缩小；三是部分省份劳动增长率持续下降，在此情况下，本周期大部分地区的全要素生产率增长率高于上一子周期，对经济增长的贡献率亦如此。同时，因为部分省份劳动增长率下降幅度较大，部分地区的全要素生产率增长对经济增长的贡献大幅度上升，故这部分地区全要素生产率增长对经济增长的贡献超过100%。单从数值上看，本周期广东是投资驱动型的增长，北京、天津、上海、浙江、福建、江西、河南、湖北、湖南、重庆、四川、贵州、云南和陕西14个省份是投资—技术双驱动型的增长，其余17个省份均属于集约型增长方式。

表 7-6　2017—2021 年地区各要素增长对经济增长的贡献率　（单位:%）

	资本	劳动	生产率		资本	劳动	生产率
北京	40.93	6.51	52.56	海南	11.33	26.66	62.01
天津	47.49	-1.89	54.40	重庆	46.54	16.69	36.77
河北	25.13	-6.28	81.15	四川	33.52	14.72	51.75
山西	3.22	-4.22	101.00	贵州	36.45	20.39	43.16
内蒙古	-26.07	-8.69	134.76	云南	38.48	13.08	48.44
辽宁	-17.15	1.26	115.89	西藏	21.76	39.21	39.04
吉林	14.48	-16.29	101.81	陕西	40.56	3.57	55.87
黑龙江	34.44	-47.50	113.05	甘肃	4.74	2.83	92.44
上海	38.28	11.06	50.67	青海	32.18	-0.47	68.30
江苏	32.21	6.80	60.99	宁夏	10.77	3.65	85.59
浙江	35.85	20.06	44.09	新疆	21.15	8.18	70.67
安徽	42.08	-43.68	101.59	华北地区	19.18	-3.71	84.53
福建	43.66	8.59	47.74	东北地区	6.73	-16.50	109.77
江西	41.47	5.09	53.44	华东地区	33.81	0.36	65.83
山东	18.88	0.38	80.74	中南地区	39.33	4.00	56.67
河南	40.81	-2.39	61.57	西南地区	36.77	16.64	46.59
湖北	42.12	4.59	53.29	西北地区	25.23	4.40	70.37
湖南	36.14	-25.52	89.38	东部区域	32.75	9.12	58.13
广东	49.03	21.34	29.63	中部区域	34.13	-14.96	80.83
广西	15.18	7.83	77.00	西部区域	25.90	11.16	62.94

资料来源：笔者计算。

从六大地区来看，所有地区资本增长对经济增长的贡献均小于上一子周期；除了西南地区以外，其他地区劳动投入增长的贡献均小于上一子周期；全要素生产率增长对经济增长的贡献均大于上一子周期。根据投资和全要素生产率增长对经济增长的贡献，华北、东北和西北地区是集约型增长方式，其余三个地区是投资—技术进步双轮驱动的发展方式。

从三大区域来看，三个区域资本增长对经济增长的贡献几乎是上一子周期的一半，全要素生产率增长对经济增长的贡献均大于上个周期。根据资本和全要素生产率增长对经济增长的贡献，三个区域均是集约型增长方式。

5. 全要素生产率与纯要素生产率计算结果比较

根据测算的 2012—2021 年 31 个省份的纯要素生产率增长率和其对经济增长的贡献率，这里就全要素生产率和纯要素生产率的测算结果进行简单的比较。图 7-1 表明，2012—2021 年两种方法计算的 31 个省份的生产率增长率和贡献率非常接近，贡献率几乎重合，证明了计算结果的可靠性。

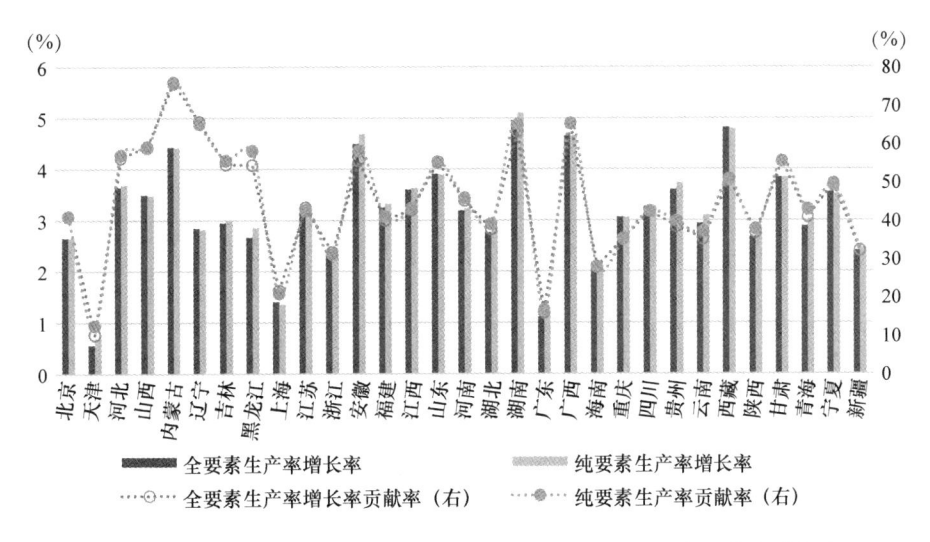

图 7-1　2012—2021 年地区全要素生产率增长率和纯要素生产率增长率

资料来源：笔者计算。

（二）地区相对效率的测度

1. 测算模型

数据包络分析（Data Envelopment Analysis，DEA）方法是

以相对效率概念和边界理论、线性规划理论为基础发展起来的，是评价同类部门或单位间相对有效性的重要决策方法，用于多投入多输出的非参数评价方法，自 1978 年问世以来已广泛应用于经济、管理等多个领域。[1] 在 20 世纪 80 年代进入中国后，成为众多行业和区域技术经济评价的重要工具。

本书计算全要素生产率采用 DEA-Malmquist 生产率指数（TFPCH），运用 DEA 测算的全要素生产率可以分解为技术变化（TECHCH）和技术效率变化（EFFCH）两部分。Malmquist 生产率指数是在距离函数的基础上定义出来的，按照 R. Färe 等的定义，以产出为导向的在 t 期技术条件下，[2] 从 t 期到 $t+1$ 期的 Malmquist 生产率变化如下：

$$M_0^t(x^t, y^t, x^{t+1}, y^{t+1}) = D_0^t(x^{t+1}, y^{t+1}) / D_0^t(x^t, y^t) \quad (7-5)$$

其中，$D_0^t(x^t, y^t)$ 是距离函数，(x^t, y^t) 和 (x^{t+1}, y^{t+1}) 分别是 t 时期和 $t+1$ 时期的投入产出向量。同理，在 $t+1$ 期的技术条件下，从 t 期到 $t+1$ 期的 Malmquist 生产率变化如下：

$$M_0^{t+1}(x^t, y^t, x^{t+1}, y^{t+1}) = D_0^{t+1}(x^{t+1}, y^{t+1}) / D_0^{t+1}(x^t, y^t)$$

$$(7-6)$$

为了计算结果的平稳性，用两个相邻时期的几何平均数来计算 Malmquist 生产率变化，在规模保持不变的情况下，进一步分解为技术变化和技术效率变化：

$$M_0^G(x^t, y^t, x^{t+1}, y^{t+1}) = [M_0^t(x^t, y^t, x^{t+1}, y^{t+1}) \times M_0^{t+1}(x^t, y^t, x^{t+1}, y^{t+1})]$$

$$= \left[\frac{D_0^t(x^{t+1}, y^{t+1})}{D_0^t(x^t, y^t)} \times \frac{D_0^{t+1}(x^{t+1}, y^{t+1})}{D_0^{t+1}(x^t, y^t)} \right]^{\frac{1}{2}}$$

---

[1] A. Charnes, W. W. Cooper, E. Phodes, "Measuring the Efficiency of Decision Making Units", *European Journal of Operational Research*, Vol. 2, 1978.

[2] R. Färe, et al., "Biased Technical Change and the Malmquist Productivity Index", *Scandinavian Journal of Economies*, Vol. 99, 1997.

$$= \frac{D_0^{t+1}(x^{t+1},y^{t+1})}{D_0^t(x^t,y^t)} \times \left[\frac{D_0^t(x^{t+1},y^{t+1})}{D_0^{t+1}(x^{t+1},y^{t+1})} \times \frac{D_0^t(x^t,y^t)}{D_0^{t+1}(x^t,y^t)}\right]^{\frac{1}{2}} (7-7)$$

公式（7-7）最后一个等号后面的第一项是技术效率变化，第二项是技术变化。当各指数大于1时，说明技术进步和技术效率改善；反之亦然。

与其他的综合评价方法相比，DEA法具有处理多输入特别是多输出问题的能力；不需要提供要素价格的信息；利用统计数据，以投入产出指标的权重为变量，无须先确定各指标的权重，评价结果客观性强。当然，DEA方法也有不可克服的缺陷：不能剔除随机因素的影响；随机生产前沿方法（SFA）能处理面板数据，却先验地确定随机误差项的概率分布形式，况且其适合较大样本，中国省际样本显然不是大样本。肖林兴证明，DEA-Malmquist方法适用于中国省份全要素生产率的估计。[①]

2. 地区相对效率的测算结果分析

利用前文的投入和产出数据，本书测算了地区的Malmquist生产率指数、技术进步指数和技术效率指数。

（1）中国全要素生产率、技术进步和技术效率的变化趋势

2012—2021年，中国全要素生产率指数总体呈下降态势，年均变化3.3%。从全国全要素生产率的增长来源来看，技术进步驱动全要素生产率增长，技术效率的衰退起了反向作用。根据表7-7和图7-2，全要素生产率增长率呈波动下降态势，并且与技术进步的波动态势一致，技术进步年均增长3.3%，技术进步拉动了全要素生产率增长；技术效率在2015—2016年和2018—2021年大于1，其余年份小于1，年均值为1，技术效率既没有促进也没有阻碍全要素生产率增长。

[①] 肖林兴：《中国全要素生产率的估计与分解——DEA-Malmquist方法适用性研究及应用》，《贵州财经学院学报》2013年第1期。

表7-7　2012—2021年全国Malmquist生产率指数及其分解

	EFFCH	TECHCH	TFPCH
2012—2013年	0.994	1.083	1.077
2013—2014年	0.995	1.083	1.077
2014—2015年	0.982	1.088	1.068
2015—2016年	1.017	1.039	1.057
2016—2017年	0.992	1.046	1.038
2017—2018年	0.997	1.023	1.019
2018—2019年	1.005	1.005	1.01
2019—2020年	1.005	1.014	1.019
2020—2021年	1.013	0.927	0.940
平均	1.000	1.033	1.033

资料来源：笔者计算，均值用几何平均法计算。

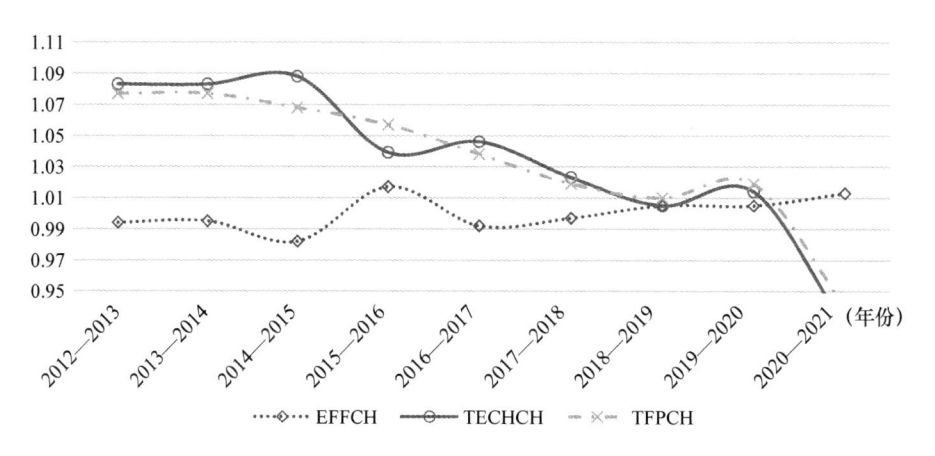

图7-2　中国全要素生产率、技术进步和技术效率变化趋势

资料来源：笔者计算。

从年度变化来看，年度之间的Malmquist生产率指数、技术进步和技术效率的变动是不均匀的（见表7-7）。2012—2013年，全国Malmquist生产率指数为1.077，表明2013年全国全要

素生产率比2012年上升了7.7%。这主要源于2013年技术进步发生了较大改进，提高了8.3%，而技术效率则下降了0.6%，对全要素生产率提高有阻碍作用，2013—2014年、2014—2015年、2016—2017年以及2017—2018年也是如此。2015—2016年，全国Malmquist生产率指数为1.057，表明2016年全国全要素生产率比2015年上升了5.7%，这主要源于2016年技术进步和技术效率均有了较大改进——二者分别提高了1.7%和3.9%，2018—2019年、2019—2020年与2015—2016年类似。2020—2021年，全国Malmquist生产率指数为0.940，表明2021年全国全要素生产率比2020年下降了6.0%，这主要源于技术进步和技术效率的双双下降。从全要素生产率增长的结构来看，2012—2021年，中国全要素生产率增长主要来自技术进步，技术进步成为中国转变经济发展方式的主要动力。

（2）三大区域全要素生产率、技术进步和技术效率变化趋势

根据图7-3和表7-8，区域之间全要素生产率增长是不平衡的。2012—2021年，东部、中部和西部三大区域的Malmquist生产率指数分别是1.034、1.034和1.031，[①] 原因在于东部区域大部分省份的全要素生产率增长率优于中部和西部区域各省份的全要素生产率增长率。在2012—2013年、2015—2019年和2020—2021年，东部区域的全要素生产率增长率大于中部和西部区域的全要素生产率增长率，但是2013—2015年西部区域的全要素生产率增长率大于东部区域，并且区域之间全要素生产率增长率的差距总体呈缩小的趋势，可见区域协调发展战略的实施缩小了区域差距。

[①] 严格来说，东部、中部和西部三大区域的Malmquist生产率指数分别是1.0342、1.0339和1.0314，即东部区域稍微大于中部区域，本书只保留了三位小数。

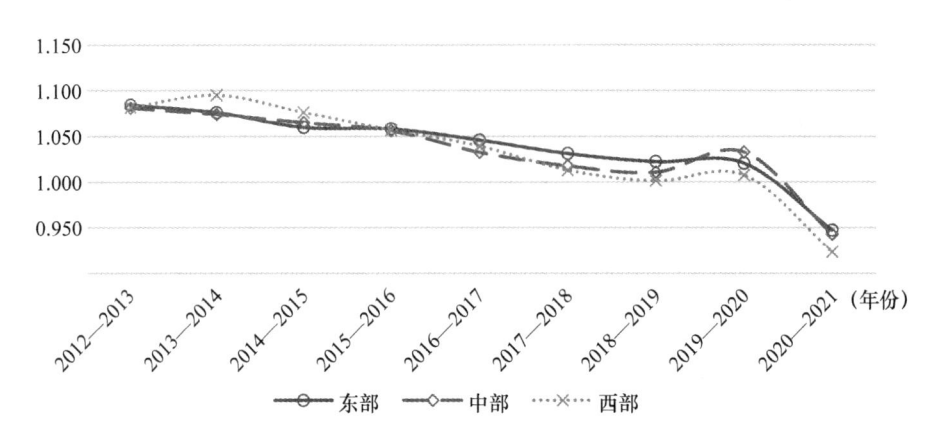

图 7-3 中国三大区域全要素生产率变化趋势

资料来源：笔者计算。

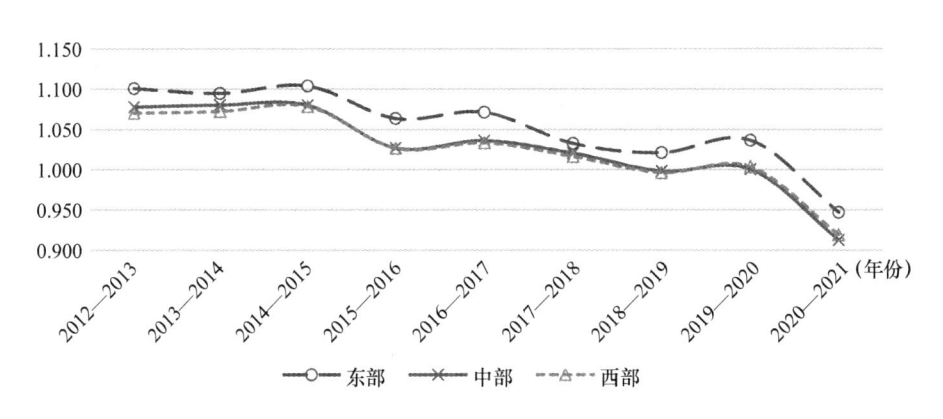

图 7-4 中国三大区域技术进步变化趋势

资料来源：笔者计算。

从技术进步来看（见图 7-4），区域之间技术进步变动差距较大。2012—2021 年，东部、中部和西部三大区域的技术进步年均增长率分别为 5.1%、2.5% 和 2.2%，东部区域的平均技术进步率高于中部和西部区域，除了 2019—2021 年，中部区域的技术进步率高于西部区域，区域之间的技术差距总体呈缩小的趋势。造成这种结果的原因在于，东部区域的研发投入远远高于中西部区域。技术进步需要积累，虽然西部大开发战略和中部地区崛起战略的实施，国家加大了对西部和中部区域的研发投入，但是2021年东部区域的研发投入占全国投入的比重仍高达67.71%，中部和西部分别是19.12%和13.17%，2012年这三个比例分别是70.80%、17.15%和12.05%，中西部区域虽然研发投入在提高，但仍需要加大力度。

从技术效率来看（见图7-5），区域之间技术效率变化差距相对较小。2012—2021年，东部区域下降1.6%，中部和西部区域年均都提高0.9%，东部区域变化起伏较大，中部和西部区域波动幅度较小，东部和中部区域在波动中处于增长态势，西部区域在波动中处于下降态势。技术效率的下降，说明随着区域生产规模的扩大，管理水平、制度体系不能适应现有的规模，需要深化体制改革，加强管理和制度创新，更新管理理念和方法，改变管理方式，保证生产健康持续进行。

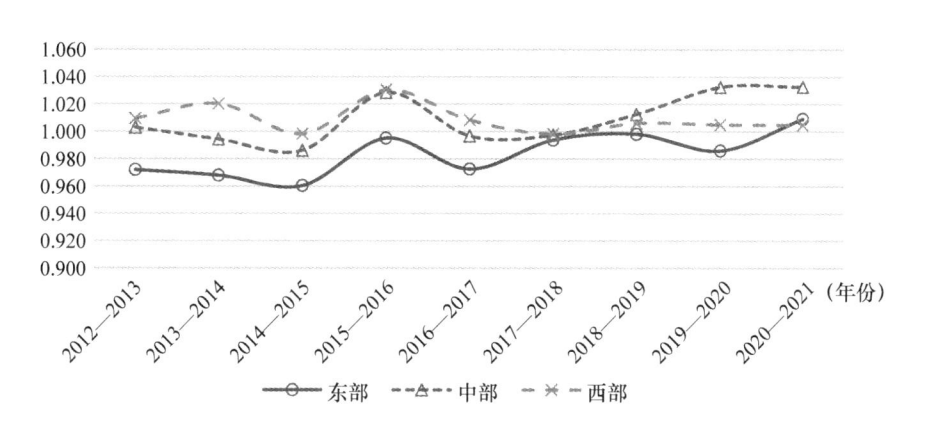

图7-5 中国三大区域技术效率变化趋势

资料来源：笔者计算。

根据图7-3、图7-4和图7-5，三大区域的全要素生产率、技术进步和技术效率在年度之间的变化并不均匀，全要素生产率和技术进步的变化更为相似，尤其是中西部区域。从全要素生产率的分解来看，三大区域的全要素生产率增长主要来自技术进步的提高，技术进步是各区域经济增长方式转变的主要动力,东部区域技术效率的下降阻碍了全要素生产率的增长。在新的发展阶段,如何改善技术效率将是东部区域关注的重点。

(3) 各省份要素生产率、技术进步和技术效率变化

从各省份来看,地区之间全要素生产率提高并不均匀(见表7-8)。有30个省份的Malmquist生产率指数大于1,增长最快的是天津,年均达到6.9%,只有山西的Malmquist生产率指数小于1,全要素生产率年均降低0.5%,地区之间的全要素生产率增长率相差7.4个百分点。党的十八大以来,中国各省份的全要素生产率有了较大的提高。

表7-8 2012—2021年31个省份的Malmquist生产率指数及其分解

	EFFCH	TECHCH	TFPCH		EFFCH	TECHCH	TFPCH
北京	0.983	1.055	1.037	河南	1.007	1.036	1.043
天津	1.000	1.069	1.069	湖北	1.017	1.040	1.058
河北	1.004	1.007	1.011	湖南	1.017	1.016	1.033
辽宁	0.958	1.051	1.007	中部区域均值	1.009	1.025	1.034
上海	0.949	1.083	1.027	内蒙古	0.962	1.054	1.014
江苏	0.972	1.057	1.027	广西	0.993	1.006	1.000
浙江	0.977	1.052	1.028	重庆	0.996	1.053	1.048
福建	1.004	1.061	1.065	四川	1.003	1.033	1.036
山东	0.982	1.051	1.033	贵州	1.038	1.006	1.044
广东	0.996	1.051	1.047	云南	1.040	1.006	1.047
海南	0.999	1.028	1.027	西藏	1.015	1.041	1.057
东部区域均值	0.984	1.051	1.034	陕西	1.012	1.013	1.025
山西	0.989	1.006	0.995	甘肃	0.999	1.006	1.005
吉林	1.000	1.021	1.021	青海	1.028	1.028	1.057
黑龙江	1.015	1.049	1.064	宁夏	0.996	1.006	1.003
安徽	1.022	1.006	1.028	新疆	1.026	1.017	1.043
江西	1.007	1.023	1.031	西部区域均值	1.009	1.022	1.031

资料来源:笔者计算,均值用几何平均法计算。

根据 Malmquist 生产率的分解情况，所有省份的技术表现出良好的进步趋势，技术进步促进了全要素生产率的增长。其中，上海的技术进步指数最大，为 1.083，技术进步指数的最小值为 1.006，包括山西、安徽、广西、贵州、云南、甘肃和宁夏，山西和安徽属于中部区域，广西等 5 省份均属于西部区域。这些地区不仅科技企业和高校相对较少，研发投入强度低，技术人才也较为匮乏。

技术效率的情况恰恰相反，17 个省份达到了技术有效率，其余 14 个省份的技术效率出现不同程度的衰退，其中东部区域有 8 个省份，西部区域有 5 个省份，中部区域只有山西。2012—2021 年，只有吉林和天津每年的技术效率变化均为 1，说明吉林和天津一直位于全国技术前沿面上，生产规模处于最优规模，技术作用得到有效发挥。技术效率降低的省份说明其管理水平有待提高，管理理念有待转变，生产规模没有达到最优。提高管理水平，转变管理理念，加强制度创新，建立新的制度体系，改善组织方式和生产方式将有效地提高技术效率。

从全要素生产率的分解来看，大部分省份的全要素生产率增长依靠技术进步，只有提高这些省份的技术效率，才能更有效地提高全要素生产率。

（三）结论和政策建议

1. 研究结论

（1）本部分在地区层次上分析了经济增长的来源

本研究利用索洛余值法测算了 2012—2021 年中国 31 个省份的生产率增长率，分析了中国各地区产出增长的来源。根据计算结果，2012—2021 年，技术进步的作用逐步增强，其中 11 个省份的经济增长主要来自技术进步，8 个省份是资本—技术双驱动型，12 个省份是资本驱动型，投资的作用在减弱。

（2）本部分测算了各地区的 Malmquist 生产率指数及其分解

2012—2021 年，中国的 Malmquist 生产率指数和技术进步指数在波动中呈下降态势，技术效率指数呈上升态势；Malmquist 生产率指数和技术进步指数年均变动 3.3%，技术效率年均没有变动，技术进步提高了 Malmquist 生产率指数。

中国绝大部分地区的全要素生产率总体上表现出了较强的增长态势，其中东部区域各省份的全要素生产率增长速度最快。根据对全要素生产率变动的分解，中国各省份全要素生产率的增长主要来源于技术进步的作用，大部分省份的技术效率变动阻碍了全要素生产率的增长，未来技术效率的改善将显著影响各省份全要素生产率的增长。

2. 政策建议

一个国家的经济发展质量是以地区的发展质量为基础的，只有地区的经济发展质量得到了提高，整个国家的经济发展质量才能得到提高。党的十八大以来，中国总体上进入高质量发展阶段，但地区之间不平衡，还存在地区差异。为了促进区域协调发展，提高全要素生产率增长率，保障地区经济发展质量，本书提出以下建议。

一是促进生产要素的流动，尤其是创新要素的流动。全要素生产率度量的是生产要素的配置效率，在全国统一大市场下，生产要素会从效率低的地区/行业流向效率高的地区/行业，进而促进经济结构优化，提高效率，促进经济更高质量地增长。中国各省份之间在要素禀赋、产业分工等方面存在差异，这会导致不同生产要素的跨区域流动。生产要素的流动促进了地区之间知识传播速度的加快，提高了地区的技术能力。与传统要素相比，创新要素包含了更多的知识与技术，创新要素在区际的流动具有明显的空间知识溢出效应,① 创新要素的流动和扩散促进知识扩散和产业技术升级。加快建立全国要素统一大市场,促进人才跨地区顺畅流动,发展全国统一的资本市场,培育统一的技术和数据市场,促进区域之间科技信息交流互动,建立健全数据安全、权利保护等基础制度和标准规范,为生产要素合理配置破除制度障碍,促进优质要素集聚,进行效率变革。

二是合理促进产业转移,提高全要素生产率。产业转移促进了生产要素的重新组合,从而提高全要素生产率。中国的产业从东部区域转移到中部和西部区域,按照劳动、资本和技术密集型产业的顺序转移。赵博宇的研究结果表明,总体产业转移指数变动1个单位,地区全要素生产率将提升8.59%;技术密集型产业转移指数变动1个单位,地区全要素增长率指数将提升22.6%。② 这是因为产业转移是生产要素的空间位移,对于产业转出地而言,为了降低地区生产要素成本和产业升级的压力,腾出低附加值、高成本、高污染的行业,置换成高附加值的新兴产业、高技术产业、高端服务业等,提高自主创新水平,优化要素配置和产业结构,提高技术进步和全要素生产率;产业承接地为了优化本地生产结构和提高技术水平,得到优质产业,将大力提高基础设施水平和交通便利性,积极改善营商环境,有利于技术扩散和提高管理效率;培育人力资本,制定本地产业和承接产业转移的政策等,尽力消除制度环境的区域差异和非匹配产业转移造成的产业承接阻滞,实现要素和产业匹配;转入企业会带来技术溢出,促进企业之间的竞争与合作,达到提高技术水平和全要素生产率的目的。因此,国家和各地

---

① 白俊红等:《研发要素流动、空间知识溢出与经济增长》,《经济研究》2017年第7期。

② 赵博宇:《产业转移、产业集聚对全要素生产率的影响》,《学术交流》2021年第8期。

区根据产业类型的特点加强分类指导，制定不同的产业转移政策，引导各类产业高效、有序、稳定地转移。各地区通过合理的产业承接来促进地区产业结构的优化升级，① 提高技术水平和全要素生产率增长率。

三是继续全面深化改革，营造良好的营商环境。根据新经济增长理论，良好的营商环境不仅提高人力资本和技术创新，还可以促进知识溢出，提高生产效率。相关研究表明，良好的营商环境能提高全要素生产率增长率。② 营商环境作为一个区域内影响市场主体活动的综合环境，包括公共服务、市场环境、创新环境、金融服务、法治环境、政务环境等多个要素。不同地区高质量发展的路径不同，鉴于发展阶段、资源和技术禀赋不同，在技术突破、技术效率等方面形成有差别的格局，易形成"领跑者"通过知识溢出带动"跟随者"相互促进、共同进步的高质量发展格局。注意各个营商环境要素对全要素生产率的作用不同，要系统、全面地看待营商环境对全要素生产率的影响，坚持优化营商环境，建立统一大市场，发挥市场和人力资源在促进提高全要素生产率中的普遍性作用，以及政府和创新环境的积极作用。系统地优化营商环境，因地制宜地优化营商环境，支持有一定差序格局的多元均衡型高质量发展路径，平衡好新旧动能、产业结构，国家和区域的发展关系。③ 同时注

---

① 施晓丽、林晓健：《产业转移对区域创新的影响分析——基于中国制造业的实证研究》，《河北学刊》2021 年第 4 期。

② 阮舟一龙：《营商环境、技术创新与全要素生产率》，博士学位论文，厦门大学，2020 年；申烁、李雪松、党琳：《营商环境与企业全要素生产率》，《经济与管理研究》2021 年第 6 期；邓悦、叶鹏、蒋琬仪：《营商环境对企业全要素生产率的影响效应》，《兰州财经大学学报》2021 年第 3 期。

③ 杜运周等：《营商环境生态、全要素生产率与城市高质量发展的多元模式》，《管理世界》2022 年第 9 期。

意树立营商环境优化示范典型,加强区域之间的合作和交流,建立常态化区域交流机制。打造国际化的营商环境,不断提高对外开放水平,实施更加开放包容、互惠共享的国际科技合作战略,着重提高营商软环境,[①] 激发各区域经济增长内生动力,提高全要素生产率增长率,促进经济高质量发展。

---

① 申烁、李雪松、党琳:《营商环境与企业全要素生产率》,《经济与管理研究》2021年第6期。

参考文献

一 中文文献

习近平:《高举中国特色社会主义伟大旗帜 为全面建设社会主义现代化国家而团结奋斗——在中国共产党第二十次全国代表大会上的报告》,人民出版社 2022 年版。

习近平:《推动我国生态文明建设迈上新台阶》,《求是》2019 年第 3 期。

白俊红、江可申、李婧:《中国区域创新系统创新效率综合评价及分析》,《管理评论》2009 年第 9 期。

白俊红、蒋伏心:《考虑环境因素的区域创新效率研究——基于三阶段 DEA 方法》,《财贸经济》2011 年第 10 期。

白俊红等:《研发要素流动、空间知识溢出与经济增长》,《经济研究》2017 年第 7 期。

白重恩、张琼:《中国生产率估计及其波动分解》,《世界经济》2015 年第 12 期。

蔡昉、李雪松、陆旸:《中国经济将回归怎样的常态》,《中共中央党校（国家行政学院）学报》2023 年第 1 期。

蔡海霞、程晓林:《可再生能源视角下中国区域能源效率评价——基于不可分混合 DEA 模型》,《软科学》2022 年第 6 期。

陈菁泉等:《中国全要素能源效率测算及其驱动因素》,《中国环境科学》2022 年第 5 期。

陈良文等：《经济集聚密度与劳动生产率差异——基于北京市微观数据的实证研究》，《经济学》（季刊）2009年第1期。

陈诗一：《中国的绿色工业革命：基于环境全要素生产率视角的解释（1980—2008）》，《经济研究》2010年第11期。

陈伟等：《中国区域创新系统创新效率的评价研究——基于链式关联网络DEA模型的新视角》，《情报杂志》2010年第12期。

陈银娥、李鑫、李汶：《中国省域科技创新效率的影响因素及时空异质性分析》，《中国软科学》2021年第4期。

程如烟：《创新驱动增长的未来如何：生产率停滞还是复苏？》，《科技中国》2023年第2期。

池仁勇、虞晓芬、李正卫：《我国东西部地区技术创新效率差异及其原因分析》，《中国软科学》2004年第8期。

邓悦、叶鹏、蒋琬仪：《营商环境对企业全要素生产率的影响效应》，《兰州财经大学学报》2021年第3期。

杜运周等：《营商环境生态、全要素生产率与城市高质量发展的多元模式》，《管理世界》2022年第9期。

樊华、周德群：《中国省域科技创新效率演化及其影响因素研究》，《科研管理》2012年第1期。

冯锋、马雷、张雷勇：《两阶段链视角下我国科技投入产出链效率研究——基于高技术产业17个子行业数据》，《科学学与科学技术管理》2011年第10期。

冯杰、张世秋：《基于DEA方法的我国省际绿色全要素生产率评估——不同模型选择的差异性探析》，《北京大学学报》（自然科学版）2017年第1期。

盖庆恩等：《土地资源配置不当与劳动生产率》，《经济研究》2017年第5期。

高帆、石磊：《中国各省份劳动生产率增长的收敛性：1978—2006年》，《管理世界》2009年第1期。

龚安然、余冬筠：《中国区域创新技术效率和转化效率研究》，

《浙江理工大学学报》（社会科学版）2014年第5期。

龚飞鸿：《生产率增长率与技术进步增长率探讨》，《数量经济技术经济研究》1989年第7期。

官建成、何颖：《基于DEA方法的区域创新系统的评价》，《科学学研究》2005年第2期。

郭庆旺、贾俊雪：《中国全要素生产率的估算：1979—2004》，《经济研究》2005年第6期。

贺得力、尹恒：《戴尔·乔根森对当代经济学研究的贡献——科睿维安"引文桂冠奖"得主学术贡献评介》，《经济学动态》2018年第5期。

黄贤凤、武博、王建华：《中国制造业技术创新投入产出效率的DEA聚类分析》，《工业技术经济》2013年第3期。

金剑：《生产率增长测算方法的系统研究》，博士学位论文，东北财经大学，2007年。

李宾：《我国资本存量估算的比较分析》，《数量经济技术经济研究》2011年第12期。

李斌、彭星、欧阳铭珂：《环境规制、绿色全要素生产率与中国工业发展方式转变——基于36个工业行业数据的实证研究》，《中国工业经济》2013年第4期。

李广乾：《如何理解数据是新型生产要素》，《经济日报》2022年12月20日。

李洪伟等：《基于三阶段DEA的我国高新技术产业投入产出效率分析》，《中国管理科学》2012年第S1期。

李平、付一夫、张艳芳：《生产性服务业能成为中国经济高质量增长新动能吗?》，《中国工业经济》2017年第12期。

李平：《提升全要素生产率的路径及影响因素——增长核算与前沿面分解视角的梳理分析》，《管理世界》2016年第9期。

李平、王宏伟、张静：《改革开放40年中国科技体制改革和全要素生产率》，《中国经济学人》（英文版）2018年第1期。

李平等：《中国生产率变化与经济增长源泉：1978—2010》，《数量经济技术经济研究》2013 年第 1 期。

李双杰、李春琦：《全要素能源效率测度方法的修正设计与应用》，《数量经济技术经济研究》2018 年第 9 期。

李小胜、余芝雅、安庆贤：《中国省际环境全要素生产率及其影响因素分析》，《中国人口·资源与环境》2018 年第 10 期。

李言、高波、雷红：《中国地区要素生产率的变迁：1978—2016》，《数量经济技术经济研究》2018 年第 10 期。

刘海英、刘晴晴：《中国省级绿色全要素能源效率测度及技术差距研究——基于共同前沿的非径向方向性距离函数估算》，《西安交通大学学报》（社会科学版）2020 年第 2 期。

刘建翠、郑世林：《中国工业绿色发展的技术效率及其影响因素研究——基于投入产出表的分析》，《城市与环境研究》2019 年第 3 期。

刘建翠：《中国的全要素生产率研究：回顾与展望》，《技术经济》2022 年第 1 期。

刘满凤、李圣宏：《基于三阶段 DEA 模型的我国高新技术开发区创新效率研究》，《管理评论》2016 年第 1 期。

刘树峰等：《基于创新价值链视角下中国创新效率时空格局与影响因素分析》，《地理科学》2019 年第 2 期。

刘树林、姜新蓬、余谦：《中国高技术产业技术创新三阶段特征及其演变》，《数量经济技术经济研究》2015 年第 7 期。

刘争、黄浩：《中国省际能源效率及其影响因素研究——基于 Shephard 能源距离函数的 SFA 模型》，《南京财经大学学报》2019 年第 1 期。

龙如银、刘爽、王佳琪：《环境约束下中国省际能源效率评价——基于博弈交叉效率和 Malmquist 指数模型》，《中国矿业大学学报》（社会科学版）2021 年第 1 期。

罗彦如、冉茂盛、黄凌云：《中国区域技术创新效率实证研究——三阶段 DEA 模型的应用》，《科技进步与对策》2010 年第 14 期。

马建辉等：《科技创新效率的时空格局、区域差异及收敛特征》，《统计与决策》2023 年第 13 期。

穆荣平、张婧婧、陈凯华：《国家创新发展绩效格局分析方法与实证研究》，《科研管理》2020 年第 1 期。

欧阳武：《生产率度量的方法》，《数量经济技术经济研究》1996 年第 12 期。

彭树远：《我国省域全要素能源效率研究——基于三阶段全局 UHSBM 模型》，《经济问题》2020 年第 1 期。

任晓刚、方力：《全力提升科技创新要素整合力》，《经济日报》2020 年 10 月 2 日。

申烁、李雪松、党琳：《营商环境与企业全要素生产率》，《经济与管理研究》2021 年第 6 期。

施晓丽、林晓健：《产业转移对区域创新的影响分析——基于中国制造业的实证研究》，《河北学刊》2021 年第 4 期。

史修松、赵曙东、吴福象：《中国区域创新效率及其空间差异研究》，《数量经济技术经济研究》2009 年第 3 期。

苏永照：《中国经济发展新动能统计测度及提升路径研究》，《重庆社会科学》2023 年第 4 期。

孙广生、杨先明、黄祎：《中国工业行业的能源效率（1987—2005）——变化趋势、节能潜力与影响因素研究》，《中国软科学》2011 年第 11 期。

孙凯、李煜华：《我国各省市技术创新效率分析与比较》，《中国科技论坛》2007 年第 11 期。

陶长琪、李翠、王夏欢：《环境规制对全要素能源效率的作用效应与能源消费结构演变的适配关系研究》，《中国人口·资源与环境》2018 年第 4 期。

王兵、刘光天：《节能减排与中国绿色经济增长——基于全要素生产率的视角》,《中国工业经济》2015年第5期。

王兵、吴延瑞、颜鹏飞:《中国区域环境效率与环境全要素生产率增长》,《经济研究》2010年第5期。

王春枝、赵国杰:《基于非径向SE-C2R模型与谱系聚类的中国区域创新效率分析》,《中国软科学》2015年第11期。

王海峰、罗亚非、范小阳:《基于超效率DEA和Malmquist指数的研发创新评价国际比较》,《科学学与科学技术管理》2010年第4期。

王家庭等:《中国制造业劳动生产率增长动能转换:资本驱动还是技术驱动》,《中国工业经济》2019年第5期。

王伟光、张钟元、侯军利:《创新价值链及其结构:一个理论框架》,《科技进步与对策》2019年第1期。

王小鲁、樊纲、刘鹏:《中国经济增长方式转换和增长可持续性》,《经济研究》2009年第1期。

王志刚、龚六堂、陈玉宇:《地区间生产效率与全要素生产率增长率分解(1978—2003)》,《中国社会科学》2006年第2期。

魏权龄等:《DEA方法与技术进步评估》,《系统工程学报》1991年第6期。

吴滨等:《中国生产率研究:新时代十年生产率变化趋势分析》,中国社会科学出版社2023年版。

吴江等:《中国全要素能源效率评价研究——基于不可分的三阶段DEA模型》,《数理统计与管理》2019年第3期。

席建国:《基于三阶段DEA模型的区域纯技术效率测算》,《长春理工大学学报》(社会科学版)2013年第6期。

肖林兴:《中国全要素生产率的估计与分解——DEA-Malmquist方法适用性研究及应用》,《贵州财经学院学报》2013年第1期。

谢建国、周露昭:《中国区域技术创新绩效——一个基于DEA的两阶段研究》,《学习与实践》2007年第6期。

徐晓鹰、刘泽:《论促进新旧动能转换的主体作用发挥》,《江西社会科学》2018年第7期。

许宪春等:《中国分行业全要素生产率估计与经济增长动能分析》,《世界经济》2020年第2期。

闫明喆、李宏舟、田飞虎:《中国的节能政策有效吗?——基于SFA-Bayes分析框架的生态全要素能源效率测定》,《经济与管理研究》2018年第3期。

颜鹏飞、王兵:《技术效率、技术进步与生产率增长:基于DEA的实证分析》,《经济研究》2004年第12期。

杨骞、刘鑫鹏、孙淑惠:《中国科技创新效率的区域差异及其成因识别——基于重大国家区域发展战略》,《科学学研究》2022年第5期。

杨骞、刘鑫鹏、孙淑惠:《中国科技创新效率的时空格局及收敛性检验》,《数量经济技术经济研究》2021年第12期。

杨青峰:《剥离环境因素的中国区域高技术产业技术效率再估计——基于三阶段DEA模型的研究》,《产业经济研究》2014年第4期。

杨汝岱:《中国制造业企业全要素生产率研究》,《经济研究》2015年第2期。

姚愉芳等编著:《中国经济增长与可持续发展——理论、模型与应用》,社会科学文献出版社1998年版。

叶裕民:《全国及各省区市全要素生产率的计算和分析》,《经济学家》2002年第3期。

于斌斌:《产业结构调整与生产率提升的经济增长效应——基于中国城市动态空间面板模型的分析》,《中国工业经济》2015年第12期。

余泳泽、刘大勇:《创新价值链视角下的我国区域创新效率提升路径研究》,《科研管理》2014年第5期。

余泳泽、刘大勇:《我国区域创新效率的空间外溢效应与价值链外溢效应——创新价值链视角下的多维空间面板模型研究》，《管理世界》2013年第7期。

余泳泽：《我国高技术产业技术创新效率及其影响因素研究——基于价值链视角下的两阶段分析》，《经济科学》2009年第4期。

余泳泽：《异质性视角下中国省际全要素生产率再估算：1978—2012》，《经济学》（季刊）2017年第3期。

余泳泽：《中国区域创新活动的"协同效应"与"挤占效应"——基于创新价值链视角的研究》，《中国工业经济》2015年第10期。

余泳泽：《中国省际全要素生产率动态空间收敛性研究》，《世界经济》2015年第10期。

袁嘉新：《技术进步测算研究》，《数量经济技术经济研究》1991年第12期。

原毅军、谢荣辉：《环境规制与工业绿色生产率增长——对"强波特假说"的再检验》，《中国软科学》2016年第7期。

张凡：《区域创新效率与经济增长实证研究》，《中国软科学》2019年第2期。

张军、吴桂英、张吉鹏：《中国省际物质资本存量估算：1952—2000》，《经济研究》2004年第10期。

张军、章元：《对中国资本存量K的再估计》，《经济研究》2003年第7期。

张军：《资本形成、工业化与经济增长：中国的转轨特征》，《经济研究》2002年第6期。

张文彬、郝佳馨：《生态足迹视角下中国全要素能源效率的空间差异性和收敛性研究》，《中国地质大学学报》（社会科学版）2020年第5期。

张勇：《人力资本贡献与中国经济增长的可持续性》，《世界经济》2020年第4期。

张志辉：《中国区域能源效率演变及其影响因素》，《数量经济技术经济研究》2015年第8期。

赵博宇：《产业转移、产业集聚对全要素生产率的影响》，《学术交流》2021年第8期。

赵丽娜：《产业转型升级与新旧动能有序转换研究——以山东省为例》，《理论学刊》2017年第2期。

郑京海、胡鞍钢：《中国改革时期省际生产率增长变化的实证分析（1979—2001年）》，《经济学》（季刊）2005年第2期。

郑世林、熊丽：《中国培育经济发展新动能的成效研究》，《技术经济》2021年第1期。

郑玉歆、张晓、张思奇：《技术效率、技术进步及其对生产率的贡献——沿海工业企业调查的初步分析》，《数量经济技术经济研究》1995年第12期。

中共中央宣传部编：《习近平新时代中国特色社会主义思想学习纲要》，学习出版社、人民出版社2019年版。

钟学义：《技术进步与生产函数》，《数量经济技术经济研究》1988年第7期。

钟学义：《生产率分析的新概念》，《数量经济技术经济研究》1996年第12期。

周晓艳、韩朝华：《中国各地区生产效率与全要素生产率增长率分解（1990—2006）》，《南开经济研究》2009年第5期。

朱承亮：《国家科技创新效率测算与国际比较》，《中国软科学》2023年第1期。

朱益超：《中国劳动生产率增长动能转换与机制创新研究》，《数量经济技术经济研究》2016年第9期。

［美］约瑟夫·熊彼特：《经济发展理论——对于利润、资本、信贷、利息和经济周期的考察》，何畏、易家详等译，商务印书馆1991年版。

二 英文文献

A. Charnes, W. Cooper, E. Rhodes, "Measuring the Efficiency of Decision-making Units", *European Journal of Operational Research*, No. 2, 1978.

C. Syverson, "What Determines Productivity?", *Journal of Economic Literature*, Vol. 49, No. 2, 2011.

D. H. Autor, F. Levy, R. J. Murnane, "The Skill Content of Recent Technological Change: An Empirical Exploration", *The Quarterly Journal of Economics*, Vol. 118, No. 4, 2003.

D. J. Aigner, Schmidt Lovell, "Formulation and Estimation of Stochastic Frontier Production Functions Models", *Journal of Econometrics*, No. 1, 1977.

D. Rodrik, A. Subramanian, F. Trebbi, "Institutions Rule: The Primacy of Institutions Over Geography and Integration in Economic Development", *Journal of Economic Growth*, Vol. 9, 2004.

D. W. Caves, L. R. Christensen, W. E. Diewert, "The Economic Theory of Index Numbers and the Measurement of Input and Output and Productivity", *Econometrica*, No. 50, 1982.

D. W. Jorgenson, Z. Griliches, "The Explanation of Productivity Change", *The Review of Economic Studies*, Vol. 34, No. 3, 1967.

E. F. Denison, *Why Growth Rates Differ: Postwar Experience in Nine Western Countries*, The Brookings Institution Press, 1967.

F. Neffke, M. Henning, R. Boschma, "How Do Regions Diversify Over Time? Industry Relatedness and The Development of New Growth Paths in Regions", *Economic Geography*, Vol. 87, No. 3, 2011.

G. C. Chow, "A Model of Chinese National Income Determination", *Journal of Political Economy*, Vol. 4, 1993.

G. C. Chow, "A Model of Chinese National Income Determination",

Journal of Political Economy, Vol. 93, No. 4, 1985.

G. C. Chow, "Capital Formation and Economic Growth in China", *The Quarterly Journal of Economics*, Vol. 108, No. 3, 1993.

H. Du et al., "Understanding Drivers of Energy Efficiency Changes in China", *Applied Energy*, Vol. 184, 2016.

H. Q. Liu, C. L. Peng, L. X. Chen, "The Impact of OFDI on the Energy Efficiency in Chinese Provinces: Based on PVAR Model", *Energy Reports*, Vol. 8, 2022.

H. T. Wu, Y. Hao, S. Y. Ren, "How Do Environmental Regulation and Environmental Decentralization Affect Green Total Factor Energy Efficiency: Evidence from China", *Energy Economics*, Vol. 91, 2020.

J. L. Hu, S. C. Wang, "Total-factor Energy Efficiency of Regions in China", *Energy Policy*, Vol. 34, No. 17, 2006.

J. Tinbergen, "Professor Douglas' Production Function", *Review of the International Statistical Institute*, Vol. 10, No. 1-2, 1942.

K. Ohene-Asare, E. N. Tetteh, E. L. Asuah, "Total Factor Energy Efficiency and Economic Development in Africa", *Energy Efficiency*, Vol. 13, No. 6, 2020.

M. A. Tachega et al., "Energy efficiency evaluation of oil producing economies in Africa: DEA, Malmquist and multiple regression approaches", *Cleaner Environmental Systems*, Vol. 2, 2021.

M. Filippini, L. C. Hunt, "Measurement of Energy Efficiency Based on Economic Foundations", *Energy Economics*, Vol. 52, 2015.

M. J. Farrell, "The Measurement of Productivity efficiency", *Journal of the Royal Statistical Society*, Vol. 120, 1957.

N. Apergis et al., "Energy Efficiency of Selected OECD Countries: A Slacks Based Model with Undesirable Outputs", *Energy Economics*, Vol. 51, 2015.

P. Zhou, B. W. Ang, D. Q. Zhou, "Measuring Economy-wide Energy Efficiency Performance: A Parametric Frontier Approach", *Applied Energy*, Vol. 1, 2012.

Q. T. Guo et al., "Can Green Finance Development Promote Total-Factor Energy Efficiency? Empirical Evidence from China Based on A Spatial Durbin Model", *Energy Policy*, Vol. 177, 2023.

R. Färe et al., "Biased Technical Change and the Malmquist Productivity Index", *Scandinavian Journal of Economies*, Vol. 99, 1997.

R. Hall, C. Jones, "Why Do Some Countries Produce So Much More Output Per Worker Than Others?", *The Quarterly Journal of Economics*, Vol. 114, No. 1, 1999.

R. M. Solow, "A Contribution to the Theory of Economic Growth", *The Quarterly Journal of Economics*, Vol. 70, No. 1, 1956.

R. M. Solow, "Technical Change and the Aggregate Production Function", *Review of Economics and Statistics*, Vol. 39, No. 3, 1957.

R. Z. Pang, Z. Q. Deng, J. L. Hu, "Clean Energy Use and Total-Factor Efficiencies: An International Comparison", *Renewable and Sustainable Energy Review*, Vol. 52, 2015.

S. Honma, J. L. Hu., "Total-factor Energy Efficiency of Regions in Japan", *Energy Policy*, Vol. 36, No. 2, 2008.

X. Zhang et al., "Total-Factor Energy Efficiency in Developing Countries", *Energy Policy*, Vol. 2, 2011.

Y. Shang, H. B. Liu, Y. Lv, "Total Factor Energy Efficiency in Regions of China: An Empirical Analysis on SBM-DEA Model with Undesired Generation", *Journal of King Saud University-Science*, Vol. 32, 2020.

Z. H. Cheng et al., "Research on Meta-Frontier Total-Factor Energy Efficiency and Its Spatial Convergence in Chinese Provinces", *En-

ergy Economics, Vol. 86, 2020.

Z. S. Yang, X. X. Wei, "Analysis of the Total Factor Energy Efficiency and Its Influencing Factors of The Belt and Road Key Regions in China", *Environmental Science and Pollution Research*, Vol. 26, 2019.

刘建翠，管理学博士，中国社会科学院数量经济与技术经济研究所副研究员，中国社会科学院大学副教授、硕士生导师，主要研究领域：技术创新、效率分析。在《技术经济》《经济与管理评论》《财经问题研究》等刊物发表论文30余篇，其中中国人民大学复印报刊资料全文转载1篇，独著和参与编著学术著作和研究报告30余部，承担或参与国家级、省部级课题以及地方政府等委托项目50余项，先后参与能耗双控、绿色技术创新等国家政策的研究。

吴滨，经济学博士，中国社会科学院数量经济与技术经济研究所研究员，中国社会科学院大学教授、硕士生导师，中国技术经济学会副秘书长，主要研究领域：技术经济、技术创新、绿色发展。在《中国科技论坛》《技术经济》《经济日报》等刊物发表文章60余篇，独著和参与编著学术著作和研究报告20余部，承担国家级、省部级课题以及地方政府等委托项目数十项，先后参加循环经济、能耗双控、绿色技术创新、科技中长期规划等国家政策的研究和制定。

朱承亮，博士，中国社会科学院数量经济与技术经济研究所副研究员，中国社会科学院大学副教授、硕士生导师，兼任中国社会科学院项目评估与战略规划咨询研究中心秘书长、中国高技术产业发展促进会副秘书长、中国技术经济学会科技创新政策与评价专委会副秘书长、中国技术经济学会理事，主要研究领域：科技创新与经济发展，出版学术专著5部，在《中国工业经济》《数量经济技术经济研究》《中国软科学》等刊物发表学术论文80余篇，主持或参与国家级、省部级项目50余项，参与了《中国制造2025》、京津冀协同发展以及科技强国等国家重大战略咨询工作，多次获得中国社会科学院优秀对策信息奖。